开明教育书系

蔡达峰 ○ 主编

教育的任务是人的全面发展

许崇清教育文选

许崇清 ○ 著

周济光 ○ 选编

开明出版社

"开明教育书系"丛书编委会

"开明教育书系"
总　序

　　中国民主促进会（以下简称民进）是以从事教育、文化、出版工作的高、中级知识分子为主的参政党。民进创立以后，在中国共产党的指引和帮助下，积极投身爱国民主运动，在这个过程中，发挥自身优势，举办难民补习培训，创办中学招收群众，参加妇女教育活动，在解放区开展扫盲教育，培养青年教师。

　　新中国成立以后，民进以推进国家教育事业发展为己任，贯彻党的教育方针，倡导呼吁尊师重教。

　　一方面，坚持不懈地为教育发展建言献策。从马叙伦先生在任教育部长时向毛泽东主席反映学生健康问题，得到了毛主席关于"健康第一"的重要批示，到建议设立教师节、建立健全《教师法》《职业技术教育法》《民办教育促进法》等法律法规、深化教育改革、促进学前教育发展、义务教育均等化、加强教师队伍建设、中小学教材建设、减轻学生课业负担等等，提出了一系列高质量的意见建议。

　　另一方面，坚持不懈地开展教育服务。改革开放以来，围绕"四化"建设的需要，持续举办了大量讲座和培训，帮助群众学习，为民工子女、下岗职工、贫困家庭子女、军地两用人才、贫困地区教师等提供教育服务，创办了文化补习学校、业余职业大学、专科学校、业余中学等大批学校，出现了当时全国第一所民办高中、规模最大的民办高校、成人教育学院、民办幼儿教育集团等；不断开展"尊师重教"的慰问、宣传和捐赠等活动，拍摄了电视片《托着太阳升起的人》；举办了一系列教育服务的研讨会和交流会。

在为教育事业长期服务的过程中，民进集聚了越来越多的教育界会员，现有的近19万会员中，约60%来自教育界，其中大部分是中小学教师。广大会员怀着崇高的使命感和责任感，爱岗敬业、默默奉献、积极作为，在教育事业和党派工作中取得了卓越的成就，涌现出无数感人的事迹，赢得了无数的赞誉，涌现出大量优秀教师、校长和著名教育家、专家学者、教育管理者等，他们共同写就了民进的光荣历史，铸就了民进的宝贵财富，是民进的自豪和骄傲。

系统地收集和整理民进会员的教育论著和教育贡献，是民进会史研究和教育的重要任务，对于民进发扬优良传统、加强自身建设、激励履职尽责具有积极的意义，对于我们深入学习多党合作历史、深入开展我国现当代教育历史研究，也具有重要的理论和现实意义。民进中央对此高度重视，组织编辑"开明教育书系"，朱永新副主席和民进中央研究室的同志们辛勤工作，邀请会内外专家学者共同参与，历时数年完成了编写工作。谨此，向各位作者和编辑同志，向开明出版社，向所有关心和支持本书编撰工作的同志，表示诚挚的感谢。

全国人大常委会副委员长

民进中央主席　蔡达峰

2022 年 12 月

开拓辩证唯物主义教育理论的先驱

周济光

教育家小传

许崇清（1888—1969），字志澄，广东广州人。我国现代著名政治家、教育哲学家。早年留学日本，曾加入中国同盟会，参与孙中山领导的中国国民党改组工作。先后担任广州市教育局局长、广东省教育厅厅长、中山大学校长等职。中华人民共和国成立后，曾任广东省副省长、省政协副主席、省教育厅厅长、中山大学校长，全国人大代表、全国政协常委、民进中央常委、民进广州市委会主委。

民主革命和新民主主义革命期间，他致力教育革命，开办"市民大学"，兴办社会教育；发起"收回关余"和"收回教会学校管理权"运动；在广州青年讲习班上讲授《革命与教育》；主持出版《教育新时代》《新建设》《学园》和《阵中文汇》等进步书刊宣传进步思想。他不畏强权打压和办学条件艰苦，在中山大学开进步自由之风气，重用中共党员和知名民主人士，致力传播马克思主义学说。

他的主要教育思想体现为："人的全面发展"是"体力与智力结合在劳动中发展起来的"，教育"要从人的生理、心理和社会生活的相互作用中"实现德育、智育、体育、综合技术教育和美育的统一。他被誉为我国"开拓辩证唯物主义教育理论的先驱"和"新教育学和新中国高等教育的奠基人之一"。

许崇清先生于 1905—1920 年间东渡留学，在日本读完中学再进到日本帝国大学文学部和研究院，专攻哲学及教育学，历时十五年，学习和研究了日、德、美诸国的教育思想，由新康德哲学到孔德的社会学到赫尔巴特的教育学，遍历了唯心主义各种形态的教育哲学的歧路，最后摸索走上了马克思主义的辩证唯物论的道路。从 1919 年起他便将建立一个以马克思主义理论作基础的教育学新体系作为自己毕生奋斗的理想。许先生认为："人在变革现实的过程中，人类自己的本性也随着实践的活动而变化，教育学的出发点就在于此""教育是一种社会现象（人对人的行为），教育是教人自己去学习，自己去从实践中作育自己，人是他自己的实践的活动的成果"。教育的本质是人类改造自身的社会实践活动，教育的目的在于人的全面发展——这一马克思主义教育实践观贯穿许先生的教育生涯。从教育为革命斗争实践服务，教育与社会发展相适应以及教育本体论等诸多观点梳理出其教育思想的精要即在于此。

教育为革命斗争实践服务的观点

在 1917 年发表的《国民教育析义》和《哲学新义》中，许崇清先生论述了哲学与学的关系，指出古希腊以两者为同义，笛卡儿和黑格尔则以学为哲学的一部分，到康德为了阐明形而上学，便把哲学作为学的概括，作为学的全体。他留学期间的著述主要集中在教育概念和哲学理论上。同时，和李大钊、陈独秀等革命者一样，许崇清留学期间就广泛接触马克思主义学说，俄国十月革命和1919年的五四运动更加坚定了他的马克思主义教育观念。

1920年学成回国后，作为国民党元老廖仲恺的女婿，许崇清受到孙中山的器重，被安排回广东担任广州市和广东省的教育行政长官，并被指派为国民党中央临时执行委员会候补委员，实际上是协助孙中山和中国共产党人酝酿改组国民党。他参加了改组计划和国民党党章的修改工作以及起草《中国国民党第一次全国代表大会宣言》，为贯彻中山先生"联俄、联共、扶助农工"三大政策和第一次国共合作做了大量实际工作。其间，他的教育思想已与他的教育实践和社会上的政治斗争逐渐结合起来。例如在《我的唯物史观》（未完成）中借古讽今，对"官学""由先王经国治民之道，变为乱世立功之术，再变为干求荣禄之具，三变为颂扬君主之文，四变为糊口营利之资"进行抨击，表达了他借助教育改变社会乱象的愿望。在教育理论上，他主张教育断不能与国家、社会的政治脱离；在教育实践上，他也真正认识到革命的、社会的实践对改造社会、教育人与改造人的伟大意义。他在当时共产党的影响和左派青年的帮助下，满怀在教育事业方面做更多的工作的希望。1925年，许先生在国共合作的形势下，希望实践以马克思主义理论为基础的教育理想，毅然与共产党合作。在当时的青年讲习班上，许先生与毛泽东、周恩来、彭湃、肖楚女等一起给学员讲课。许先生担任的课程为《革命与教育》，较早地提出了反帝反封建的教育思想。陈济棠主政广东时期，曾计划在大、中小学推行尊孔读经，重刊《孝经》，并编写一些经书教材，规定每周不少于六课时，作文命题一半要有经书内容。许崇清坚决反对此举并在报刊发表了《孝经新诂教本审查意见书》（限于篇幅，本书没有选编此文——编者注），批判其腐朽落后的教育思想，为此曾遭陈济棠"免职"。他还曾向当时的国民政府提出了《教育方针草案》，文中拥护孙中山的节制资本、平均地权及发展实业的计划，主张教育方针、教育内容与方法，都应与政治的、革命的一般的政策相一致，才是确有实效的教育。提出开展政治教育、产业教育、军事训练、乡村教育等以适应革命发展形势。

许先生在抗日战争时期，曾任中山大学校长，聘请进步教授来校任教，推动了中山大学的民主运动和学术活动的发展，使学生受到马克思主义的启蒙教育。他在任第七战区编纂委员会主任委员期间，还利用合法地位，掩护并依靠该机构中的大批中共地下党员和进步人士，出版《新建设》《教育新时代》等杂志，宣传抗日、民主、进步思想，介绍马列主义。

教育与社会发展相适应的观点

在《欧美大学之今昔与中国大学之将来》《论第五届教育联合会改革师范教育诸案》（1920 年）中，许崇清对欧美大学发展的沿革以及学位制进行了比较研究，就我国大学、中师、高师学制改革提出了建议。在《学校之社会化与社会之道德化》（1920 年）中，他否定道德教育的方法就是灌输道德观念，提出有机体与环境是相互作用的，人是生活在一定的社会环境中而不能独立存在，要求学校要社会化，同时，社会环境也要道德化，才能实现道德教育的目的。在《产业革命与新教育》（1921 年）中，指出教育的基础在产业，深刻地指出国民经济与教育的关系，主张两者相结合中华民族的命运才不会"委诸天演"。在《教师与社会》（1921 年）中，论述了"想求社会进步必定要兼施教育"，提出教师要研究心理学、社会学、教育学、教育史，还要参加各种社会活动，教育理论与实际联合起来，学校与社会联合起来；在《新教育思潮批判》（1925 年）一文中，批判了当时教育超脱于政治影响之外的思潮，指出教育的根本原理包含形式和实质两方面，形式的原理注重个人的活动方面，实质的原理注重国家的社会的方面。主张教育断不能与国家的社会的政治相脱离。

许先生在《教育方针讨论》(1928年) 一文中，主张教育要配合孙中山提倡的节制资本、平均地权、发展实业的政治路线，发展科学技术教育，实行学校社会化。在《农村学校改造的五个要则》(1930年) 一文中，他希望通过农村学校的改造，去促进农村经济的发展和农村生活的道德化。他在《教育哲学是什么?》(1930年) 一文中提出：哲学可以说是教育的一般原理，教育可以说是哲学的具体实行，所谓教育不外是一个具体的哲学，就叫它作教育的哲学或哲学的教育学也未尝不可。教育目的应求诸社会而不是求诸个人，教育绝不是发展个人潜伏的一切性质和能力，而是选择那些特定的性质和能力，以促进他们的发展，其余则任诸自然或加以抑制。深入浅出地把哲学与教育的密切关系加以具体分析，并从教育的本质与教育的目的性来说明教育与社会的不可分离的特性。

在《军事教育者应有之修养》(1937年) 等文章中，许先生指出，我们的学校教育的全作用所要造就的是强壮、康健、快活、进取，通晓现代的科学和技术，而绝对忠于自己的民族的建设的人物。军事训练也就要尊重这个全体的作用，要融和在学校的整个教育进程里面去完成教育的全任务。在《体育之目的固在增进民族之体力》(1937年) 一文，将竞技运动和身体教育的概念区分开来，指出在对学生身体发展的教育过程中，竞技运动不能代替学校体育，"学校教育及社会教育应一体注重发展国民体育，中等学校及大学专门学校须受相当之军事训练。发展体育之目的固在增进民族之体力，尤须以锻炼强健之精神，养成规律之习惯为主要任务"。这就要求社会体育须与学校体育并重，体育训练须与军事训练联合。体育的任务在于民族体力的增进，尤须注重民族精神的锻炼。世界上新兴的国家，新兴的民族，现在都是沿着这条路线走的，我们依照这条路线不但可以矫正从来体育上的一般错误，而且可以由此奠定民族复兴的基础。

关于教育本质与目的的观点

在大革命失败以后的时期（1927—1936），许崇清侧重马克思主义教育哲学的研究，除了继续针对当时的教育方针政策提出改革的意见之外，着重宣传马克思主义教育哲学的观点，并与当时歪曲马克思主义的某些教育哲学思想展开论战，并批判其谬误。

教育作为一种社会现象，是人类实践的一个形态，是社会发展的机能。许先生在1934年间，特别重视对姜琦著《教育哲学》中的错误思想的批评，并借此宣传他的马克思主义教育哲学观点。他连续发表了两篇长篇论战性文章《姜琦著〈教育哲学〉正谬》和《〈姜琦著《教育哲学》正谬〉答辩的再正谬》（限于篇幅，本书没有选编此两文——编者注），提出自己对唯物辩证法发展史的认识：从培根到洛克到十八世纪法国唯物论者，后来费尔巴哈从黑格尔出发又背叛了黑格尔，马克思、恩格斯从黑格尔哲学分离出来的时候，受过费尔巴哈影响不少，马克思揭露人与环境的辩证关系，弥补了从来的唯物论的缺陷。接着，作者指出姜琦对教育概念的理解，局限于赫尔巴特的陈套，以为教育是一种技术，是个人对个人的有意的行动，而马克思主义教育学者已把教育概念扩大了，把教育作为一种社会现象，是社会发展的机能等。在前一文章中，作者对形式逻辑的短处与唯物辩证法的见解及科学的认识论与方法论的统一，进行了深入的分析。作者从马克思主义的唯物辩证法的原理出发，批驳姜琦把教育与生产力和经济生活等概念混淆起来，指出生产力是教育一方面的成果，而不是教育的本身。

在《人类的实践与教育的由来》(1948 年) 中，论证了人类通过生产劳动创造了自己的历史。人类的感性的合目的的对象性活动，是在一定社会关系中发挥其机能的。这称为社会实践或简称实践。在变革现实的过程中，人类自己的本性也随着实践的活动而变化，教育学的出发点就在于此。生产是现实世界与我们教育的真正的基础。教育是人的实践的一个形态，是以生产力与生产关系的实践的高度意识化为条件。一切历史现象，都是人类积极活动的成果，人就是他自己的实践活动的成果。在这篇论文中，作者对历史唯物主义和科学的认识论作了深刻的论述，并发展了马克思主义教育哲学。这是一篇有创见的论著。

教育是人类社会实践活动的自己发展自己学习，人在改变环境以适应自己的同时，也改变自己的本性。许先生较早地在我国展开批判杜威的实用主义哲学思想，1941 年在对杜威 "社会的教育作用" 的观念进行系统分析的基础上，批判地指出杜威观点是用社会的群众团体的作用去代替整个社会合法则性的发展规律，未能把人类在社会实践中既改造自然也改造人类的本性看作社会的教育作用。因为人类的实践是自我学习的一种社会实践活动。社会的教育作用，其实是人类社会实践活动的自己发展自己学习。在批判杜威游离于社会之外的 "抽象的个人" 的同时，他认为 "马克思在人的劳动、实践中抓到了人的本质"， "人的本质就在于人的实践活动，人就是他自己实践活动的成果"。在《教育新时代》发刊词中，许崇清指出在 "美满的教育" 那里， "一切活动都是帮着人性发展而活动"，马克思的 "自由王国" 和 "三民主义" 所向往的大同世界，称谓虽不同，在客观上，它的条件是一样的。

20 世纪 40 年代，许崇清发表了《人类的实践和教育的由来》《人的本质与教育》等一系列在教育哲学史上具有重要意义的文章。与此同时，他主张青年人要投身于中国革命实践中，在《中国读书人以官为业的传统意识与现代知识青年应有的觉悟》一文中呼吁有为青年 "要立志做事，勿存心做官"，到基层去、到农村去切身参与中国革命的具体实践。

《人的本质与教育》（1946 年）一文，指出人的本质是人自己的实践的活动所构成诸关系的总汇，教育是一种社会现象（人对人的行为），教育是教人自己去学习，自己去从实践中作育自己，人是他自己的实践的活动的成果，人在改变环境以适应自己的同时，也改变自己的本性，这是人发展的基本事实，并指出单纯传授知识技能的教育，是远离了人的本质的非教育的做法。他指出，人改变他的环境而人自身亦为他的环境所改变，这过程是进行在人的实践中，也进行在认识与实践的统一中，这是人自己发展的过程。

人类的教育是依人类的社会实践及生产力与生产关系的发展而发展。在《教育的过去与将来》（1949 年）一文中，许崇清论证了教育起源于实践，教育是促进人类发展的一种社会实践的形式。他指出，教育如忽视了对象自己的运动，就远离对象自身发展的根据。这样的教育及效果，只是由于教育过程外在必然性的偶然性而产生。而人类的教育是依人类的社会实践及生产力与生产关系的发展而发展，教育学是在改造现实的实践过程中而增益其科学性。在《实践与教育》（1950 年）一文，按照马克思主义的历史唯物主义的观点，论证了劳动创造人类本身，教育也产生于劳动过程之中。他指出，人们为着生活而生产出必需的生产手段和间接地生产出他们的物质生活，这种永不停止的感性的活动、劳动、生产、创造，才是我们教育的基础，也是教育学的基础。其次，他论证了实践是理论与实践的统一的基础，教育是理论与实践的统一的过程。他认为，教育活动就应该是促进理论与实践的辩证的统一的运动，从来的旧教育学都捉摸不着人的发展的物质的实践的基础。这是一种很深刻的合乎马克思主义的创见。

教育目的是人的全面发展。中华人民共和国成立后，许崇清历任全国人大代表、全国政协委员、广东省副省长，担任中山大学校长直至逝世。许先生根据马克思主义关于人的本质和社会生产方式理论，在《人的全面发展的教育任务》(1957年) 一文中，指出教育与生产劳动相结合是实现体力和脑力统一发展的重要手段；"人的全面发展"是体力与智力结合在劳动中发展起来的，教育"要从人的生理、心理和社会生活的相互作用中"实现德育、智育、体育、综合技术教育和美育的统一。他的独到见解在当时全国教育界关于教育方针的讨论中起到了重要作用。该文中许先生系统地论述了"人的全面发展"是无产阶级专政的任务，并对关于"人的全面发展"的几种见解进行了分析批判。指出：斐斯塔罗齐把劳动与教育对立起来，他主张体力与智力的和谐发展是有片面性和局限性的；小资产阶级思想家蒲鲁东提出不消灭阶级而扩大资产阶级的平等观念，提出所谓各种职业教育的主张，以为这是完整的"综合"的教育，可以引导人们获得全面发展。我国曾有些人把全面发展理解为"平均发展"。这些都是不对的。许先生不主张把因材施教列入教育方针中去，认为个性形成是环境与教育的影响过程。

许先生认为，消灭体力劳动与脑力劳动的对立，实现体力与脑力的发展的统一，是人全面发展的唯一手段和基本原理。为消灭体力与脑力劳动的对立，实现体力与脑力的统一发展，就必须使劳动与教育结合起来，必须使劳动成为人们生活所必需，使教育成为普遍的义务。许先生进而指出，马克思和恩格斯认为人的全面发展是智育和体育、综合技术教育、德育和美育的统一。这个统一包含着消灭脑力劳动与体力劳动的对立，乃至消灭它们的本质差别。"人的全面发展"，作为一个概念来看，它包含着促进人的机体的正常发展，促进他的神经系统的机能的正常作用，促进他的一切心理过程、认识、情绪和意志的过程的正常作用等。人的全面发展在我们当前的时代还包含着新人的一切新品质和新特点的形成、培养和发展，即他的兴趣和爱好，他的性情和气质，他的积极活动性，信念和世界观等的新的形成、培养和发展。我们要从人的生理、心理和社会生活的相互作用中来了解人的整个发展，全面发展人的教育才能走上正确的道路。

许崇清非常重视教育改革。在 1955 年和 1956 年高教部召开的校院长和教务长会议上，许崇清认为学生学习负担过重，健康下降，违背了德、智、体全面发展的教育方针，应该调整教学计划，精简课程，改进教材教法，改变"背学生过河"的现象，培养学生的实际工作能力和首创精神。他认为中国的社会主义教育体系，"决不是一成不变的，一次规定下来永远就是这样的。它适应着社会主义革命和社会主义建设事业发展的需要，不断地调整、巩固、充实、提高，一直到社会主义建成而向共产主义过渡，它也跟着共产主义前进而成为共产主义教育"。针对极左思潮对教育改革的影响，他在 1959 年《怎样解决人民教育发展过程中的内部矛盾》一文中指出："不能设想，这样一个革命，似乎是可以一天内就完成得了，或者是搞一次'运动'就可以一劳永逸的。更不是重新改变既成的体系和制度所能实现。这是一个新东西逐渐代替旧东西的过程。"历史事实已经证明，许崇清的意见是真知灼见、肺腑之言。

如果脱离党的领导，摸不到出路。从加入孙中山先生领导的同盟会到加入中国国民党，许先生试图借助旧民主主义革命实现"全面发展人的教育"梦想，但饱经磨难、壮志未酬；从唯心主义到机械唯物主义形而上学，再到辩证唯物主义和历史唯物主义，许先生历经坎坷找到了教育学的科学的世界观和方法论。自从确立了马克思主义教育实践观，许先生成了中国共产党的坚定拥护者、同盟者、追随者。1957 年许崇清在全国人大一届四次会议上发言指出，当前教育工作的主要矛盾是"国家建设任务对学校教育质量要求的增长同它现在的发展水平之间的矛盾，先进的教育思想和教育经验的产生同保守心理和旧时代的旧传统之间的矛盾"，"党对学校教育的领导还要加强"，"如果脱离党的领导，是要使已踏上社会主义光明大道的学校教育又复陷于各自为政、自由竞争的资本主义社会的无政府的僵局，摸不到出路"。

许崇清先生的教育思想是在长期的理论探索和教育实践中形成的。从"抽象的个人"到"劳动、生产、创造"中的人，许先生把教育的客体"人"放到社会生产方式中考察，指出"教育是人的实践的一个形态"，进而得出"教育与生产劳动相结合是实现体力和脑力统一发展的重要手段"的科学论断；在许先生那里，教育是在生产力与生产关系相互作用的社会变革实践中发挥其职能的，所以教育绝不能脱离社会政治生活、社会生产和社会环境，他主张服务于社会实践的平民教育、道德教育、军事教育、职业教育、乡村教育等革命教育实践；在深入全面领会了马克思主义关于"人的全面发展"理论基础上，许先生进而指出，马克思和恩格斯认为人的全面发展是智育和体育、综合技术教育、德育和美育的统一，那么就"要从人的生理、心理和社会生活的相互作用中来了解人的整个发展，全面发展人的教育才能走上正确的道路"。可以说，从三民主义所向往的"大同世界"到马克思的"自由王国"，许崇清先生从认识论到方法论完成了其"美满的教育"理想的质的飞跃。

在此，引用从 20 世纪 40 年代开始就在许崇清身边工作、后来接替他担任中山大学校长兼党委书记的黄焕秋对许先生的评价：许崇清先生堪称"开拓辩证唯物主义教育理论的先驱"。

第二辑　教育实践

第一辑

教育理论

国民教育析义

正名辨义，研学之始，肇事之基也。国民教育译名也，意义纷纭，因时变易，考其沿革，辨其异同，除去偏隘，明定正训，俾学览者知所循守，为政者得其津涉，此析义所为作也。

国民教育意义不一，类聚之，分为二部：其一，制度上之意义；其二，内容上之意义。

制度上之意义有五

一、谓国家所敷设之教育制度，与宗教教育制度相对峙者也。此二制度之对峙，我国所无，但存于欧洲。当中古时代，罗马加特力教会权势方盛，举欧洲之宗教、学术、教育乃至一切法度，皆受其制御。法王君临其上，规模恢广，宛然大国，故其教育制度亦井然立具。凡附设于教会之高等、中等、初等各学校固不待言。即非直隶于教会者，未经法王俞允，不得擅自设立。迨及近世，宗教改革之声昌于德，新教思想弥漫全欧，咸谓国君既受神命而治国牧民，则一国之教育制度亦当由国君裁定，而教育全权当归国有。于是民育与教会分离，国家教育制度因以成立。至十九世纪晚叶而大备，国民教育之名于是肇生。举一切普通教育、高等教育，凡国家之所经营，以教育其国民，而与教会无涉者，皆得以国民教育之名概括之。

二、亦名通俗教育，施诸一般人民，所以启发其国民意识者也。凡国立、公立、私立一切学校学会，协于此义以设施之教育，皆谓之国民教育。其他如军队教育，德国亦谓之国民教育，所以教国民捍卫国家者也。

三、特指国家所经营之普通教育而言。专门教育所以教授专门学术，与普通教育所以授国民以一般常识者相异，故专门教育不得与普通教育同属于国民教育范围之内。普通教育既为授国民以一般常识之教育，而与专门教育有别，则凡专门学校以外如小学校、国民学校、中学校等，以教授一般普通知识为目的者，皆谓之国民教育。

四、独指义务教育而言，其义愈狭矣。为国民者必有所当具之品格，斯育成此品格之教育，即其所当受之教育。既为其所当受之教育，国家又从而督率之，以国权命之而使受之，于是义务生焉，故曰义务教育也。协于此义之国民教育，非但谓小学教育也，包括实业、补习教育而言者亦有之。

五、谓国家直接经营之教育，以与公私立之学校教育分别而言者也。公私立学校之所以设立，其目的亦不外乎造就国之良民，乃不得同称为国民教育者，以其组织方针不必全然遵据国家定制，有自由选择之余裕也。如于英国，凡直隶于国家或受国库或自治团体之补助者，皆称之曰国民教育。其余亦于国家监督之列，如剑桥、牛津两大学及伊东等诸中学，则与国立诸学校异其体制者也。

内容上之意义有四

一、对于世界主义而言者也。所谓世界主义者，有宗教上之世界主义，有道德上之世界主义，有政治上或经济上之世界主义。其立足地虽不同，要皆理论上、思想上夸诞之词耳。自实际上言之，今日生存竞争弱肉强食之世，国家者，社会生活之本也，欲求生活之自由，当以固国本为先务，不先固国本而惟世界人类之福利是求，是直以膳羞自居，甘受他人咀嚼者也。况乃世界文明造端乎国之教化，世界文明之进步，本原乎国家教化之发达，则自平和的文化一方面观之，亦当先国家而后世界也明矣。国家主义之教育，其国民教育之本与。国民教育也者，所以策国民之一致，谋国家之统一，内以巩固国本，以发扬以供献于人文之进化者也。

二、对于个人主义而言。个人之于社会有不可须臾离之关系，个人之生存发达，其凭借于社会者至大。而个人之生存价值，咸视其所效力于社会者若何而定。然则个人主义之重个人而轻社会者，实未尝究洞个人之义蕴者也。故教育所当定之目的，不在个人知德之完成，而在社会的自我之发达。其他如所谓超人主义者，实与现代民主的大势相背驰之英雄主义、贵族主义也。即所谓尊重个人之自由，俾得各自发挥其个性之教育学说，其结果必至育成恒河沙数无理想、无节制之个性，独特怪异无所通用之奇材，是皆个人主义之纰缪。而国民教育主义之所由作，亦在救其弊而已矣。国民教育者，不以个人待个人，而以国民一分子遇之，教之以尽己事国之道，则其个性自能莹彻，而国家理想亦赖以成遂者也。

三、对于宗教的及道德的教育而言。宗教的教育，其理想归宿于超绝界。道德的教育，其极致止于兼善天下。二者皆迂远而裨益实际者鲜。苟世界未跻大同，人类犹伏处地上，则国家组织不可一日缺。况于今日立宪政体之国家，经济本位之社会，政治上所要求者，尊重国宪而能自治之国民也；经济上所要求者，具有生产力而能维持物质上之独立者也。二者殊科，要皆以现世的国家为大本，断非宗教的及道德的教育所能独力造就，于是法制的、经济的国民教育尚矣。所以补前二者之阙，志在从法制、经济两方面养成爱国之国民者也。

四、其义从概念之分析得之。如德国提于斌见（Tubingen）大学教授那依曼（Neumann）博士分析国民之概念，别为三大端：

（一）国家当以国民之利与害为最上问题，国民则当许国家以实现其意志之自由，国家与国民互相因依，犹四肢之与躯体也。

（二）国民之本质，国民之系统，成立于政治上之统一。而政治上之统一，则系乎教化上、精神上之一致。申言之，言语、道德、品性、风习，皆能和同不相背戾，然后政治上之团结乃得巩固。

（三）人种之纯一实国民精神之自然的基础。

上列三端，（一）所以明国家与国民之关系，（二）与（三）所以明国民之本质之系统及其基础者也。是故真国民者，必同其种族，同其利害，而怀抱同一精神者也。阐明此国民意识、造就此同一精神者，是为国民教育。如是教育非独授以法制、经济即能尽其事也，必先启发其对于国家社会之道德的意识，更因此意识而陶冶其国家的社会的道德的品性而后可。若是则教化的政策，社会的训练，实国民教育所不容缺者。其他如化醇血统，锻炼体格，凡所以善其身者，即所以强其种而固其品性之基础者也。于是体育尚矣。

国民教育意义多端，既详述之矣，然则当何所取准乎？考诸学政揆之时势，制度上余谓当义务教育及与之有密切关系之补习教育、师范教育而言。内容上则指以谋政治上、经济上、教化上国民之统一，而施诸一般国民之养护、教授、训练而言，俊哲洪秀，伟彦之伦，匡其纷缪，所企望也。

（原载于《学艺》第 1 卷第 1 号，1917 年 4 月）

欧美大学之今昔与中国大学之将来

一、欧美大学之沿革

欧洲大学肇始于中世，从意大利传至巴里而日盛。当时的大学，均由神学、法学、医学及文学四分科组成，其中文科只设高等普通教育，其余三分科才是教授专门学术之地。文科教授拉丁语、伦理学、哲学、理学诸学科，修业年限虽无一定，大致以四年为度，与美国的 College Course 相似。文科毕业后，再进神学科或法科或医科肄业数年，才得完全毕业。这就是中世大学的根本条件。

后来这个制度传至英、德、美等国，因其国情各异，略有变迁。例如英国的大学，有新旧两种，旧式大学的代表就是 Cambridge 和 Oxford。这两所大学创立于中世，是仿巴里大学而设的，所以注重神学。然而当时大学的预备教育机关不很完备，于是英国的大学里面四年程度的 College Course 就渐次发达起来。加之当时的大学生不一定都愿专攻神学，所以大半在 College Course 毕业后就中途辍学。因此 College Course 便成了英国大学的本体一般。其实英国大学里面的 College 不过是 Faculty of Arts，与中世的文科大学相当。其规模比之中世的真大学相差很远，不过是中世大学的一部，不过是大学的预科，所以十四岁就可以入学。

德意志的大学也是仿巴里大学而设的。即如 Prague 或 Leipzig 大学，其组织与巴里大学全然相同。但德意志的大学至十六七世纪后国制勃兴以来，成了教育国民生活指导者之地。因而专致力于法学、医学等专门教育，遂以法学、医学等专门学部为大学的本体。而文科直至十八世纪末叶，依然不脱预科的性质。到了十八世纪晚年，哲学、言语学和自然科学发达渐著，文科因亦编入专门学部之内。迨十九世纪 Gymnasium 即中等学校渐次完备，德国大学遂全然成了施设专门教育之地。英国的 College Course 大半也包括在 Gymnasium 里面。法国的 Lycée 亦与德国的 Gymnasium 程度大致同等。是以 Lycée 毕业生的称呼 Baccalauréat 与英国 College 毕业生的称呼 Bachelor of Arts，言语上为同类。

美国的大学本来也叫作 College，其教育全与英国的 College 相同。例如 Harvard 大学从前叫作 Harvard College，内部组织纯是学级制，同年级的学生皆受同样的教育，无专门分科的设备。所以当十九世纪初年欲学法律者，在 College 毕业后须另入法律学校，或入法律事务所，以律师为师。到了十九世纪中叶，德国文化渐次传入美国，美国方才晓得国内无真大学，于是始有设立真大学之举。Johns Hopkins 和 Clark 大学都是当时成立的，所以当初这两所大学都不设 College Course，后来因为美国是个新开国，待兴的事业很多，需材孔急，即稍具普通知识的学校毕业生亦非常宝重，于是学生在 College 毕业后多受聘往各处干事，再入大学部研究学问者很少。这两所大学因要顺应这种时势的要求，遂亦并设 College Course。从此新兴诸州立大学，亦多在法医文理工农诸专门学部之下，更置 College，而向来的旧 College 也于其上更置诸专门学部，都是因应时势的施设。

大学部既与 College Course 并设，一面中等普通教育也渐次完备，于是 College Course 的年限问题当然发生。现在美国解决这个问题的办法，大致可分两种：一是许可 College Course 第三年或第四年级的学生，在大学部听专门学科的讲义。二是在 High School（中等学校）之上设两年程度的 College Course，这就是近来所谓 Junior College 的运动。若照这个办法做去。美国的大学简直全然变作德国式了。总之，美国的大学是在英国式的大学上头加上了德国式的大学，自成一种特别的制度，组织至复杂。此外还有好些与 College 同程度的专门大学，不能与其他诸正式大学受同等待遇的，我们应该留意不宜混淆。

二、欧美大学学位之异同

University 这个字的本义原作联合，即如 Universitas Scholarium 是一种学生联合，Universitas Magistorium et Scholarium 是一种学士和学生的联合。这种联合是欧洲中世最普通的社会组织，这种组织就是大学的前身。学生联合里头的教师叫作 Magister，与工匠联合里头的师傅同一称呼。这些教师、师傅皆有教授弟子的特权（Licentia Docendi），所以也叫作 Doctor。十二三世纪时代 Doctor 这个字本与教授同义。

D 这个学位当初只限于大学之内，在大学之外是无效的，后来便成了凡有教授专门学术的能力，经法王和君主认为有资格者的通称。但想得这个学位的人，先须经过一重小考，这种小考的及第者叫作 Baccalareus。这个字源似乎出于法语的 Bachelier，就是初级骑士或学习生的意思。在 Baccalareus 和 Doctor 间也有授以 Licencia 的，现在法国大学还有这个学位，就是中世的遗迹。

中世的大学专门部就是神学科、医科和法科，大学的预科就是文科，所以学生先入文科，在学约两年可得 Baccalareus，再过一年得 Licencia，再过三年得 Magister 即 Doctor，然后再入专门学部，亦照依顺序由 Baccalareus 而 Licencia 而 Doctor，是为最高学位。在文科得 Magister 者大约年纪廿一岁，从此更入专门学部，在学三年乃至七年，才得专门学部的 Baccalareus。再费四五年功夫得了 Doctor，年纪大约是廿七岁乃至卅三岁。

英国的大学以 College 的 Arts' Course 为本体，恰与中世的文科大学相当，所以至今还沿用中世文科大学的学位。Cambridge 大学近虽稍有变更，而 Oxford 大学则依然守着中世的旧式。在 Cambridge 的 College Course 毕业后得受 B.A.的学位，这就是中世文科大学 Baccalareus 的遗物。得了 B.A.后再费三年内外的功夫可得 M.A.，这个称呼也是出自中世的 Magister。在 Cambridge 大学里头，法科虽设在 College，而神学、医学则编入专门学部，须在 College 毕业后才能入学。在 Oxford 大学则连法科也设在专门学部，欲学法律者须先在 College 毕业，纯属中世旧式。

德国大学当初的组织全与巴里大学相同，学位的种类亦无差别。后来德国大学置重专门学部，于是学位也只限于 Doktor 一种。要得这个学位须在大学三年以上，提出论文，经审查认为合格，此外还有口头试，且较法国大学的 Docteur 口头试更严。但在德国大学的神学部则不授 Doktor，只授 Baccalareus，而以 Doktor 为名誉学位，也是中世的遗风。工业高等学校受了工科大学的待遇后，多添了工学 Doktor。德国大学的学位，只有哲学、法学、医学的 Doktor 和神学的 Baccalareus 四种。

美国大学所授的学位种类很多，迄十九世纪初年，美国大学还未脱 College 的旧态，所授学位也只限于 B.A.和 M.A.两种，此外虽有 Doctor of Law 也不过是名誉学位。现在则于 M.A. 之上还有各种 Doctor，然而程度很参差，高低不一。美国大学授与学位的资格，虽要经州厅认可，但关于这种资格的制限，各州宽严不一。实际上美国的学位，名不副实的也就很多。又 College 也可以授学位，但其程度只限于 Bachelor，与大学本部不同。

如上关于学位的规定，欧美诸国纷纭不一，要与日本的学位和称号比较起来便怎样呢？日本帝国大学的学士，断不能视为与英美的 Bachelor 同等，也与美国的 Doctor 有别。日本帝国大学的学士，其程度高于美国的 Bachelor，比之美国的 Doctor 则稍低，大略与美国的 M.A.相当。德国的 Doktor 与日本帝国大学的学士无甚大差。法国的 Docteur 则高于日本帝国大学的学士。而日本的博士则稍高于美国的 Doctor，却与法国的 Docteur 相伯仲。

三、大学的职能

欧洲大陆的大学以施设专门教育为本务，英美大学内以普通教育为主的 College，不得视为与大学本部同等，前此既已说明。此外尚须解决的就是大学职能的问题，详言之，就是大学所设的专门教育，应该以教授为主呢？抑应以研究为主呢？这个问题。

中世时代并无教授与研究之别。所谓神学只是疏证耶教（即基督教——编者注）的义理。所谓医学、法学只是领解希腊、拉丁的医书法典。研究学术，发明新理，实属当时学子思念所不及的事。是以从来模仿中世大学而设的欧洲诸大学，皆以教授专门学术为本务。另于大学之外设 Academy 以为研究学术之区。例如法兰西的 Collège de France 和 Académiè des Sciences，伦敦的 Royal Academy，都是与大学异处的研究所。

德国大学则于十八世纪以后渐重学术的研究，即文科大学迄康德之世，其地位虽甚低，自此亦陆续增设 Seminar（研究室）和 Laboratorium（实验室），以为教授以外研究学术之区。于是法、文、医三分科的 Doktor 论文均置重新研究，以能独创新理为论文的标准。十九世纪中叶大哲 Fichte 论大学职能，亦以大学为最高学府，研究学术之地。学者 Schleiermache 亦以学术陶冶为大学的本质，以学习为轻，认识为重。力辟大学与 Akademie 分立之说。一八五七年 Trendelenburg 教授亦提倡研究本位的综合大学。这就是德国大学教育十九世纪以来的趋势，理论上、实际上均趋向于兼备教授和研究二事，与英法的旧式大学全然不同的地方。

至于美国关于大学的议论，亦勃兴于十九世纪的后半期。St. Louis 世界博览会的"北美合众国的教育"里面"大学"一项内有"Professor Von Holt's famous pronouncement is right；a university in the European sense does not exist in America"一句话。说美国没有欧洲那样的大学，这是因为当时美国的大学以 College 为主，College 的任务止于施设高等普通教育，与欧洲大学注重专门学术大不相同的缘故。Harvard 大学前总长 Eliot 在他的名著 *University Administration*（《大学管理论》）里面也有"All the professional schools of a university ought to require the preliminary degree of Bachelor of Arts，of Science，for admission and only when this requirement has been successfully enforced will the unorganized group of separate departments which now passes for a university in the United States be ready converted to a true university"一句话。他的意思是说真正的大学须有完全的专门学部，若没有这种设备就不能算是真大学。Columbia 大学总长 Butler 在瑞典的 Kopenhagen 大学讲演，他的主旨是说"美国大学创始于四十年前，大抵以德国大学作模范，大学这个名称在美国有两个意思，一是指大学名下全部的教授活动，一是指 College 教育以外的专门研究，大学的任务首在学术的研究与解放"。这个见解明明白白地是说大学的本体不在 College 而在 Post graduate course 的一个好例。这样看来，美国诸大教育家的意见，大致是要将 College 与大学分别清楚，是要按照德国大学的组织订正美国大学的概念，确是目下至显明的事实了。

四、我国大学之建设与中等教育

从以上搜集所得诸事实看来，我国大学之当取法德国，以专门科学之教授及学术之基础的研究为本务，不应从英美的 College 旧制，以与现代大学教育的趋势相逆行，实属至明之事理。然而大学之能够成全这个本体与否，一视大学预备教育的成效如何，则大学本体既定之后，大学预备教育问题当然继起。要解决这个问题，应从大学预备教育的学科，修业年限，授业时数，教师的实力，教授的内容及教授的方法诸方面着实调查，征诸我国事实上的材料，更参考欧美诸先进国的现行制度，从学术的见地仔细研究，断非凭空可以臆断的。若只求一时的方便，任意削短学校修业的年限，致国民于学识涵养上、人格陶冶上，受莫大的损失，则更非识者所许。

我之所谓大学预备教育，非独指现在我国的大学预备科，实包括我国的大学预科和中学校，即中等教育全体而言。这个道理是很容易明白的。我们试看欧洲学校发达的历史，就可以晓得欧洲的学校，并非由小学而中学，由中学而大学，一步一步顺着次序发达得来的。也不是像中国的学校那样一时并起的。欧洲最初的学校，并非小学，却是专门学校，即专门的宗教学校。后起神学渐次发达，宗教的专门学校便成了宗教的大学。未有小学以前，先有大学，确是欧洲学校发达的次序。然而当时大学所用学术语，概是拉丁语，于是预备大学教育的拉丁学校相继兴起。这些拉丁学校就是后世中学校的前身。德国的 Gymnasium 和法国的 Lycée 都是这拉丁学校的变体。是以德法的中等学校与大学是连续一系的，两下的关系非常密切。后来德国的 Gymnasium 虽分作两期，前期定作六年，后期定作三年。法国的 Lycée 也定四年为前期，三年为后期。两下的前期毕业生都可中途转入专门学校，然而中等学校全体依然是一气呵成的，中等学校全体依然是大学的预备学校。我中国则将中等学校分为两段，以一段作中学，以一段作大学预科。不须说这是一时权宜之制，两下的有机关系仍然是应当保存的。所以我说大学预科与中学校应该视为同体，同属于大学预备教育。

我的意思并非要将我国的中等学校立刻改从德法现制，这是我国现在万万做不到的事。我但以为现在的中国至少亦须将中学校与大学预科密切地连络起来，将其内容更加充实，而高等小学至少亦可抽出一年补入大学预科或中学校，以助成这种改造。这一年的移动，似乎是件很小的事，但在小学校终归空费的时日，而大学预科学生或中学生得之，确是无价之宝。

五、单科大学之组织

大学既以学术的基础研究为一任务，则凡所以资助研究之设备不可不完。而研究之际有须参考各种专门学科者，大学亦须有以供其检查，备其应用。这种便宜确没有如综合大学的。但从实际看来，要在现在的中国设立完全的综合大学，实属难事。而学科的关系深浅各有不同，深者虽不得不综合于一处，关系浅的还可以别的方法充补其缺，则单科大学之设立，苟能具备一定的条件，在今日的中国，也是应该奖励的。甚么是单科大学所应备的条件呢？即就单科的工科大学而论，工学的根源在理学，固不用说。即工业的发达到了一定的程度，亦须有理学作指导，方能别出新机。例如无线电信、电话近来的改良是由真空的研究，就是一例。是以工学的研究，若不能与理学的研究相提并进，断难尽其功用。要设单科的工科大学，至少亦须有完善的理科教室。

大战以前，这样的单科工科大学在德国共有十余校。在这些工科大学里面，理科的规模是很宏大的。教师的员数和教室的设备几与大学相匹敌。如 München 的工科大学，竟然兼有授理学 Doktor 之权。理科之盛可以推见。又英国从前的工业学校，不过是些职工学校，而英国的工学者，大都出自大学的理科。到了近年，Birmingham 工业学校成了大学，便将工学诸教室分作物理的与化学的两种，各附设物理或化学的大教室。其余则皆是理工科并置的组织，如伦敦的 Imperial College of Science and Technology 即其一例。还有法国的 Ecole Polytechnique，美国 Massachusetts 的 Institute of Technology 及其他大学组织的工科学校，几乎无一不是仿德国 Technische Hochschule 的。所以将来我国若设工科大学，即使不取法理、工科并置的组织，也须附设理科教室，实理所应然。

单科工科大学如是，单科医科大学或单科农科大学也应与工科同样作为理、医科大学或理、农科大学，即不然亦须附设理科的教室。至若单科法科大学，则须并置文科，或附设一相当的图书馆，搜集文法科各种书籍，以便研究者检查。要言之，单科大学的组织与综合大学一分科的组织应有区别。因为综合大学的各分科合拢来才是一个有机的全体，而单科大学则须自成一体。若组织单科大学而取法综合大学的分科，或将综合大学的分科移了出去，强欲使它独立，是犹分离四肢，而望其能全手足之用，断无能偿所愿的。

（原载于《学艺》第 2 卷第 3 号，1920 年 5 月 30 日）

学校之社会化与社会之道德化

学校内道德教育的问题，总不外乎怎样能得到道德的知识的一个问题。所以向来的道德教育法是与向来关于"知识"的心理学说相依为命，不可分离的。若要检查向来的道德教育法，必须同时检查向来关于"知识"的心理学说。

向来关于道德教育的主张，大都根据 Herbart 心理学和教育学。Herbart 的心理学以为吾人精神的能力系从观念界发生，以教育事业为灌输有益人生的观念于观念界。应用这个原理的道德教育法中，其最简而常见者，莫如直接的道德教授。这种教授以关于道德问题的课程教授儿童。志在授以道德的观念，或自然与历史中的伦理的要素，在儿童的心性里面做成一伦理的倾向。这种教授也有借助于宗教的感情的要素者。但在今日，国家既不容宗教侵入学校里面，这种教授除了利用联想，也就没有别法。明治帝的"教育敕语"对于日本"修身教授"就是这种方法的一个好例。这个敕语既能将种种问题直接联系于宗教的哲学的根本形式，而又能超出于既成宗教之上。欧美诸保守的教育家所以称羡之不置者，就是因为这个缘故。

于此直接的道德教授之外，还有用间接的方法，想在学校所定正课里面，收道德的效果者。但在 1908 年的万国道德教育会议（International Moral Congress），这个方法惹起许多议论。Canon Glazebrook 氏则谓道德只可求之于历史、文学及圣经。若欲于数学求之，是再蹈彼得哥拉斯学派（Pythagorians）的覆辙。但 Gustav Spiller 则不以为然，说一切学科都可以无所损于它的事实，拿来做道德的教科。究竟孰是孰非，终无定论。而且 Gustav 氏亦并未提出具体的方法，不知他的主张怎样才能实现。

此外还有一种间接的方法，叫作卜郎黎制（Brownlee System）。这是每个月将学校的课业集中于一德目的办法。例如将"克己"两个字挂在教室里面，或是儿童排队出门的时候，写在旗上，以为先导，或是每日将这两个字做儿童五分钟谈话的题目等类。这个办法的意思，以为儿童在一个月内，若与一德目朝夕相处，必能将它牢记在心，永远不至忘却。

又有所谓斐尔差儿制（Fairchild System）者，亦是近来在美国很流行的一种道德教授。这种教授是用绘图或影片做材料，一切影片都是从实际生活的实例挑选出来的，用以说明道德的信念和顺应环境的方法。在大都市则由教育局任用特别讲师，派往各学校讲演，或组织巡游讲演团，派往各小都市农村教会等处讲演，这个办法闻说在美国各处很受欢迎。但有一个批评家说它不过是一种"五文钱的劝善演戏"。

这些方法欲举教育实效的努力，本来是不应这样轻蔑它的。但目下这些方法所根据的心理学既已日就崩坏，这些方法也就不得不说它是根据旧学的一种迷妄了。这些方法所根据的心理学是进化论以前的心理学。这种心理学以为心的生活生于感觉，感觉是孤立的受动的。我们从外面感受得种种感觉，即由记忆联想的法则，在心里形成种种心象、知觉与概念。五官是知识的门户路径。除了结合原始的感觉外，人的精神关于认识全然是受动的、服从的。欲望、情绪、意志、行为都只遵行感觉及心象的轨迹。其结果道德教育是以道德的观念授给儿童，以为便可在儿童心性上作一道德的倾向，使儿童能够终身实行道德。但今日心理学的发达，已将这个台面全然推倒，我们就应该根据目下心理学变化的结果，给向来的教育法以一新科学的构成。

以下且考察生物学发达对于心理学的结果在知识的性质上所生的变化。

凡有生命必有活动，有行动。因维持生命就有连续活动，且有使之适应环境的必要。而此适应的调节，又并非全是受动的。有机体的形态断不是独因环境而定的。在生物当中全然服从环境这样事体是决不能有的。生物因要维持它的生命，可以将环境的诸要素变形，生物受环境的作用，同时又能各因其构造以作用于环境。其结果，生于环境的变化又反而作用于有机体及其活动。生物自身的行为结果生物反自受之。这个能动所动的关系即构成吾人之所谓经验。从这件事看来，能有制驭环境与利用环境那样适应作用的有机体，这种有机体与环境的相互作用，便成第一义的事实。而所谓知识者便迁于派生的地位了。知识不是独立自足的东西，却是包含在维持与发展生活的过程里面。严密说来，事物的知识是从我们的知的资源形成的，就是从能使我们的行为更加贤明的一切习惯形成的。换言之，即使环境顺应于我们的要求，又使我们的欲望或目的顺应于环境，因而组成的心的倾向便是知识。知识不是限于我们现下所能意识的而止，却是当我们解释当面的事实与现象的时候，从我们有意使用的心的倾向而成立的。以此说应用于教育，则学校内知识之获得当与在儿童的社会生活环境活动和事务相结合。书里头的事体在当初发现或经验的人，无论是怎样的真理，儿童得之，终不能算是知识。

知识既是从有意义的影响于行为的经验得来，那么若要解决学校内道德教育的问题，即怎样修得道德的知识这个问题，与其将道德的观念于实际生活未曾需要的时候注入儿童的脑里，不如使儿童亲自参与能够多多地供给适于处置目前的道德问题的材料的经验。

向来人都相信人是万物的灵长，生具道德的直觉，禀有辨别善恶的理性。一面则又以日常处世的才能知识为不足宝贵，就是没有它亦无碍于大德。道德因此便超乎日用常行以外，道德的知识竟成了一种特别的东西，良心与意识亦离为二事。其结果，品性陶冶与知识之修得，理解之发达，变成绝无交涉；教育最高的目的，与学校主要的事业，两不相关。德育的范围只限于德目、箴言或训话的日课。

然而道德决不是与社会的能力绝无交涉的一种感情，亦不是由因袭传统得来的种种德目。道德是断不能这样偏狭地解释的。道德的范围应当概括自己与他人交处的一切行为。假使当我们行动之际并不虑及这社会的关系，这个关系也自然包含在内。道德它的这个性质，关于教育上道德的定义，给我们一个很重要的暗示，就是：道德既然关系我们的行为，那么教育上道德的内容，就应当不是材料的内容，却是处置行为或经验的方法的内容。道德并非存在特殊的动作、特殊的思考形式或特殊的规则里面的。道德却是详审疑问中一切条件、人我间一切要求与发现于意识内一切价值，而后真正把捉着的一个状态。

所以知识之修得，理解之发达，与品性陶冶关系至切。若是知识与行为没有这个关系，即知识之发达与道德之成长之间若是没有了这个有机的关系，那就以德育为教育上统一的最高目的这件事恐要变成空想。结局知识既不内属于行为，又不增长生活的见识，道德也就变成德目的集成了。

不须说，道德的直接教授并不是全然无效，对于儿童的品性并不是绝无影响。以道德的直接教授维系国民品性的国，实在从前也有了，即现在还有许多。但这些直接教授之所以能够奏效，其功并不在于它的自身，却在那阶级的社会制度全体的权势。所以在民主社会，若要借德目的直接教授来收同样的效果，实属不可能的事。

这样把学问和行为及道德相联络起来，那分离意识的心向动机，和物理的外部行为的学说所酿成的德育上的难点，就可通盘除掉。行为的道德的性质和社会的性质，既为同一事。而道德的认识和兴味，既由互相交际而成的共同经验里面发达，那就人格修炼、品性陶冶和社会能率，都应同具道德的性质。学校的社会化，不独可以增进社会的能率，而且可以增进道德的兴味。到了这个地步，学校才能以德育为教育上统一的最高目的。

那么关于学校的社会化这件事，从来有些什么见解呢？有些什么方案呢？确是我们不可不检查的。

我且先看看 Arnold 以来英人所计划的"学校的团体生活"。这个计划将学校组成一有机的自给的团体，要个人都能够充分地顺应这个生活。若缺了这个顺应性，就被放逐。这个计划的要求虽很多，就中尤以与其使儿童在现在极复杂的社会里面受许多影响刺激，不如使之在单纯的社会里面吸收些初步的社会习惯，一个要求为最重要。然而这个计划却忘了在这样孤立的不能表现实际社会的团体所养成的社会习惯，断不能十分确保它的社会的机能。蹴球俱乐部内所养成的协同一致的精神，决不能扩张到爱国心。儿童在学校的俱乐部里面可以为学校服种种劳役，但对于国事他却视若无睹，听若罔闻。这是甚么缘故呢？儿童在学校里面所学得的习惯，何以不能持续到实际生活上去呢？这是因为学校团体与实际生活相差很远，而且在一社会所流行的习惯只可传播到类似的社会去的缘故。在一社会里面所形成的习惯，或可以在其他同样的社会与人以刺激。但实际社会既与单纯化了的学校社会全然相异，则连刺激也不给与了。这样与学校外的世界绝无交涉的社会生活，只是学校内的社会生活。所谓市井（Town）与学院（Gown）的乖离亦即由是发起。

是以补救这个缺欠的，可推杜威的提案。杜威的意思是说学校不止它自身要是社会生活，而且学校内的学习要与学校外的学习相贯通，两者之间要有自由的交涉。这是说学校的社会化，不应回避社会的环境。要使儿童亲自蒙其影响，受其激刺。这是要使校内与校外两下的社会兴味多有些接触点，以免像在中世纪的僧院生活里面，社会的兴味和理解虽很发达，而这些兴味和理解简直在外间不能通用的弊病。不须说现在的社会生活是很复杂的，断非儿童所能全部一一参加。即使参加，亦非他们所能理解，也就不能决定他们的心向，组成他们的性格。所以供给儿童以单纯化了的环境，也应是学校的一个职责。然而这个单纯化须要是养成对于更加复杂的事象的洞察力的一个手段，渐渐终须进到更加复杂难解的事象的一个阶梯。

以上所考究的是抱定一个宗旨去施行的学校教育，我们既已考究过这种有意设施的教育，我们还要检查下那无意中感化人心的社会环境的力量。环境无意的影响感化我们的心意、性格是很微妙、很透彻的。做成我们的情意的基础的倾向者不是学校，却是社会环境。学校教育不过使我们能够自由驱使我们无意中在环境做成的资性倾向，或醇化了这些资性倾向，使之能作有意义的活动。社会是学校教育的条件的总体，亦犹环境是生物活动的条件的总体。所以以德育为统一的目的的教育，若要实现它的理想，不独要在学校，即特殊的社会环境里面，选择有益教育的社会事象而利用之，还要同时在普通的社会环境极力扑灭恶习俗恶制度的恶影响，培养良习惯，树立良制度，以作成社会环境的良感化力。用一句话总括起来，就是说，道德教育要学校的社会化和社会的道德化同时实行，才能完成它的理想。

（原载于《学艺》第 2 卷第 7 号，1920 年 10 月 14 日）

产业革命与新教育

今日系贵校举行毕业式的日子。诸君既已履修本校的课程，从此出去为国家服务，犹之将士训练既成，从此动员出征。今日诸君所受的毕业证书，实与将士所受动员令无异。国家既对于诸君下了动员令，而且诸君各自的出动方面又非出于强迫，实出于诸君年来的意志。自然诸君都能够踊跃奉公，本无须乎他人劝告，更无须乎他人来教训。但我今日对于有光荣有希望的各位战斗员，有一个见解，是不得不请留意的。

诸君都是曾受新教育，而且从此要出去从事新教育的人，大抵是无不盼望新教育能够推行日广的。但推行新教育并非一件容易的事，以常识判断起来，推行新教育总不外乎设立学校培养师资，甚至改寺观来做学校，赶办六个月的速成师范，似乎极容易做到。但从进化论的原理推论起来，教育不过是人类进化历程内的一个要素，必定进化到相当的程度，然后才可以发展相当的教育。若果社会环境的条件不完备，是断不能由外面附加程度不相应的教育落去的。想要推行新教育，是必要社会环境具备足以容纳新教育的条件。这件事断非容易的。

设立学校培养师资虽然是推行教育的一个条件，但这些都不是根本的办法。根本的办法在甚么地方呢？这必定要在历史上考求，从教育发达的历程里头研究。现在所谓新教育，总不外乎欧美现代式的教育。欧美现代教育的特征全在理科和实科，但欧洲的教育在十一世纪前都是本于人文主义的，以古典文艺、宗教为基本。到了十一世纪十字军兴以后，欧洲一带就中尤以意大利、日耳曼起了许多自由市，商工业者成了社会的一大动力。于是在僧侣王侯武士以外平添了一个实业家的阶级。这些实业家因为有经营实业之必要，起初虽不过以徒弟学师的方法，造就从事商工业的人才，后来都市逐渐发达，商工业联合会次第发生，这些联合会自己就设起徒弟学校来教育徒弟工匠。随后都市的势力愈加增大，遂以都市的力量设立实业学校，脱离从来宗教的羁绊，弃却从来的人文主义，注重实科和理科，于是教育史上有所谓实科主义的运动。在意大利如结 Lombart 同盟的 Venice 和 Genoa，在日耳曼如结 Hanza 同盟的 Humburg，Bremen 和 Rübeck，在法兰西如 Marseille，Monpeliere 等大都市，都是这些运动的中心。

从这些历史上的事迹看来，可见欧洲社会的进化是在教育之先，是社会先进化然后改造教育以适应社会的。即就现在而言：欧美教育上最重要的问题，莫如学校与社会不相一致悬隔太甚的一个问题。这个问题解决的方法，也是要提高教育以适应社会。这回大战的结果，向来偏重人文主义的英国，和只知捧诵教育敕语的日本，也纷纷提倡改造教育，改良理科，都是想提高教育以适应社会的事例。近来中国的学者，时常也有论及这个问题的。但我们须要认清这个问题提出的形式虽与欧美相同，但问题的内容应与欧美各异。欧美的问题是怎样能够提高教育以适合社会，而在中国则其内容应是怎样使教育真正能够助成社会的进化。换句话讲：在欧美是社会先进化，而欲因其改进之程度以改造教育。而在中国则社会不进化，而欲先改造教育以助成社会的进化。在前者则一切条件皆已完备，只要去整理些条件使自然能够得着应得的结果。在后者则连条件也未完备，其能否得着将来欲得的结果，在教育者是并无把握的。

何以教育者无把握呢？从历史上看来欧美现代式的新教育是产业革命以后发达得来的，是产业革命的产物。所以现在若想在中国推行欧美现代式的新教育，自然产业革命应该是推行这种教育的一个条件，但可惜改造教育的权，虽然或可以操诸教育者之手，而产业革命的权，则不在教育者。比如现在要在中国设立些最新式的工业学校，施设最新式的工业教育。这件事教育者或者可以做得到，但是这些曾经受过最新式的工业教育的人出去社会，能否就为社会所容纳？能否就在社会里头应用他们的新学识，将现在的旧式工业变成新式工业？这件事在今日的中国社会是教育者所不能预决的。教育者对于这个问题是绝无把握的。只有任诸社会自然的进化，这个问题只有任诸自然的解决。

中国从来的教育是与产业绝无关系的。今日虽已施设新教育，这个惰性仍然继续着毫无变动。但今日既已明白产业革命是推行新教育的一个条件，这个惰性是必定要断绝的。教育与产业是必定要联合起来的，必定要教育经营者能够同时做产业经营者，然后怎样使教育真正能够助成社会的进化这个问题才有迅速解决的希望。

以现在世界各国的情形看来，国家是经营教育的主体，但国家对于产业则任诸个人的竞争，任诸自然的发展。这个教育自教育，产业自产业，两相分离的积习，我中国是应该破除的。若长此因循不改，则在今日的中国，必至教育与产业两下都难望发达。中国民族的运命只有委诸天演。

诸君！诸君总要明白学校与社会的关系，总不外乎教育与产业的关系。诸君将来从事教育，断不能局处于教育一方面，就算尽了自己的职责。尚有产业一方面，是不能等闲的。诸君要留心中国产业的现状，留心国民产业的生活，要知道今日教育的基础是在产业。

我这个见解，或者是我的偏见亦不可知。但我这个见解，或者对于诸君将来的事业，可以供给一个暗示亦未可知。今日际会这个毕业盛典，谨以这个愚见披陈于诸君之前，请诸君留意留意，并以一言为诸君事业前途祝福。

（原载于《学艺》第 3 卷第 3 号，1921 年 7 月 30 日）

教师与社会

　　社会是断非只由法治而可以发达进步的，想求社会的进步发达必定要兼施教育。凡想在社会里头改良的事物，应要先在学校教育里头着手改良。比如想将现在中国的手工业改作机械工业，就要先在学校里头施设机械工业的教育，先将机械工业输入学校，再由学校输入社会。这种方法虽像似奏效较慢，但其结果则较为实在，较为稳当。所以欧美各国现在各种道德的运动、社会的运动，其努力大半集注于学校教育。现代国家行政多趋向于保育主义，注重社会政策，其用意亦多本于教育原理。那么教育不特是为各种运动所应用，而且教育自身亦能感化各种运动，使各种运动都根据教育的方法。教育既然是这样重要的一件事情，所以现代的国家无不力求教育的普及，以使儿童受教育为儿童的父母或其保护者的义务。

　　教育既然是这样要紧的一件事情，自然教师的责任也就很重。凡当教师的人必要有高远的见识，要有练达的才干。凡当学校校长的人必定要系专门家，曾经特殊的训练。而且学校校长的眼光更要超出学校以外，凡与学校教育有关系的种种研究、种种实务，固然不应忽略，而学校与实际社会的关系，也应该明白。凡做教师的人必要晓得教育与其他社会事业的关系，教育怎样才能真正有所贡献于社会改良，教育怎样才能成为社会改良的工具。凡做教师的人必要明白他自己所做的事对于全体社会的意义，他自己所做的事对于他人所做的事有什么关系，也必定还要明白他自己所处的地位，晓得他自己是增进新文化、建设新生活的一种社会事业家。他必定要有服役社会的精神，他必定要利用他的地位竭力去排除社会的恶习。若果教师不能获收这些结果，教师对于教育就不能算是尽了他的全责。

学校有教练儿童的职能，学校亦是助长社会进化的工具。所以凡做教师的人必定也要研究关于产业生活、社会生活和公民生活的种种问题，研究现在的社会所当应付的种种条件。教师必定要研究心理学，才晓得精神发达的原理。教师必定还要研究社会学，才明白社会发达的理法。心理学和社会学是教育学的基础，心理学和社会学的知识是教育者所不能缺少的。社会学的法则所以决定学校里头最适宜的教材，心理学的原理所以决定哪一学年应该教授哪种教材，哪种教材应该用怎样的方法才能奏效。

师范学校必定要在教育史这一门功课里头指导学生，使学生晓得学校是社会进化的过程里头的一个要素，教师是社会事业的一种原动。而且师范学校又必定要教授社会心理学和社会学的教育学，必定要这样，然后当教师的人才晓得学校在社会里头的职能，才能在学科课程里头依着社会的变化编加些有实效的教材。

除了研究这些关于教育的学理以外，教师还要亲自参加各种社会事业的运动。比如现在广州市内失学的儿童很多，最好是学校的教师能够利用自己得闲的时候，设些夜校，救济下这些失学的儿童，或是设些劳动者的学校，使那些劳动者也能得求学的机会。如果教师能够参加这些社会的运动，自然他对于学校教育的兴趣，对于学校教育的热心，也就日见增长，断不至于将教育当作一种无聊的消遣。

现在广州对于这些社会哲学或社会经济学的研究似乎机会绝少，但是只重实际轻视理论，则无论做什么事其努力必难与事功相抵，所以理论总是不能缺的。前日听闻教育会想创办一个教育杂志，将来如果以这个杂志作中心，联合广州的教育实际家和对于哲学、教育学、社会学、心理学的理论素有研究的人，组织一个教育研究会，从事研究教育的理论，将理论和实际联合起来，将来于经营教育事业上必定是很有望的。

但是有许多的实际家往往轻视学理，以为学理太过于远，无裨实用。但从教育史看来，有许多实际教育家和教育改革者，因为没有理论的科学的素养，卒至劳多而收效极少的，我们不可不留意。比如Comennis以教育的进程应与自然的运行和人类生长的程序相一致为论据，提出直观教授和言语教授的实际改革案；Ronssean是主张复归自然的，但他对于儿童生长与教育的关系，因为缺了科学的研究，他的见解全然是错的；Basedow和汎爱派的人，主张实物教授应与言语教授互相联络，主张用谈话法来教授单语，主张利用儿童的名誉心做教育的手段，这些思想虽非全然错谬，但是因为关于儿童的性质缺乏科学的研究，卒至陷于偏颇，或系过度不能适中；虽Pestalozzi从心理上分析直观的性质，想从一般心理和儿童心理建设他的教育方法，也是因为心理学的研究不充分终归失败；Frobel从数学和哲学引申出基本的空间形式，欲以此为教育儿童的基本方法，但他这种发现不过是偶然的发现，不能以科学的理论来洞彻他的本义，卒至后人不能理解。照这样看来理论确是不能缺少的，无理论来做基础，实际是断不能得完全。

我不是只要实际家讲求理论，就是理论家也应该要留心实务，注重实际，要以事实做研究的基础，以观察、实验和统计做研究的方法。我才从海外回来，于广州社会实际的情形不甚熟悉，这一方面的事将来还是要各位指教的。我总盼望这个小学教师联合会能够把小学教育的理论和实际联合起来，学校与社会联合起来，则将来造福教育改造前途必非浅了。

（原载于《学艺》第 3 卷第 4 号，1921 年 8 月 30 日）

新教育思潮批判

现在我们教育界有许多人怀抱一种思想，就是说我们教育者只要依据教育原理去办教育，其他政治上所谓种种主义以及种种运动乃至社会上各种问题各种运动都可不必干与。就这种思想的起源或这种思想发生的动机看来，这句说话亦未尝无相当的根据。因为近年政治上变动太频繁，教育事业受其影响，只有日形衰退，毫无发展，于是一般教育者都想将教育与政治分离了，脱出它的影响范围以外，以为如是就可以维护教育使得遂其发展。这个动机是很可嘉的。但在事实上是否就可以分离，教育是否就可以超绝于政治影响的范围以外，全不受其牵动。这固然是一个问题，须经多少讨究，才能决定。但这个问题我们姑且不去理会。我们只就刚才提出的那句说话，即就这干人所谓教育原理来着想，看看现在的教育原理是否就与政治或社会种种问题绝无交涉，是否依据教育原理办教育就可以不理会一切政治或社会种种问题种种运动。或者在座诸君中有许多人以为这么一句小小的说话何必要费这么大的研究，未免太过书呆。但我们认这句话是一句极重要的话，因为这个偶像如果只盘踞在一般教育者之心目中尚无多大的危险，而且一般教育者借此以为口实亦可卸许多负担，得许多便宜。但是这个偶像倘若竟然侵入那些政治运动家或社会运动家的思想里面，将教育这桩事业全然推置脑后，作为与政治绝无关系的一桩事，那时节诸君试想下我们的教育事业要弄成怎样一个田地。所以这句说话确是不能不仔细研究的。因为我们讲过的说话我们要负责，我们要看看这句话是否可以讲得过去，我们就必定要将现在的教育思潮里面所包含的原理剖析清楚。所以我们今日研究的题目定作新教育思潮批判。

我们研究这个问题，我们要先将现在新教育思潮的流派分别清楚。

当今的教育思潮从其系统大别之，可分为二大流派。其一是以哲学为基础，又其一是根据经验者。前者可以叫作论理主义或哲学主义，后者可以叫作心理主义或经验主义。在经验主义或心理主义的背景里面固然亦含有一种哲学，但就其全体的思考方法看来却是以经验为主心理为本，以我们日常所经验之心的事实即经验的自我为基础。反是属于哲学主义或论理主义的教育思潮都是以一般的原理论理的推理为基础。

十九世纪的欧美思想界直可以说是哲学与自然科学互相争雄的一个局面。所以在教育学说亦有人文主义与实科主义之对峙。人文主义的思想大体是受康德哲学的影响，实科主义的思想则受影响于自然科学。本来承康德哲学之后继起之德国哲学正统派哲学由 Fichte 经 Schelling 至 Hegel 而极盛，当是时教育思想亦全受人文主义所支配。到了 Hegel 没落后至十九世纪中叶遂成自然科学全盛时期，实科主义的教育思想遂暂得势。自十九世纪末叶直至二十世纪哲学复兴，人文主义的教育思想跟着再起，而实科主义经验主义仍复绵绵不绝，故至今教育思潮中仍存在哲学的与经验的或论理主义与心理主义二大流派。

哲学的教育思潮之特色，是在以自我为本位，但其所谓自我并非经验的自我，乃理想的自我。详言之即并非个人直接所经验之自我，乃发现于个人内心之论理的自我。故其所谓自我、自觉、自我活动都是要弃却经验的自我，以求实现理想的自我者。反是经验派即心理主义的教育思想之所谓自我，乃吾人所实际经验之具体的自我，心理的自我。而所谓自我、自觉、自我活动，在理想的自我、本体的自我那方面的见地看来，或反为其活动之障碍。两派所主张之自我虽同，但其实质内容则全相反。

但此等教育思潮更可从其他方面再分作三种类。现今的教育思潮是以自我为本。而此所谓自我本是混为一体，并非由几个独立部分相结合而成者。但就其作用分别之，可以照康德之分法，将它分作三方面。即以知的活动为主者，以意的活动为主者，以情的活动为主者，简言之，就是主知主意主情三方面。此等主知主意主情三种类的教育思想更可各包含哲学的及经验的两方面。同是主知的教育思想就其思想内容观之，可分为哲学的及经验的互相反对之两派，而成为以经验的自我为主者及以哲学的自我为主者两种。主意主情者亦可同是区分，共为六种。所以现今的教育思想是非常复杂者。我们要研究透彻了这些极复杂之内容，然后才能估定其价值，我们现下且先研究下那主知的教育思想。

新教育思潮所一致攻击的就是 Herbart 之教育学说。因为 Herbart 之教育学说是以观念本位之心理学做基础，是以结合新旧观念为教育之主要任务，是一种他动的注入主义机械的记忆主义。但现今之新教育学说虽然排斥这种知识之机械的注入，然仍有不尽排斥主知主义，而以陶冶的能力为主者。即只排斥机械的他动的注入，而仍主张自动的研究的自学。这自学主义的教育思想里面虽仍有许多小派别，而且有些极注重儿童之自发的活动，好似是立脚于主意主义者，但其所谓自学本是以学习或修得知识为主，所以仍是属于主知主义，不过此之所谓知识之修得不是依赖教师或靠他人来授与，而是儿童、学生自己去学习，所以自学主义仍应归属于主知派，不过它的倾向是注重知的活动，而非注重知识自身而已。

现下发起于美国而流行于英国之所谓 Dalton Plan 即道尔顿制或道

尔顿实验室案，亦可以归属于这个主知的教育思潮里面。此制原是一学级管理法，是要废去从来的学级，因着各儿童各学生的能力气质使他各自去求学的一个组织。在此方法不是以教师为主，而以各种学科传授于学生，是要学生自己选择各自所要习的学科目，各自去研究。现在英国用此法者亦并不是尽任学生自己自由去选择教科目，只规定一个月或一个学期间学生所须修习的学科目，及各学科目所须修习的分量，学生受教师的指导，只许在此范围内随学生自己的意思在各时限内定其学习分量耳。所谓实验室案者是不用向来教师立在讲坛上面对着学生施行一齐教授的办法，而是要学生自己去研究，即是不以一学级为单位，各学科各有各的教师，各有自己的教室，将学生分开数组，因着各组的进程给与问题，使学生自己去研究调查，教师只任指导，及就其研究所得结果加以批评。所以道尔顿制 Dalton Plan 是以学习为本位。虽属于主知主义，但仍非以知识自身为主，而以陶冶知的能力为主。

这些自学主义、研究主义以及道尔顿制，都是属于主知的教育思潮。但其所想启发之知的活动，是以学生现有之知的作用为本，是属于经验的自我者。这个自我与哲学上所谓理性不同，现在根据新康德哲学立论的教育说，虽同是主张自我活动、自由教育，但其所谓自我是指实在的自我，并非指经验的自我，所谓自由是要实现理想的自我，启发理性的本体，并非要贯彻经验的自我之主张。所谓自由教育是要以理性的自我统御经验的自我，使理性的自我得到自由，并非要奖励学生随意的自由活动。所以新康德学派的人往往说教育是化自然为理性之作用。

这些主知主义教育思潮之弱点是并不理会儿童心理的发展阶段，而以哲学主义论理主义为尤甚。从来的哲学大概都是定了人之一般的精神活动法则，以为不合于此法则者就不是人，无论成人儿童既都是人，就一定受这法则之支配。成人与儿童既都是人，当然是遵由人之心理活动之一般法则。但其法则发现出来的状态则在成人与儿童之间是有区别的。这是晚近实验教育学及教育心理学所研究出来的。Judd 在他之发生心理学里面说儿童心意与教师心意直是两世界,讲解得极其详晰。Meumann 在他之实验教育学里面亦说儿童并非成人之缩图,在生理的解剖的心理的各方面成人与儿童各异其型范。但就哲学上所谓人之本性看来,无论少长贤愚都是相同的。只于经验的具体的个人的身体及精神的作用看来,成人与小儿童是完全两个世界。在教育上所谓儿童本位,所谓学生自发活动之儿童学生,都是经验的儿童、经验的学生,所以若将他们看作相同而施以同样之教育教授,确是根本的错误。

主意的教育思潮亦有哲学的经验的两派。属于经验的主意主义者有 Kerschensteiner 之作业学校,Montessori 之自动主义,杜威之教育学说亦可归属于这派。杜威在 Chicago 所经营之实验学校亦是实施这种作业主义,以陶冶意志活动为教育主旨者。在作业主义本来亦有两派,其一是以筋肉的作业活动为主,如在作业学校注重手工及家事等实习学科者,又其一是以精神的作业为主,含有几分知的要素,以精神之自发的活动为教学之基础,通行于一切学科者。此法与前述之自学主义相似。Jaudig 之作业学校论亦本于这个主旨。是以 Jaudig 亦提倡所谓自由精神作业,非只行于手工业家事两种实习学科,是通行于一切学科目之——自学主义。从来之自习大概都是由教员发意,在自由精神作业则以学生自己发问为主。现在美国所流行之问题法即属此。问题法本来出于杜威。杜威著了一书 *How We Think*,他说思考最活动之时,是解决问题之时。思考是始于疑惑,于解决此疑惑时始发现其作用者。思考经疑惑、提案、推理、证明四阶段以现其作用。所谓提案即解决疑惑之拟案。所谓推理即考究其正确与否。所谓证明即由实验以判定其正确。此问题法在以学生之自发活动为主一点看来,颇似 Jaudig 之自由精神作业。在以思考作用之活动为主一点则与主知主义相通。

Montessori 之自动主义原是施诸低能儿之教育法,以使低能儿自动地去练习他之感官为主。因为初步筋肉运动亦包含有精神的高级作用，所以在自动的筋肉活动之中全般精神活动亦可受陶冶。蒙氏本着这种思想，于是制出一种所谓蒙特梭利器具给与儿童使用，儿童借此可以发展其精神活动。这是以意志活动为主之儿童本位之教育主义。

最近在美国又有所谓设计教学法，亦可归属于主意的教育思潮者。此法亦有分派，有以实习实验为主者，亦有以遂行目的为主者。但皆注重断行意志则相同。其中尤以 Kirpatrick 主张逐行目的说为最力。Kirpatrick 定了四个阶段，一目的，二计划，三遂行，四批判。在目的一段，学生须意识自己所要做的事是有甚么目的。在计划一段是要学生自己设定适于这目的之计划。第三是要学生自己遂行，然后就其结果以判定此法之正误。

主意的教育思想中更有以哲学做基础的。即如 Budde 所谓人格教育学，是以启发精神生活为主旨。此之所谓精神生活即 Eucken 哲学之根本原理，倭氏祖述康德哲学之实践理性是以人格教育学亦以启发康德哲学之实践理性为教育主旨。

属于主意主义者尚有最近所谓创造教育。在德国最近又有所谓生产学校，是以养成生产力为学校教育之目的，或说经济的生产或说创造要皆以自发活动为主。

经验的主意主义是本于目的活动而遂行意志者，既须设定目的，当然其中含有知的要素。所以在此方法中关于这个目的自觉如何是一个重要问题。关于这个目的若无适切的判断，这个儿童本位之活动主义便没有内容的价值，所以 Kerschensteiner 所谓作业学校是与国民教育相提并论者。他之教育学说之内容实质是以国民生活为根本，是因要实现这个生活而以陶冶意志为手段，如是方能灭却此种教育说之缺点。杜威教授等亦一面主张实验学校及问题法，一面又提倡社会的教育学，方可以补救这经验主义之缺陷。

至于哲学的主意主义虽亦未尝无可取的长处。如设定一理想的自我为鹄的，要努力去达到这个鹄的，这确是一桩好事。但其所谓理想的自我究竟是以甚么做内容，所谓创造究竟是向哪方面去创造呢？尤其是以 Eucken 之精神生活为本之教育说是与德国人文主义的教育说陷于同样的缺憾，就是轻视自然科学经济的活动之缺憾。在今日之文明其大部分是本于自然科学之应用者，若轻视了此方面，则教育不能适应现代之时势。而且今日文化之发达其基础全在于经济的事实，若不理会这经济的生活，这种教育断不能为国民教育之基本。总之养成意志活动为主之人格教育说这种思想虽是无错，但要陶冶有怎样内容实质之意志呢，这个问题在这种教育说里面尚未有充分的讨究。

那主情的教育思潮又是怎样呢。现代人的一般倾向多不喜欢抽象的理论，只重直观直觉，又不好意志的努力，只求情绪的满足。属于这种思潮的教育主义，可推 E.Key 女士之自由教育说。E.Key 女士本是继承 Rousseau 教育说，主张满足儿童之情绪的生活者。就是说教育要使儿童常常欢欢喜喜心满意足，这是以经验的自我为本者。所以 Key 之所谓自由教育纯是经验的自由教育主义，以儿童之感觉的自我为主之教育。现在美国有所谓公园学校亦是属于此种主情派者。是说学校这样的地方太过束缚太过没趣，不宜于教育儿童，须在公园那样的极自然的状态里面才是教育儿童的地方。

属于这种思潮者更有所谓文艺教育说或艺术教育说。这说是不满于现代教育之知识主义实利主义，而主张情绪生活之陶冶，是想用真的好的文艺引人去玩赏人间生活之真趣，因而陶冶其情绪，以陶冶其全人者。这是于情绪一方面看自我，以自我之本质存乎情绪生活，以陶冶情绪为陶冶全人之教育说。这个情绪生活自然是以经验的自我之经验的情绪之满足为主。

属于哲学派有所谓文化主义者之教育论。这是根据新康德学派之所谓文化价值而主论者。这种价值是由自然之理性化产出，真的文化是理性化了之自我，即高尚之情绪之实现，只有抑制了俗恶之情绪才可以实现。这是主张满足高尚之情绪之教育说。

此种情绪主义究竟有几何价值呢？我们中国原是重文章经济的古国，视艺术为末技，所以中国人之生活向来是极枯槁者。这种情绪主义之教育在中国能够提倡下亦甚好。况且情绪之满足本是人类之本质的要求，这种情绪的陶冶当然也是一件正当的事。

但是情绪原是一时的并非持久的事，而人格体则具有生命当求持续的实现，断不能以瞬间的人格之满足为人的生活之主义方针。若要全人格之满足，一定要有理知的判断及意志的努力以为辅。所以只以情绪为本位之人格活动不当以之作教育理想。

况且情绪本有高级与低级等价值之差异。儿童原是受感觉的生活所支配，达至青年其理性才渐次发达，所以在儿童时候而奖励他之情绪生活，是只培养他之低级的情绪价值，终至梗阻其高尚的情绪生活。由这一点看来经验的主情主义到底是一个危险的主义。

哲学的文化主义在理论上虽能免此弊，但只是理想。至其实现手段则更须另外讲求。而许多哲学者又往往以其理想施诸儿童，其危险亦正与经验的主情论者相等。

以上所述各种教育思想之长处短处已经略为讨论过。现在再就其全体将其根本原理检出来再加以批评，同大家研究下。

以上所述各种教育思想的根本原理就是自我之自发的活动。虽然各有所偏倚，有主知的以知为主，主情的以情为主，主意的以意为主。但其根本见解则都是注重自我之自发活动，重视人格之动的方面。这种思想确足以补救旧教育思想的缺陷。但各位须要知道自我自发的活动这个原理不过只是形式原理，并非实质原理。这个自我即使在知情意三方面都能够均匀陶冶，启发得极均等，亦不过是只具备自我人格之形式的条件而已，于人格之实质的条件则仍是缺如。

康德派及新康德派都是将哲学问题集中于自我一个概念者。以为自我即是实在，即是世界，自我以外无一物可以求得。这是康德派及新康德派哲学所详论的。但这所谓实在体之自我究竟是有甚么内容的呢？这事全系于经验的环境，无经验的环境以作内容之自我是一个空的自我，这样的自我断不成为事实而为实在存在。所以现下有许多社会学者都说社会的观念而外无自我，即是说人格陶冶非独要有人格自觉活动等形式的方面，并且要以经验的环境为自我的实质，只本于形式的方面而立论的教育原理只是半面的原理。

这样的原理近来纷纷输入中国，今日有所谓设计教学法，明日又有甚么道尔顿制，纷至沓来，令人有不暇应接之势。一般教育者于是竟以为教育原理尽乎此，此外无以复加。不知这些原理都是关于形式一方面的，只是现代教育学说的半面。此外尚有实质一方面要兼举了才能尽其全体，这些实质的要素不消说就是国家社会的要素，所以刚才也经说过Kerschensteiner的教育学说一面提倡作业学校，一面提倡国民的教育。杜威教授亦一方力说所谓实验学校及问题法，一方又力说社会的教育学。关于实质的方面如百余年前Fichte所说教育应受政府中的国民代表者及国民中的政治代表者所指导，或Bentham，所谓教育是政治活动，种种议论，我们姑且不去理会。即就最近而论，那些社会生活中心教育说以及许多国家主义的教育论，乃至现下列强的教育政策皆本于国家一般政策而设定的事实，都是很显著的，焉能视若无睹，更焉可以拿着那些形式原理便要将这些实质原理都一概抹煞。

我们既明白了教育的根本原理含有这形式及实质两方面，形式的原理注重个人的活动的方面，实质的原理注重国家的社会的方面。我们便晓得教育断不是与国家社会绝无交涉的事，我们就可以断定刚才所提出的"我们只依教育原理办教育，其他政治上社会上种种主义种种问题乃至种种运动都可以不干与"那句话是说不过去的，这个偶像我们必定要打破了，我们才能够得到真正的教育。

（许崇清讲述，孔昭栋笔记，原载于《广东省教育会杂志》第 2 卷第 6 号，1925 年 4 月）

跟着社会发达必然的路程
才是有实效的教育①

——《广东教育公报》卷头言

中国目下的学校教育受制于三个条件。农民工人穷困太甚，更无余裕使其子弟出去求学。此其一。手工业及小商业根基尚稳固，从事于此者势必与之相终始。即有特殊的天禀或特殊的境况容或驱其子弟转向于学术技艺，为数亦极少。此其二。产业组织规模尚简，指导事务及利用自然力的方法尚易，不必须要科学的知识及技术。此其三。举凡这些条件都是生产力的发达历程中所固有，苟生产力的发达尚未超越这级阶段，这些条件依然持续不变，教育事业断不能躐等而进独致隆盛的。

学校教育的内容是由社会劳动的形态和职业的位置而决定。青年进学校受教育与否的程度是由阶级的位置或家族财产的状况而决定。这些事实稍微留意世界教育的实状便可以看得清清楚楚。而在中国目下教育之所以不振，实由于所设施之教育不能与社会劳动的状态和职业的位置

---

① 标题为编者加。原标题为"《广东教育公报》卷头言"。

相投合。青年就学的后援力太薄弱。

　　有许多教育者常说教育自有独立的性质。这句话怎样讲。教育有它独特的机能，教育有它独特的方法。从它的机能、它的方法看来，它在社会里面各种要素当中当然有它独立的地位和特性。但从社会各种要素的关系看来，它是与政治及其他各种社会的要素互相联系、互相制约的。而且它与政治及其他各种社会的要素都依存于社会生产力的发达。若果这些依存关系都置诸不顾，硬要它独立孤行，纵使能够推广，其所造就人物不能投合社会须求的弊病乃至失业穷困所酿成的罪恶势必丛生于社会。这样的教育岂能就像那些独立论者所梦想的那样真是社会的幸福。

　　教育要跟着社会发达必然的路程前进，才能成为确有实效的教育。而且教育所指导的方向亦只有与社会发达所进取的方向相一致，才能尽致发挥它的价值，教育的发达才能预期。除了跟着社会发达必然的路程前进，教育的发达没有别一条路可走。

　　（原载于《广东教育公报》第 1 卷第 1 期，1927 年 5 月 20 日）

教育要与社会发展相结合^①

——《广东教育公报》刊首言之一

　　近来在中国有许多教育者主张中国现在的教育要适应中国现在的社会生活实况。这个主张若果实现起来会弄成怎样的结果。

　　在欧美列国，学校的指导原理和观念都是在产业的状况根本上与今日迥然相异的时代建立起来的。到于今，实际上一切产业的社会的和政治的情形都已改变了，而学校反带上惰性，毫不顾虑现在的要求。从前做下的事现在依然继着做去。以至于学校与社会的关系越离越远。这种与社会的活动和社会的效用不能合致的教育自然生出许多缺陷。所以欧美列国今日教育的改造所努力的主要方向在于因应目下一般社会状态的变化去重新组织现存教育设施和教育方法，使教育得与社会相结合。

　　这个改造所凭借的是现在社会所已具备的条件，所以一方面亦是使教育适应于现在的社会。这是因为社会进化比教育快，教育日见落后，所以要教育赶上去适应社会，以同赴进化的路程。这种适应若果要在中

────────────

　　① 标题为编者加。原题为"《广东教育公报》刊首言之一"。

国实行，一方面就是要以中国现在社会生活里面所存条件来改造中国现在的教育制度。其结果必然是教育向后退，是不难想象的。若果向后退了，仍可以共同再向前进，则退以图进，尚不失为一种应变的战略。若教育虽退，而社会已陷于死地，无复能进的生路，则纵能退以苟存终亦同遭奸灭耳。所以这种适应论是断不能就此直译过来，即在中国应用的。

我的主张是教育政策与国家的一般政策并动。这个主张的要点是革命的实际政策要在现行社会的及经济的秩序里面展开新秩序的各种要素，学校教育同时与这些进步的要素相协动。即是说，我们要加入革命战线，因应着权力的获得及反抗的镇压等问题解决的程度，去创造出比现在更为良好的社会状态、经济组织，同时使教育与这些逐渐展开的新秩序互相结合，协同革命的实际政策以致力于革命的完成。当今急务，却在教育者革命意识的着火。

（原载于《广东教育公报》第 1 卷第 2 期，1927 年 6 月 20 日）

教育平民化的实质是适应国民大众的需要^①

——《广东教育公报》刊首言之二

　　近来在中国教育界有所谓"教育平民化"一个口号。大家都以为是一个了不得的很进步的主张，其实不免是蒙蔽在传统底下的一种偏见。

　　在那些提倡者，他们的意思总不外是要将支配着现在的学校教育的那种教育普及到国民大众去，至于那种教育的实质究竟是些怎样的东西，他们是绝不怀疑的。他们主张"教育革命化"，他们就在现在的学校教育所采用的教材中间插入些革命宣传的资料。他们主张"教育平民化"，他们就要将现在的学校教育普及到一般所谓"平民"中去。现在的学校教育在他们的眼孔里面是绝对的，不可移易的东西。

　　我记得从前做小孩子的时候，读过三本红皮书，中间一本是五字句的。起首便是"天子重贤豪，文章教尔曹，万般皆下品，惟有读书高……

① 标题为编者加。原题为"《广东教育公报》刊首言之二"。

朝为田舍郎，暮登天子堂，将相本无种，男儿当自强"，几句说话。若果所谓"教育平民化"的意义的确是现在那些提倡者那样解释，"教育平民化"提倡的精神早已在这几句说话里面发挥得很透彻了。但我相信，若果有人拿那些所谓"文章"来请那些"教育平民化"的提倡者将他们普及到一般"平民"去，那些提倡者必定骂他顽固，不去理会他。这是什么缘故。自然是因为那些所谓"文章"在现在国民大众的生活里面已经没有需要，若果不是顽固，决不会去做这种怪事。

由此，我们便可以明白所谓"教育平民化"决不是要将现在的学校教育普及于国民大众。在我们求普及以前还要将现在的学校教育加以分析，加以改造，使它的实质（材料的内容和方法的内容）完全能够适应国民大众的需要。而现在那些提倡"教育平民化"的教育者对于现在学校教育的实质却绝不生疑，只管去求普及，是因为他们仍为传统所蒙蔽而不自觉。

我们试看看现在那些建立在民主主义上面的教育学，或建立在理想主义的社会主义上面的社会的教育学，或无产阶级文化运动等所提出的理论和设施的实际，便可以晓得所谓"教育平民化"决不应只是像我们的教育界现在所主张的那样简单。

"教育平民化"必定要是教育实质上的一个变化，"普及"还不是这个问题的根本。

（原载于《广东教育公报》第 1 卷第 3 期，1928 年 3 月 24 日）

Winnetka System 与 Complex System[①]

一、序说

统一个人的和社会的，而树立一元的立场，原是世纪末以来教育学界一个悬案。不独各学派之理论者为着要超绝个人的教育学与社会的教育学之对峙而设立一个第三立脚地都忙个不了，即在学习之组织上个人对社会这个问题亦不知烦恼着多少实际家。现代社会组织之变化虽更加紧地要求着这个问题之解决，但至今仍未得到一个正当方法。

对于这个问题算是很有意义可供参考之解决案，在现下可以找出两个：一个是美国 Winnetka 实验学校之所谓 Winnetka System，一个是苏俄初等学校之所谓 Complex System。但这两个方案之理论的基础，实际的活动和效用都有差别。我在这里要将他们比较批评一下。

二、Winnetka System 之理论的基础

Winnetka System 之根据是学习须就个人差，尤其是进度差而设定最适当之途径，但社会化活动也是紧要，所以同时也要在这一方面下

---

① Winnetka System 即美国实验学校，Complex System 即苏俄初等学校。

功夫。

依这个组织之首创者 Carlton Washburne 氏之见解，各儿童是个人，同时也是社会之组织要素。新教育应使他得有遂其充分发达之权利。要使各儿童能遂其充分之发达还须讲究方法，使各儿童精通日常必需之知识技能，使各儿童有表现其个性去做创造活动之机会，和使各儿童认识和实现其为社会组织之一员。

三、Winnetka System 之实际的特征

在上述之基础上面所立定者还有这个组织之五项根本原理，即成为这个组织之特征。（一）基础教科之教材要项须用基于儿童之实生活之需要和儿童既达到之能力之阶程而制定之 Achievement 之单元去明确规定。（二）这些单元须以自己教授的 Selfinstructive 而且自己订正的 Self-corrective 方法使儿童自己去处理。（三）不歇地运用所谓诊断的测验 Diagnostic test 去检查所学课 Achievement 之已完成与否，或其不能完成之难点所在。（四）以这些 Achievement 做标准来审定儿童之成绩。什么课题或什么科目非达到标准成绩者，不许进到次级去。已达到标准成绩者随时可以进级。（五）注重集团的和创造的活动，每日给以相当多数时间。但这些活动是以活动自身为目的，不设定有制限的 Goal，不用测验，不直接影响到进级。

四、Winnetka System 课程之两方面

在这个组织里面，课程大致为两方面。一是普通教科，二是集团的和创造的活动。普通教科即指日常必需之知识技能。其内容是以一定速度和正确度计算数目，适当地运用句读之普通形式，快捷而且清楚地书写文字，常用语之正当拼音，晓得普通人所应晓得之人物处所及事件，理解国民所当遭遇之各种公民的社会的产业的问题。集团的和创造的活

动包括文学音乐绘画等之鉴赏，运动场内之活动，和各般会合，各种手工手艺，各种自有目的之设计，讨论，剧的表现，及历史地理之背景等。

五、Winnetka System 之成绩

这个组织一方为适应个人差而承认个人学习，同时复以集团的活动去诱导人与人之接触和个人与团众之交涉。在个人学习方面有明确之目标，完全之诊断的检查和与这个检查密切联络着之儿童自己教授的自己订正的练习材料。这个案实施之结果，据统计的研究，于能率增进上确有很好成绩。一日可以节省一二时间。全废了昔日之反复练习。八年间可以节省一年乃至三年之光阴，在社会化活动方面所费于自由作业、学校剧、辩论会、讨论会、各种设计、特别研究之报告、自治会等作业之时间比之其他学校又更多。每日约费一日之三分一乃至二分一之时间。这样在基础学科固然可以得到确实之修练，在自由作业和社会化作业也可以得到充分之时间。而且可以比普通学校课程之年限短缩一二年。各儿童之个性天禀的特种能力和兴趣都可以得到发展之机会。

六、Winnetka System 之效用

但从这个 System 之根本主张看来，这个 System 虽然也采用社会化活动，但不过是为要发挥儿童各自之创造力和供给儿童以表现他各自之个人差之机会，使儿童习得如何去利用别儿童之长处补救自己之缺点，如何对于集团之计划贡献自己之特殊能力。这种社会化活动之基调仍在个别化。不过是个别化课业之一面。全个组织仍是以个别教育做中心。

就教材方面看来，这个组织将个别处理之材料和集团处理之材料全然分开。个别教学只就所谓共通的必需材料施行。每日费其教学时间之半，或上午或下午不等，其他集团处理之教材则用其余一半时间，似乎

是分配得很整齐，很妥当。但从儿童方面看来未免妨碍其活动之统一。个别处理之教材和集团处理之教材应该有些联络统一的关系，这是这个 System 之一个缺点。

而且设计教育法之主张者 Kirpatrick 对于这种以所谓共通的必需材料，即读写算三项作为基础的知能技能来教授，在主义上亦反对他。

即就教学方面讲，亦不如将儿童分开五六人为一小组，使他们在共通的兴味底下，把促着一个派生的问题，作为全学级之问题当中之一要素，去共同研究。如各课题不独只由教师指示命令，并且使儿童从各自的立场对于所课问题之刺戟发表反应，彼此交换过意见，然后协定工作之分担去着手研究。这样做去，在这个社会生活共同作业之进程里面，儿童活动之兴味自然非常浓厚，而且他们活动之效果亦必良好。若再于研究完了后大家将全体问题之各部分合拢来互相报告，必定感觉到一种共同生产之愉快。

（原载于《教育研究》1928 年第 7 期）

教育哲学是甚么？

　　我们要研究教育哲学，先要了解哲学的意义，明白哲学的本质。所谓哲学究竟是怎样一回事？所谓哲学究竟是甚么？

　　我们看见在哲学史上诸家学说纷纭不一的情形，似乎哲学不过是些个人的思辨，门户的争论，乃至同一问题的异样的反复叙述。这不过因为一般的哲学史记述哲学者的思想概略都是将它和它的社会的根源撇离，以至于它的起伏消长的必然性无从明了，便觉得它好像是那样罢了。实则哲学上的问题都是由于在实际社会所遭遇所感触的困难而引起的，其中自有一个必然的联系和规律。在历史上哲学说的所以那样庞杂，哲学概念的所以那样混沌，并非偶然的，而是社会状态的一个反映。

　　若果社会里面的各种兴趣是极浅薄极易融洽的，或则各自的特色尚未分明到互相对拒的时候，哲学是不会发生的。即使社会里面各种兴趣以及各种价值的抗争发动了，若果它的范围还很偏狭无须多大的力量便可解决的时候，哲学也只能与这些事机相应，不会成为系统的学问。到了生活的种种兴趣行为的种种理想在社会里面纠纷起来，而调和这些相反的兴趣和理想以期恢复经验的统一的要求也跟着兴起的时候，哲学——系统的哲学——才乘时发生。但实际社会既已形成了这些相反的兴趣和理想，除非将这个形成的根源灭绝了，无论这个调和统一的要求怎样深切，调和统一是无从实现的。在这种社会的情势底下，对于同一困难事件的原因可以有许多不同的解释，可以提出许多不同的解决方法，当然也可以生出许多各不相同的哲学说。即使在表面好像是叙述着一样的问题，但因时势和社会生活内容的相异，实则问题的内容也断不会全然相同。

哲学的这个特征就是哲学和科学相判殊的所在。本于事实和证验的知识便是科学。就既经生起的事件举出相当的证据，确定了那个事实，便足令人信受。反之，参照过去以预测将来，由混乱而求安定，如先前所述的，既是科学的目的，哲学便不是既成事实的记录，而是可能事物的观念理想。换句话讲，即是自觉了的思考。所以它和思考一样，也是推论的假设的。它的职分是在指示人们应该怎样去做，应该怎样去试。它的价值不在提供解答，而在把捉着问题的要点，以指示解决的方法，或解答的态度。它的地位是耸立在人类精神的顶点，要在其他领域去发现它的肉体的起源，确是一桩至难的事。

哲学既是由实际社会的困难而自觉了的思考，这个思考的关于过去经验的检查和价值的判定就必然影响到人们的行为。所以大凡一种哲学说得了势力的时候，在当时唤起社会改革的一种方案的社会的种种问题乃至社会的种种运动和这种哲学说当中必定都存有关系，而哲学和教育的关系也在这点发生。

我再说明下教育的本质，哲学和教育的这个关系就更容易明白。

教育应该以受教育者为起点，应该以儿童为本位，这是各位所见惯听熟的，当然是含蓄着许多真理的一个主张。若果不以儿童的考察和关于他们的性质能力以及发展倾向的知识做起点，学习教授的适切而有效的方法是摸索不着的，教育的目的能否到达也不能确定。必定要着眼在儿童，而洞悉他们的发展倾向，教育才始可能。但我们须晓得起点是一件事，目的又是一件事。儿童虽是教育的起点，但决不是教育的目的。若果说教育目的是在发展个个儿童所生具的性质能力，教育的目的应该求诸个人，那就反为否定了教育的本身。因为教育决不是要助长发展潜伏在个个儿童里面的一切性质和能力，而是要选出那些特定的性质和能力以促进它们的发展，其余的或则任诸自然，或则加以抑勒。这些教育活动的准则在个个自然的存在、个个人的考察当中是断不能发见的，必定要在社会里面才可以找着。

本来离开了社会而孤立着的个人在现实世界里面是没有的。无论在物质生活也好，在精神生活也好，个人必要和他的同类有联络有照应然后才能生存发展，不然恐怕连人也做不成功。这个人人的物质的精神的互相关联着的世界就是社会。这个社会的互相关联也就自有一种教育的效果。这种效果虽然不是有意的计划的，但它的根柢却至深远而广大。

所以社会的所在亦即教育的所在。教育和社会是不会分离的。无论在原始社会或现代社会都是一样。这就是广义的教育。和这个广义的教育相并立的有叫作直接教育的一种狭义的教育，是直接以教授和训练而施行的，即我们现在所谓学校教育，亦即通俗所谓教育。当生产方法尚简朴，社会的分化未行，文化还幼稚，生活也单纯的时代，未熟者和成熟者的间隔相去尚不至太远，广义的教育即由未熟者和成熟者共同参与实际生活而成就的教育是妥当的。但在生产方法进步了，社会的分化增长了，文化也发达起来，生活也复杂起来的时候，未熟者和成熟者的间隔越加扩大，未熟者和成熟者共同参与实际生活也越加困难，或则所得的教育的效果反而减少。于是不得不用参与实际生活以外的方法来教育未熟者，在未参与实际生活以前教育他们到堪以参与实际生活的程度，然后使他出去参与。教育便成为有意的计划的。实际生活既太复杂，非未熟者所能应付，便要选择适于未熟者的单纯化了的材料和环境以顺应他们的生长。这样的直接教育跟着文明的进步和社会生活的复杂化而益加长进，因职业的教育者和学校施设的发达，遂占了一个坚定不移的地位，于是提起教育，便令人想到学校了。

如上所述，教育不是由自然的个人的见地，而要由社会的见地才能洞彻它的本质，已经可以明白。教育是社会的现象，是社会的机能，也可以了解。然则哲学和教育的关系又怎样呢？

先前已经讲过哲学是由实际社会的困难而自觉了的思考，也就可以说哲学即是我们求解决实际社会的困难的一个最高的心的倾向。我们的这个最高的心的倾向发动到社会运动政治运动去，就是要移转那些心的习惯几乎已经确定了的人们的心的态度，以期实际困难的解决。发动到儿童教育去，便是要将这个解决实际困难的心的倾向培植发展到心的习惯尚未确定的儿童当中。如果哲学不承认教育的这个任务，便连哲学本身的任务也无从完成。如果哲学不影响到教育的实际，给教育以一个活泼的生机，教育也就成为一种机械的习惯的日常行事。

所以哲学的改造社会的理想以及生活方法的改造和教育的改造是互相提携而并进的。跟着产业革命和民主主义的发达，社会生活彻底地变化了，从来的哲学体系的基础观念也改了旧观，教育的目的和方法也起了变化。到现在社会生活的破绽越加暴露而无余，社会主义乃至共产主义乘时发生，而教育改造的要求和实验又复盛兴于世。这都是各位所已知的极明显的事实，也是各位处在中国今日的三民主义的革命时代所必须认识清楚的极重要的事实。

哲学和教育的关系既是这样的密切，哲学可以说是教育的一般的原理，教育可以说是哲学的具体的实行。而所谓教育学实亦不外是一个具体的哲学。这个具体的哲学即使叫它作教育的哲学或哲学的教育学，不然，就叫它作哲学也未尝不可的。所谓教育哲学也不过是这些名称当中的随意的一个称呼，并不是在一般哲学以外，另自还有一种教育哲学。

（本文为在省立中等教员暑期学校及中山县教员暑期讲习会的讲义概要，原载《新声》第15期，1930年8月1日）

教育学与教育哲学的一个新倾向

Fichte 说:"无教育活动则哲学无从理解,更无从应用于人生,无哲学则教育技术(Erziehungskunst)无从明其真相,故二者相成,缺其一则偏枯无用矣。"这是表明关于教育学与哲学交互关系的几句说话。的确,我们在哲学史、教育史乃至大教育学者的生涯事业里也可以看得出,无论在理论上或实际上,教育的创作都和哲学是有关联的。在文化发达的一定阶段,对于教育的实际付与基础和保证的教育理论,必然的是带着哲学的特色。而哲学要超出它的理论范围,对于实际人生有所影响,也必然以教育学的形式发挥它的抱负。如在十八世纪的启蒙期,实际的兴趣和理论的思索都萃会于个人,个人主义思潮的哲学见解,在教育学亦有特异的表现。在十九和二十世纪,社会的变动引起了社会思想的哲学见解发展,从社会的见地把捉教育事实和现象的社会教育学又高潮起来。自古至今,大哲学者必也是教育学者,大教育学者必也是哲学者。这些事实都是表明教育学和哲学的交互关系显著的例证。

固然,撇离哲学而从纯经验科学的见地处置教育问题也有。如 Bergemann 以生物进化论做基础,造成他所谓"通俗的社会教育学",Lay 和 Meumann 从心理学发展了"实验的教育学",是大家知道的。但这种企图充其量不过对于教育方法的实际提供了若干资料，而说这就已完成了整个教育学的建设，实属僭越。又如 Seider 一流的学者从教育史学找立场的，也不过在教育学的历史过程折衷诸家的学说，做成一种细工的教育学的意见而已。这些历史的折衷论，心理学的见地和将心理学的见地更加显明地表现出来的生物学的见地，至今虽在通俗的教育社会还保持着普遍的势力，但在整个教育学的建设，则其效用自有它不能逾越的限度。别的科学本来也有起初是孕育在哲学的母体里，后来脱离了哲学的母体，就由经验的别一科学的方法建立成一门独立科学的。但教育学也要脱离哲学而由经验的别一科学的方法去研究，就必陷于别一科学的附庸地位，反不能尽量发挥它固有的伟大意义。

然而它也决不是一门哲学的学科。像 Herbart 那样把教育学配隶于两个哲学的基础学（Zwei Philosophische Grundwissenschaften），把教育的目的配隶于伦理学，把方法配隶于心理学，这在今日固已失足。还有从抽象的、哲学的一般概念演绎出来，把"现实"硬逼进一个哲学模型的"思辨的教育学"（Spekulative Padagogik），亦已不能支持。他们以形而上学的哲学独断或理论学的心理学的假定，谋解决教育学问题，他们已自破坏了教育学的独立性和纯粹性，他们对于教育学的建设，终亦徒劳而不能献效，是理所当然的。

教育学的境地，原是理想的价值和经验的现实相际会而形成的。他立脚在一个独立的、具体的、特殊的"教育学"原理底下，以客观的、理想的契机 Moment 和主观的、经验的契机的交互关系着其特征。他确保着他自己所固有的境地，不从外面袭用人家的概念，而务在构成他自己所特有的"教育学"根柢和论证，他屹然自为一独立科学，而必然孕育着哲学的内容，决非从属于哲学。

教育学的这个特征，在近来教育学的新努力上面表现得至为显著。这一路教育学的新努力，它所显现的哲学精神，比从来无论哪一派的教育学都更蓬勃。而它所摄取现实的内容，比之从来无论哪一派的教育学更丰富。它一面致力于认识的根本法则、意识形成活动原理和社会发展法则的检讨，一面致力于历史和经验的全社会秩序、全社会生活的批判和改造原理的探究，以阐明社会在于教育及教育在于社会的意义和关系，确立教育的一般任务，而以社会理想的构造谐合于教育理想的设施，教育理想的设施融和于社会理想的构造，为教育与社会无限进展统一的方向。所以这一路的教育学也有特地冠以"社会的"一个形容词的。但这决非以表示他自己是和"个人的"教育学相对立，如预定下社会和个人做两个因子，而后规定两者的关系，或以社会居个人的上位，或以个人为受支配于社会的假象，或以个人为须社会的影响才有发展的那些粗朴和幼稚的见解自称为"社会的"以别于"个人的"。它是混一社会与个人，以求社会对于教育和教育对于社会的意义具体而彻底的理解。"社会的"这个形容词，在它不过是指引向往这个理解的一个暂用标帜。到了正确造立这个一元的见地或自觉的时候，"社会的"教育学成了一般的教育学。这个形容词自然也就可以剥脱。以这一路的教育学也有不用这个形容词而径用"教育哲学"以示其宏远的规模的。教育学的这一路新努力，我们现在且举出在哲学的立场本是正相反的两派大哲学者 Dewey 和 Natorp 的教育学以为例证，略述他的内容和倾向。

　　Natorp 是新康德学派的一个指导者。他发表关于"社会的教育新方针"的大著，题名为"社会理想主义"（Sozialidealismus）。他解说这个题名的理由说："理想主义这个名词虽被人种种的误用了，但仍是很动听的。就是现在也含着由深奥的生命的泉源而发动的根本的转向和更新的意义。……同时'社会主义'这个名词对于尚未把他贬作妄语的人，其中也具有向着根本的更新的一样的行动。只有这个行动是向着更新所从而发动的一点，即向着经济国家和教育的人类共同体的建设与以更确定的转向。所以这两个名词是互相依倚，互相说明的。理想主义必是社会的，社会主义必是理想的。"Natorp 一派理想主义的社会主义当然自有它的特色。和无产者的社会主义微有不同。但他以他的教育学和社会主义结合起来，要由这个结合而赋与现实的生命给他的教育学，是值得我们玩味的。

Dewey 呢，他的"教育哲学"的大作，题名为 Democracy and Education，也是和 Natorp 一样，要来表明两者的关系。他是以 Democracy 的理想做社会理想，参照着这个理想的标准去批判从来的教育学说，而极力去建立一个适合于这个标准的教育学说和教育方法。Dewey 所主张 Democracy 的社会，在 Dewey 本身虽尚未具体的揭出，只提示了一个无碍于 Morgan 大学教坛的任何社会，都可以嵌上去的伸缩自出的空格子。但形成他学说的中枢思想则也是社会主义，是我们应该看清楚的。Dewey 本人的不彻底，我们固然无须蹈袭，而日本的教育学者，竟将这个 Democracy 译作"民本主义"，以期苟且见容于自己国体底下那种浅陋怯懦的心迹，我们尤当了解。即我国学者将它翻作"民主主义"，亦只可作为字面的直译看，不宜以辞害意而遗其精蕴。

Natorp 的"社会的教育学"是怎样的呢？Natorp 说："社会的教育学这个概念是包含个人的教育于其各个的本质成全于社会，和社会生活中人的构成，成全于参与社会生活中个人的教育，意义是一样的。……所以教育的社会条件和社会生活的教育条件（die sozialen Bedingungen der Bildung und die Bildungsb edingungen des sozialen Lebens）是这门学问的主题。这个问题只是一个，我们决不把它当作两个节目看。因为社会只成立于个人的结合，而这个结合又只成立于个人的意识。所以最后的法则，对于个人和社会两者，必然只是一样，只是一个。"从这个概念看，个人和社会，社会和教育，是合一不可分的。

Natorp 的社会主义，是要建设一个完全没有剥削和压迫，人人自由平等，直接劳动的协同组织。在这样组织里面"人性——即自由个性——的培植成为至上的原理。一切经济的劳动，政治的命令，都是向着这个惟一的目标，向着这个超越一切目前的打算，而力求人类无限解放的目标发动的"。一切力量无论大小，各种天禀无论高低，各种贤能无论领导者或追随者，统通都是供职，无主从的分别，都是服役于公共业务。但这种公共业务所成就的不是物件，所获得的不是享用，而是人人的"人"的建设。一切劳动，一切享用，都是无条件地从属于人人的"人"的建设。由这个理论看，他是要把社会造成一个教育的社会，以整个教育的社会来完成"人"的教育。他理想的社会，即是他理想的教育设施。

然而这样的社会，只由协同者间的物件关系和意志关系外面的规制改革是不能做成的，非有与此相应的意识的变化——即"意识的协同"——展开在协同者当中，这样一个社会的建设是不可能的。这个"意识的协同"要由"建立在严密的自律的原理上面协同的教育"，社会的教育才能做就。这样的教育"是不会从天飞下来的。即使飞了下来，它逆着未经教育过的经济和政治是不能生存，不能长养的。它和共同生活的经济的、政治的建设不能分离。只有在共同生活的经济的、政治的建设当中和它们一起，而且在彼此极精密的交互作用当中才能施设"。

以上是 Natorp 的社会教育学说极简单的一个提要。在 Dewey 的"教育哲学"，Democracy 是人类社会的理想形态，理想的教育的社会形态，所以他在他的教育哲学所致力的是检讨 Democracy 社会所含蓄的各种观念，把这些观念适用到教育的各种问题。他以为在多数共同事件复杂的交错着，而其制度习惯改革进善，都是由全体成员立意协力去做的Democracy 社会里面，是不能没有对于全体成员的一种计划的组织的教育。所以 Democracy 极力置重于教育。他不但极力置重于教育，而且Democracy 本身就是最有效的教育设施。因为 Democracy 排除阶级、种族、国境等的障壁，使社会成员相互间并使此团体与彼团体间的交际、交通得以自由，而因其所生交互作用更使人人所关心事件愈多，从而人人所当反应刺激愈紧。结果，人的活动愈多，活动的方式愈紧，人人所具各种能力的解放发展愈可实现。这样的，人人所具各种能力的解放发展，亦即教育目的。所以真正关心教育的人，对于真正的教育，可得而使他真正的活动的方式的 Democracy，即不独政治而且是社会的 Democracy 是努力追求的。Democracy 是出乎政治形式以上根本的社会生活的一个样式，复合的经验的一个样式。"凡使一切成员均得于平等的条件下参与于其康宁幸福，而由团体生活的诸形态间交互作用，以确保其诸制度的圆滑的整洁尽善的社会，都是 Democratic。" Dewey 的这个 Democracy 其实就是社会主义，他的教育学说和 Natorp 一样，也是社会主义，是极明显的。

我们就这两家的教育学说上看，他们教育学的全本概念，是由相反的两派哲学发展出来的。而他们所造于教育上的社会理想却相同。他们看科学的教育学问题和科学的哲学问题只是一样。他们以全哲学处置全教育学的问题。而由论理的必经大道达到了全社会秩序和生活的问题。他们由教育改造的讨议，达到了社会改造的要求。他们的教育学说于是更上一层深刻的现代化，俨然形成社会主义的一大营垒——教育社会主义。他们的主张，不但与革命的阶级斗争之社会主义相抗衡；且因为他们的主张纯是建设的，于是那由革命的阶级斗争，而确立了革命阶级的独裁权的，在进而致力于社会主义社会建设的时候，其实践方法上所率循的原理原则，亦不能超出他们的主张范围以外。

（原载于《教育杂志》第 27 卷第 9—10 号合刊，1937 年 10 月 10 日）

我们创造着新的社会
还创造着新的自己①

——《教育新时代》创刊词

人类的历史是人类所造成的。历史的过程必然地就以人类的活动为其决定的要素。我们所揭示的"教育新时代"，当然亦不能出此例外。

如果说，历史的发展是历史的必然的作用，无须人类的活动，旧的东西必然会过去，新的东西必然会到来，于是大家就只坐在那里等。我相信这样的任由历史自己去摆布，即使新的果然到来了，而那所谓新的，也不过是历史的盲目的自己运动的结果，而不是我们所期待的合乎我们的意志的东西。但若竟以历史的创造者自居，不管历史的法则怎样在活动着，只凭自己的独断，而任意设想一个时代，并且任意设想一种方法，以为如此这般去做，那个时代就可以立刻到来，这样做法，亦必终于徒劳而依然无所成就。

历史的运动是盲目的运动。在我们不认识它，不理会它的时候，就

---

① 标题为编者加。原题为"《教育新时代》创刊词"。

只有我们被卷入它的盲目的旋涡里，任它翻弄而已。但我们一旦把握住它的运动法则，明白了它的方向和作用，我们就可以随意使它顺从我们的意旨，历史和自然是一样的。我们既已由于自然的这种法则的认识而支配自然，我们再以由于历史的这种法则的认识而支配历史。

我们所企望着的"教育新时代"，它的形式、它的内容，亦可以由于历史的这些法则的认识而发现。它的到来、它的发展，也可以由于这种认识所给与的计划的，使这种法则为着我们的目的而活动的可能性而促成。"教育新时代"这才不是空想，而是俨然鹄立在我们的前程，而向导着我们前进的一个实在的标的。

"教育新时代"！然则它究竟是什么东西？这里所谓历史，是指客观实在的历史，是指社会的整个发展过程，历史的发展一面就是社会的发展，所谓"教育新时代"一面自亦少不了一个"教育新社会"。教育是不能离开社会而划时代的。教育是社会的历程、社会的机能、社会的作用，离开了社会，教育是不会存在的。在受着历史必然的法则所支配而盲目的运动着的社会，合理的教育亦不会存在。在盲目的运动着的社会里，社会的教育作用亦是盲目的。那里所有的教育设施，无论计划得怎样合理，总不免受着外部的客观的种种逆影响、反作用而至为所转化，而终于被没入那盲目的旋涡里去。在盲目的运动着的社会里，社会的活动各有各的目的，各种活动都各自在发挥它的教育作用，但各种活动原来就不是都以教育为目的，而且绝不顾虑到这个目的，于是整个社会里的各种教育作用就不独彼此间形成了互相矛盾的关系，并且对于专以教育为目的各种的教育设施，亦在行施着相消、相克的作用，而至混乱不堪。在盲目的运动着的社会里，社会的各种活动的重心从人转到物去，由于这种背戾的活动作用，把握生活的意志，被化为占有对象的意志，生活的欲望被压缩到支持肉体生存的最低限度的考虑，而至人性流于笨钝、偏狭、颓废、堕落，得不到圆满的发展。只有在我们所冀求着的新时代，社会盲目的运动已被我们统制着而置诸最适宜于人性发展的条件下，它所发挥的教育作用才是最适宜于人性发展的教育作用。那里的一切活动都帮着人性发展而活动，那里的教育设施才是美满的教育设施。这个社会，欧美的教育哲学者有的称它作理想的社会主义社会，有的称它作真正的民主主义社会，马克思称它作真正的自由王国，而在我们就是三民主义所向往的大同世界，称谓虽不同，理论纵有别，在客观上，它的条件是一样的。

"教育新时代"决不是一个空想。它是想也想不到，强也强不来的。只有认识了历史必然的法则，统制着一切支配住它的那些客观的外部的原动力，而照准我们的目的、计划把它创造出来。科学——社会科学、自然科学——是我们的武器。

在这个时代的创造中，我们创造着新的社会，还创造着新的自己；我们教育着社会，还教育着自己。

（原载于《教育新时代》第 1 卷第 1 期，1940 年 5 月 1 日）

教育发展的道路

　　教育事业的规模的宏大和设施的普遍，如在苏俄輓近所造至的，实人类史所未曾有。据 1938 年度的统计，中小学生在城市的不过 750 万人，而在乡村的则达到 2 040 万。城市合计在 1937 年度中小学生总数已增加到 2 940 万。小学教育已普及了各地乡村，初级中等教育已普及了所有城市。依照第三次五年计划，到 1942 年度，十年制的普通中等学校将普及到全国各城市，七年制的初级中等学校将普及到全国各乡村，中小学生数就要增加到 4 010 万。

　　苏俄教育事业的这个空前的发展何从而来？这个经过的叙述当然不是一件轻易的事情，首先叙达的出发点就要费一番斟酌。如果说"苏俄的教育事业发展得这样迅速，理由是很明显的，社会主义唤醒了广大的民众对文化和知识的渴望，在短短的 20 年间，苏俄大陆上教育事业的发展要超过沙皇统治下 300 余年的数倍"云云，于是接续着就把 20 年来无数的学校、图书馆、电影场、剧场等的兴建，书报杂志等流通的增进，学校的分布，教师的养成，以至地方教育辅导机构的成立等分别叙达出来，事情就很简单地可以了结。但这至多不过是一个侧面的记录，指示不出现象的各个方面，各种联系和媒介，作为现象的本质的说明，就不充分了。所谓"社会主义唤醒了广大民众对文化和知识的渴望",究竟是怎样一回事？社会主义究竟怎样地唤醒了这个渴望？这些问题要先弄清楚，然后苏俄教育事业发展的本质的姿态才能表现出来。俄国原是一个穷国。俄国人民每人所生产的东西比英国的少四倍半，比法国的少三倍半，比德国的少三倍。这样的落后首先表示着工业发展的不充分。大部分人民仰给于农村经济。许多商品完全没有生产，从外国输入的还比自己生产的有利得多。大战前，一切工厂、制造厂、矿山中所需要的机器大半是由外国输入的。工业技术也非常落后。许多改良生产，减轻商品成本和节省劳动的发明输入都要迟些。许多工厂都用着旧机器，而且劳动力也很贱。大战后，农村经济更是破坏不堪。在这样的情形底下，苏维埃政权非迅速地转变为广大的工业和前进的农村经济相辅并行的国家，是不能保障它对资本主义国家的独立的。而所谓"相辅并行"，又非有预先详细考查过的计划是做不到的。一面要发展工业，一面要巩固农村经济的发展，如果事前没有一个安排，就做不通。

于是在苏俄经济中计划的意义就日益增高起来。在采用新经济政策的初期，苏俄的经济还是一只没有舵、没有帆的大船。它很慢地制定了发展国家工业的计划，然后及于铁道和国家贸易的计划。到了1925年的秋天才第一次企图制定包括整个国民经济的计划。这就是国家计划局的"预算数字"。"预算数字"从这时候就每年订定一次。在经济工作中这是很大的助力。后来就制定了国民经济的第一次五年计划。这五年计划是在1929年5月由苏维埃的代表大会决定的。跟着第二次、第三次，社会主义工业的发展和社会化农村经济的增进，更使苏俄经济的计划性日益发展，深入到经济关系的内部，根本地贯通到经济生活中去。由于这种计划的逐步扩展，加以他的工人对于生产和劳动者对于自己的工作的新经济关系，于是苏俄国家的发展比诸资本主义国家就来得更快。

　　而且在苏俄，改造农村经济和工业的发展是同时并进的。许多工业的企业制造着农村的原料。为要及时得到所需的数量和适合的质量的原料起见，这些企业就要和农民即原料的生产者订立合同。这些合同是和农民的合作社联合订立的。这种制度叫作定货制度。工业就得到这种制度推动农村走向集体经济的路上去，并用种种方法帮助农村经济。国营工厂以农村的生产工具、农村经济的机器、优良种子、矿质肥料等供给农民。要应用定货制度的各地农民都组织到经济合作社去。除了生产物的销售外，这些合作社还从事组织农村经济生产的其他部分，如共同购用农具和共同耕种等。农村经济，也就和工业一样，可以应用机器减轻劳动，提高生产力量，使贫农和中农摆脱了一切贫穷，成就了他们的辛苦的劳作和困难的生活的根本改造。工业这样的引导着农村的基本人口走向集体化的道路，就以此巩固了农村经济的建设，毁灭了城市和农村间的鸿沟。在资本统治下，只有城市才得到科学和技术，农村总是落后的。到了农村经济也工业化起来，农村对于科学和技术的需要也跟着增加。

　　工业帮助农村经济建设最大的就是耕种机和其他各种机器。这些机器使农村的生产和工厂的作业没有了分别。从前，在农村，都用着木犁，浪费了许多无谓的劳动，现在都用了铁犁。还有收获机、刈草机、打谷机，以及其他一切机器的装备都应用到国营农场和集体农庄去，提高了农业劳动的生产率。化学工业于农村经济也有很大的利益。它所制造的药料供给了消除蝗虫和其他害虫的有力的武器。人造肥料的意义尤为重大。从前，农村中不知道有人造肥料，把一块地不断地耕种下去，土质枯竭了，所得收成也逐年减少，用了人造肥料以后，收成增加了几倍。这一切把农村经济从落后状态里挽救起来，使农村的劳动，按着它的性质，它的条件而接近工业的劳动。所谓全国工业化的路线并不限于工业，农村经济的工业化是全国工业化的一般任务中最重要的一部分。

苏俄这样的把城市和乡村间的对立消灭了，现在的第三次五年计划是要消灭智力劳动和体力劳动间的对立。它现在要把劳动者的科学技术水准提高到工程师技术员的水准。它的计划是一面造成科学技术的需要，一面展开教育的施设。农村和城市的教育事业都是与社会主义的建设事业密切联系着的。苏俄教育事业的发展并不是由于社会主义所唤醒，而是由于社会主义的建设所推动，换句话说，就是由于社会主义的经济关系和经济生活的状态和需要所促进，事至明显。没有了实际的建设，没有了实效的需要，无论怎样叫唤，谁也不会觉醒，即使偶然被唤醒了，觉得没有什么意思，必定搓搓眼睛，转转身，还是照旧睡去的。

我们再看苏俄的第三次五年计划所订定的文化建设纲领，那里所提出的任务是要在城市里普及十年制的中等教育，在农村中普及七年制的中等教育。中小学的学生人数在城市和工人住区就应由 860 万增到 1 240 万，而在农村则应由 2 080 万增到 2 770 万。这些数字表示着苏俄教育事业的一个重大的特征。在资本统治下，工业压迫着农村，使农民分化，陷于赤贫，日惟救死不暇，哪里还顾得到教育？于是教育事业的发展在乡村总是落后的。教育事业只畸形的偏重在城市，始终超越不出城市的范围，魄力自亦有限，而苏俄的工业对于农村的影响却完全不同，它引导着农村的基本人口走向集体化的道路去，改造了农村的经济，造成了农村人口对于科学和技术的需要，教育施设的机会就多起来，发展的范围也大起来。规模的宏伟和施设的普遍当然就绝于等伦。

（原载于《教育新时代》第 2 卷第 1 期，1940 年 11 月 1 日）

所谓"社会的教育作用"
其实是人类社会实践活动的
自己发展自己学习

中国的教育者们大都晓得，社会的环境，在人们不知不觉中，并且在人们所设定的目的以外，有着教育的作用。这种作用究竟是怎样一回事，这种作用究竟从何而来，这些问题，恐怕少有深究过的，却是极饶趣味的一些问题。所谓"社会的教育作用"，这个观念，在中国最初大概是由杜威直接或间接传播开来的，我们要探讨这个问题的究竟，得先请教于他。

杜威在他的大著《民主主义与教育》，开宗明义第一章就这样地说着，"社会的分子有生有死，这是无可避免的事实。这个事实就可以决定教育的必需。在一方面，群内的新生分子是尚未成熟的，他与修得群内的习俗知识的成人彼此间相差很远，在另一方面，未长成的分子不但在形体上应有适当数目的保存，并且应受教导，把已经长成的分子所有的兴趣、目的、知识、技能和习惯都吸收过去。若是不然，这群的特色生活就要中止了。即在野蛮种族里面，倘使纵任未成熟分子自己去干，他们所能做的事也还不及成人。文明愈发达，未成熟分子原有的能力与成人的标准彼此相差愈远。若仅有形体的成长，仅能维持生计，还不能把这群的生活绵延下去。要想绵延一群的生活，还要有方针的努力和深思远虑的经营。那些新生分子对于社会的这种目的和习惯，不但毫无所觉，并且漠不关心，我们必须使他们认识这种目的和习惯，而且必须使他们对于这种目的和习惯都有主动的兴趣。唯有教育能够补这缺憾"。

在杜威的这一段话里，至明显的就是把社会分成了两部分，一部分胜过别一部分，而前者却是社会活动的主体，所谓"社会的教育作用"，即由此主体发施出来的一种作用。

他虽在后几段也说过，"……不但社会为着它自己的永传，而需要教导和学习，就是共同生活过程也有教育的作用。共同生活能增广经验，并能使经验贯通，能刺激想象，并能使想象丰富，能使人对于言论和思想负起准确活现的责任。若是一个人在精神上和物质上都过着孤独的生活，也很少机会，或简直没有机会去反省他过去的经验，抽出那经验的精义来。社会里面的未成熟分子和已成熟分子比较，彼此的成就是不相等的。这个事实不但使教导幼年分子成为一件必需的事，而且这种教导也给教导者以一种很大的刺激，要求他们把经验缩成一种程序和方式，使得经验最易传达，因而使得经验最为有用"。而从这一段话里，我们虽又看到了所谓"社会的教育作用"同时也是共同生活中各个当事者间若干交互作用。在共同生活里，不但接受作用者因其所受作用而变化，而主动者从而亦被其若干影响，但在这种共同生活的过程中主体和客体的区别依然存在。

接着在第二章，杜威又费了整章的篇幅去阐明那社会环境的性质和"共同参与活动"的功用。他在这章的撮要里这样地说着，"要使青年的态度和性向能够发展，以应社会的继续进步的生活需要，一切信仰、感情和知识都不能直接地传给他，我们要利用环境的作用施行间接的教育。甚么是环境呢，所谓环境，即生物实行他的特殊的活动时与有关系的种种境况的总和。所谓社会的环境，即同伴的一切活动。这种活动与每个当事分子的活动进行都有密切的关系。个人参与共同生活到甚么程度，即社会的环境有多少教育的效力。个人因为参与了共同的活动，他就把鼓励这种活动的目的变成他自己的目的，又能熟悉进行这种活动的方法和材料，获得所需要的技能，并受那关于这种活动的情绪所浸润"。"青年逐渐地参与他们所属团体里面的活动，就能不知不觉地使教育的效力对于青年的性向的形成，更有深远而密切的影响。但后来社会的内容更为复杂了，于是须有一种特殊的社会的环境，专门设备来教育儿童……"

在这一章里，关于"共同参与活动"的效果虽说得很详细，但他始终不过把这"参与"看作社会为求继续生存而利用环境的作用，以发挥其教育机能的一个方便，而不把它看作人类结合和社会构成的一个要因。他引了些例作证，"把这些例证所含原理整理起来"，他说，"便可见社会的环境并不直接地把欲望和感情给人，也不仅养成肌肉的动作习惯，……它第一步是造成一种环境……，最后一步是使人变成团体活动的一个参与者……"。他虽也说过，"一个人与别人有了关系，对于别人的生活总有一种不可避免的参与"，似乎感觉到这个"参与"确有一点"必然"的迹象，但在第三章他却仍说是"个人有时可是喜欢任意做，而他自己所好，也许与别人相反。但通盘算起来，他们大都喜欢加入别人的活动，参与共同合作的事体，若是不然，便没有'社会'这种东西的可能"。这就把"必然"的意义又弛缓了。在这里他支持着自由自决的要素。他的所谓共同活动就不是人类应付生活的自然必然的途径。

而且他把社会的环境看作同伴的活动。这种活动在他虽也认为对于各个当事者都有密切的关系，但他把参与者仅视为活动所影响的客体，却又忽略了当参与者既参与于共同活动，而和同伴们在共同活动着时，他在那共同活动的过程中，就和同伴们站在大家同样的一个主体的地位。

我们且检查下杜威的社会观和社会理想。

杜威的所谓"社会"意味着什么。我们试翻开他的所谓"哲学之改造"第八章就可以看到，"社会是一个字，而是无定的许多东西。它包括人人集合而相与其经验和建立共同利害、共同目的的一切途径，如流氓群、强盗帮、徒党、社团、职工组合、股份公司、村落、国际联盟等"。后来他又说，"社会已经说过是许多的结合，不是单一组织。社会之义即结合，即于互相联络着的交通和行动里合成一气，以谋那因共同参与而扩大而巩固的经验形相的更好的实现。所以有那么些因互相关连互相传布而增加的善，就有那么些结合，而这些东西在实际上是无量数的"。"所谓社会即使经验、观念、情绪、价值得以互相传授而致彼此共通的结合的过程"。由此可见，杜威的所谓社会并不涉及整个社会过程，在他心目中的，只不过是一些特殊的共同结合的个个社会的事实而已。在这里当然也包括着他所视为"建立着种种障碍，阻隔自由的交际和经验的交换"的不良社会在内。这些不良社会，在他看来，既建立着种种障碍，阻隔自由的交通和经验的交换，就应该不会起教育的作用了，但他也未曾说明。这就是他所说的，"紧要的是对于许多特殊机构和交互作用的特殊研究"。而"像人类一样广大的社会"那样一个一般的范畴，在他看来，却是"禁锢思想在夸大铺张的一般性内，以致论争无可避免，亦不能解决"的。而从他那"所谓社会即使经验、观念、情绪、价值得以互相传授而致彼此共通的结合的过程"那句话，则又可见他的所谓"社会的教育作用"也不过是互相传授而致彼此共通的一个过程。

但只有"经验、观念、情绪、价值的互相传授而致互相共通"还是不够，于是他就提出了他的社会理想来。他说，"集团的能率的力量的最善保证是创意、设计、先见、气力和耐任中所存个人的种种能力的解放和利用。人是必须教育的，但限制了他的活动在技术的专门事体里，或在人生的无关紧要的关系里，就不成其为教育了。圆满的教育，只在人人于其所属社会团体的目的政策的决定按能力为比率以分担其责任时，才始可能。这个事实确立了民主主义的意义"。他又说，"同当，共享，协同参与是道德的法则和目的的普遍化的唯一途径"。"普遍化就是社会化，就是相与共进于善的人人的范围和分布区域的扩大"。"善是由于交通而存在，而持久和结合是同当共享的手段等意义已日益得人信受，是伏在人道主义和民主主义的现代的情绪背后的一个事实。它是利他主义和慈善的保健剂，没有了这个要素，它们就陷落道德的退让和道德的干涉，带着行善济人假面，或授人以应得权利而当作施惠的假面，去照管人家的事体，从而组织就不是以自己为目的，而是促进结合，增益人人相接触的有效点，和指导他们的交际，俾获最大善果的一个手段"。

他把人道主义配成了民主主义的背景，就认定社会可由此而获得改良迁善的保证，于是他的社会哲学就算得到了一个"妥当的表现"。他的这个社会理想应用到他的教育理想去，又得到了他在《民主主义与教育》第七章所谓"教育上民主主义的观念"。但他还不安心，而在他那民主主义的社会里所施行的教育还"要使社会里的各个人对于社会的关系和统制都有着个人的兴趣，使各个人所有心的习惯既可改进社会，而又不至因此而扰乱社会的秩序"。他的教育哲学才又得到了一个安全的应用。

我们直抵问题的核心，且揭出杜威的失措，最大的就是他在他的社会哲学的讨论中只看见"听从人的选择和意向的组织——可以直接随意改变的组织"。如"政党，产业联合，科学的、艺术的组织，同业组合，教会，学校，无数的俱乐部和社团，和以培植人所与共的各种利益为目的的其他诸结合"。就认定这些"增进人所与共的种种善的诸结合才成真正的社会单位"，而把具有客观的发展法则的整个社会过程并诸度外。他要应用他的"新方法"，"拿那些特殊的可变的相对的事实的研究去替换一般概念的运使"。却忽略了一般的法则、原理和范畴都可以从个别科学抽象出来，具有普遍的性质，不但适合于任何特殊的现象的领域，并且适合于一切现象的领域。于是他的所谓"社会的教育作用"，就成了有限的社会单位对于各个参与者的意识的经验所被及的特殊影响，而还不到人类社会的现实的生活过程所发挥着的人类发展的主导作用。

人类社会的现实的生活过程是像人类一样广大的，是包括统辖特殊事体的一个普遍的意义，本是认识特殊事体的一个契机，但杜威却嫌它太麻烦了，以为无裨于考察。他在《哲学之改造》第八"社会哲学之改造"章里说，"关于社会事情的讨论，为了总脱不出概念的一般性的范围，所空费心力非常大"，"既不能促进准确的周详的研究，反而阻碍着它"。于是他虽也揣摩到"社会的环境是同伴们的一切活动"，而他却就此算了，再也不去追究。不知道这个命题才是解决他的教育哲学问题的一个关键。

把同伴的活动扩大到人类的范围就是人类的活动。拿人类的活动做对象而主观地去把握它，我们首先发见的就是它所具有的二重性质。人类的活动不只是人类对于自然的活动，并且是人类与人类相互间的活动。而人类对于自然的活动又总是和人类与人类相互间的活动不可分离的。人类只有在一定的方式下，通力合作，而相与构成一定的联络和关系，人类对于自然的关系才能建立起来。于是人类与自然的关系和人类与人类相互间的关系，在人类的社会生活里面就成了具有二重性质的一个关系。而人类对于自然的活动和立在这个基础上面的人类与人类相互间的活动又成了人类所独有的所谓社会的实践。这种实践的活动为人类所独有，惟人类才能。人类虽然不可以形而上学地从动物分开，人类的活动最初仍不出乎动物的本能的形态。但这个动物的本能的形态发展成为人类所固有的时候，在本质上，却是有意识的，合目的的活动。这种活动和动物的本能的活动不同，在于它预先就存着意识过的目的，当人类作用于自然，以生产自己的生活资料，在那生产过程的终局所造成的结果，是在他作始时，就已观念地存在他的心目中的。由于这种活动，人类不但变化了自然的形态，还在自然中实现了他的目的。这个目的是他意识着的，必然就成为他的法则而规定他的活动种类或样式，而又必然使他的意志从属于他，这种活动，因为他预先就存着一定的目的，而且是循着一定的途径做去的，是以称为"实践"，又因为他始终是在于人类与人类相互间一定的社会关系里面发挥着他的机能的，是以称为"社会的"。人类的这种社会的实践的活动，就构成了人类社会的现实的生活过程。人类社会的现实的生活过程的变动，固由于人类的这种社会的实践的活动所掀起，即人类自己的本性也跟着人类自己的这种社会的实践活动变化。

人类的这种社会的实践的活动，使人类的双手采取了现在的形状。助成了人类的结合，发展了发音的器官，发达了人类的头脑。而这些头脑、手和发音器官等的协同动作又促进了人类的有机体的发展，使人类脱离了动物的境界。跟着这种实践的活动的开始，人类的头脑发达到能够造出工具来，人类的活动就超越了动物的活动。人类由于这种实践的活动变化外界的自然，并且认识了它。而同时人类既得而挹注于工具制造的新泉源，复得而接触于活动的新对象，人类又变化了他的活动的性质、形式和方法，从而改造了他自己的本性。这种活动性质的变化使人类发生新的欲望，而这新的欲望又使他继续去改进他的工具，从此演进，于是而人类的巧妙的双手，有节奏的语言，纤细的感觉器官，广大而精微的思维能力，乃至人类社会的物质的精神的一切文化，都发扬光大起来。

就这样，人类一面变化外界的自然，一面变化自己的本性，因而又变化社会的环境，在这个过程中人类的社会的实践的活动始终演着主导的作用。而人类的现实的生活过程也就是人类的这种实践的活动在演着主导作用而进展无已的一个过程。但在那里面，人类的实践的活动虽都是有意识的、有目的的活动，未经意识到的企图和未经意识到的目的是不会有的，然而人类所意识到的企图未必一定可以如意实现。大都不是意识到的多数目的互相交错，互相反拨，就是那些目的本属虚构，或则手段不够，条件未备，都会终于落空。或则活动的目的虽曾是意识到的，而活动所得结果，未必一定能与所意识的相符，或则起初好像是与原定目的一致了，而到头却与它完全两样，也是有的。加以人类的企图常是因应环境的刺激而发动，所见未必广远，总不会事先已把应有的来果一一预察得到，意外的收获，无意的遗漏，自亦很多。而一切活动因果流转，相续不断，以至枝叶横生，也是事所应尔。这样，人类的这种实践的活动虽总在追求着一定的目的，而活动于诸多方向的那些极其纷纭的企图，和它们对于外界的极其复杂的作用，互相交错，互相反拨，乃至互相冲突，就演出了一个和支配着无意识的自然界的状态相类的一个状态。这个状态在表面上大体像是偶然在支配着，但乃是跟着那贯通在它里面一个必然的路向前去的。这个路向是超乎人类意识以外的。而循着这个路向前去的人类活动的发展也是超乎人类意识以外的。这个发展就是人类活动的自己发展。

在那里面，当然也包含着人类的实践的活动的自己学习。它与学习不同，在于它不以学习为目的。而事实上，在这种实践的活动的历程中，已往的旧经验和当前的新经验对照起来，就引起了反省、参证等认识作用，若果发见了两者间有不一致的情形，认识就适应着新经验而改变，结果是促进了认识的发展，表现了学习的作用，获得了学习的效果。这也就是人类的实践的活动的自己学习运动。

人类的这种社会的实践活动的自己学习运动是超乎人们的意识以外的，于是人们总是在客体或直观的形式上去把握它，就成了所谓"社会的教育作用"。翻过来，我们在社会的过程里面，把那演着主导作用和人类的实践的活动作为主体的活动而去把握它，正就是人类的实践的活动的自己学习。

但在"正规的"教育过程中，自己学习的意识的活动却是一个主要的必须的条件，没有了这个条件，"正规的"教育就不会生效。这就是学者们常闹着的"兴趣"问题的起因。这个问题的目的是要使人忘情于自己学习而成全自己学习，但在"正规的"标帜下，学习活动的对象却是不可移易的，且与现实不无间隔，于是问题就生出枝节，解决维难。现实的动机终于是少不了的一个要素。

（原载于《教育新时代》第 3 卷第 7 期，1941 年）

教育即生长说批判

一切动植物，于其生存竞争中，受着自然淘汰。其具有能适应于其环境的性质的，才得留传。而环境的变化，又复控制着新种的发生。新种的发生，只限于旧种中具有能适应于其环境而向新种发展的素地的若干个体。没有这种能力，就不免于灭亡。一切动植物被这样的自然所左右，不论怎样的变化，发展，无非自然淘汰所致。动植物的进化史，一般的，就只是自然淘汰的结果。离开了环境的变化，就无从说明它。因而动植物的进化史就脱不出自然史的范围。惟独人类不受单方面的淘汰。人类由于适应环境的变化，发展到变化环境以适应自己，人类就超越了生物学的境界。

人类，在悠远的前史时代，赤裸裸的和自然对立着。他要维持他的生命，继续他的生存，就只得运用他自身的自然器官，作用于他周围的自然，以获取他的生活资料。他因应着环境的变化，而调整器官的活动，逐渐适用到复杂的事体。他一面运用他自身的自然器官，一面又学识了借助于他以外的现成的自然物做他的活动手段。卒至他造出了他的工具来，他就不再徒然消费着自然所给与的现成物，更进而生产出他所需要的生活资料。人类为着生活资料的生产，于是就在一定的方式下通力合作，而相与构成了一定的联络和关系。这些联络和关系的总体，就构成了所谓"社会"的一个新的东西。人类的社会的实践的活动，物质的生产的"劳动"从此启端。

劳动首先就是人类与自然的一个过程。于此过程中，人类以他自身的行动而媒介，而调整，而管理他和自然间的物材交换。他以他自身为一自然力而与自然物对立着。他为要于能适用于他自身的生活的形态而占有自然物，就发动他自身的各种自然力，如他的腕，他的脚，他的头，他的手，而作用于他以外的自然，改变它，而同时却又改变了他自己。他开展了他自身所蕴藏的各种潜力，把这些潜力放在他自身的支配下，而因宜制用，于是又增进了他自身的活动，助长了他对自然的宰御。

动物的生活活动所以止于一定的限境而不能再加进展，是因为它只以自身的自然器官而经营它与自然间的物材交换。它自身的各个器官，各有其独异的机能，是以它以同一器官就只能顺应着那一机能而活动。因而使用它自身的自然器官而活动的动物，它的活动的种类或方式总是一定的，它习惯地反复着，就成了它的习性或本能，而留传于后代。新活动形态的发展只有新器官的产生方始可能。而动物却不能自己造出新器官来，它的那些器官，无论退化也好，进化也好，即新器官的出现也好，都不外自然淘汰的结果。

人类的劳动则不然。人类的劳动不限于那些单纯的自然器官的活动和习惯的反复，而是有意识的合目的的，运用自己所创造的工具来规度经营的，因而人类的劳动就采取着复杂的形态，日臻繁蔚。跟着工具的发达，人类对自然的权力愈益增高，物质的生产和物质的生活愈益丰富起来。

不消说，工具也是劳动的产物，它和一切物质生产的对象一样，是人类的主体的活动和外界的物质的对象相结合而成的，是劳动由活动形态而推移于存在形态的一个成果。而在劳动过程中，生产对象的认识又是对象生产的必然的契机。在物质生产的对象中必然也体现着认识的一定的发展（至明显的即如现代的机械，不但是以劳动的现代的发展做基础，而且是以科学的 2000 余年的发展为依据）过程。

人类的劳动是社会的过程。人类在社会的劳动过程中不但实现了他自己的劳动能力，发展了物质的生产，而且在物质生产的基础上还产生了思维及其外表的言语。由于言语的发达更助长了他的抽象的思维能力和概念的构成能力，因而又启发了他对于他的环境的关系，即他与自然和他与人人相互间的关系，以及事物相互间的关系的认识。详细地说，人类由于社会的劳动不断地在他的环境中即他与自然和他与人人相互间的联系中发挥着他的作用。而他的环境，即他与自然和他与人人相互间的各种联系的运动和发展又不断地作用于他，他的感觉和表象就日益丰富地蓄积起来，而产生了种种意识和观念，这些意识和观念不但成了他的物质的实践的直接的流露，而显现交织在他的各种物质的生产中，而且成了他的有余的蕴藉，他的思维材料。而他的思维，也和实践一样，是常积极的能动的和他的环境（社会环境、自然环境）紧密的联系着的，于是从直接的具体进到抽象的领域。而在抽象的思维过程中他把直接的具体拿来分析，拿来综合。在这个分析综合的过程中，他所运用的概念的联系的运动就览照着他的环境的运动和发展过程。他的环境就在他的思维上具体地再现出来，就从思维的领域进到实践的领域。而他就更有效地积极地去改造他的环境，以适应他的目的。

凡此种种都是人类在社会的劳动过程中直接地发挥出来的人类在社会的生活上不容缺欠的一些属性。这些属性都是人类自身的潜力由于社会的实践而直接地显现、变化、发展得来的。也就是人类的社会的实践所主导的可能性转化到现实性的运动的成果。在人类的社会的发展上，使一切可能性转化到现实性的运动，正就是人类的社会实践的活动。固然，人类最初是不会预期到这种转化的，即使一定的转化已在他的周围和他本身上发生了，他也不会毫无遗漏地一一辨认清楚，但在事实上，他的实践活动却不断地在发挥着这种作用。而且这所说的可能性并不是设想的，而是实在的可能性，即现实的存在于特定的现实性中的那种能转化到新的现实性去的东西，是要在现实性中发现出来的新的现实性的可能的萌芽。这在人类最初对于现实的认识尚极浅陋的阶程上，固然无从发现，即使他的认识能力逐渐发达起来，而对于现实的认识还未深切，也仅能在思考上作种种设想而已。人类对于现实愈是无知，愈会设想出许多的可能性来，但实在的可能性却是极难把握而有一定限际的东西，直到现在，人类所能造至的也还未完全超出假定的境界；就是发现了出来，而它亦自有它的发展法则，非人类所可得而任意摆布的。以人类的实践的活动为契机的可能性转化到现实性的运动就只可作为一个自然史的过程去理解，这个运动，若要把它拿来和生物的"生长"相比较，虽也含有相同的内容，但也含有各别的内容。

在生物的生长过程中，可能性转化为现实性的运动成立于能向新的现实性发展前去的该对象和这种发展所必需的诸条件的交互作用或联系变化。例如植物的种子和动物的胚卵，由于那种子和胚卵与一定的土壤或养分，温度、阳光、瀑气等条件的交互作用或联系变化而生长成植物和动物。在这些场合，只需条件具备，保有发展倾向的对象与这些条件联系起来，而构成了对象和条件的联系运动，可能性就转化为现实性。人类的生长则不然，人类的生长是人类的社会过程，人类的社会的发展。在人类的社会的发展中，可能性转化为现实性的运动以人类的实践活动为它的主要契机。在那里，可能性是在人与自然和人与人相互间的联系的发展中所包含的条件全体。这些条件我们可以分别为主观的和客观的两种。即直接资给人类活动的手段的条件，称为主观的条件，和人类以主观的条件为媒介而作用于它的对象的条件，称为客观的条件。是以在人类的社会的发展过程中可能性可以分别为客观的条件全体所形成的客观可能性，和把握展开这客观可能性的人类的能动的要因，即主观的条件所形成的主观可能性。固然，这样的分别只是相对的，主观的条件在它同时又是人类活动的对象的观点上也就是客观的条件。而主观的条件又为客观的条件所规定。然而二者又未必是常相照应，而可以同一意义的规定为同一东西的。在各个场合，二者总会有若干程度的不相称。是以因主观的条件相对的还未成熟而在实践上致使可能性转化为现实性的运动难于进展，或迂回迟顿，或竟至于落空，是常有的事。但在实践上主观的条件同时亦为实践活动所作用的对象，于是未成熟的主观的条件亦可由此作用而发展至与全体的条件相结合，而促进全体的可能性的实现。而主观的条件既已具备，即使客观的条件还未成熟，亦可在实践上促其成熟。这些场合的对象与条件的结合虽不免含有种种的偶然性，但对象的发展克服了偶然性，排除了旧的条件，造出了新的条件，就可以与全体的条件结合起来。在人类的社会的发展上，条件本身并不是可能性转化为现实性的主要契机，这个转化的实现还需人类的实践活动为主导。在人类的社会的发展上，条件的契机以外，主要的还是实践的契机。这个契机是不容忽略的。人类的社会的发展，所以和生物的生长有别即在于此。忽略了这个契机，在人类的社会的发展上，可能性转化为现实性的运动也被看作和生物的生长一样，只需条件具备，自然必然地就会继续进展，而达成它所固有的自己目的。

杜威的"教育即生长"说即由此得来。他忽略了人类的社会的实践活动，就把握不着人类的社会的发展的主要契机，更无从而捉摸得着在人类的社会的发展上可能性转化为现实性的诸条件。而人类的教育活动，正就是人类所以使人类或人类社会的可能性转化为现实性的实践的活动，也就无从领会教育活动的成立条件，乃至活动对象的现实的契机自亦无从阐究。于是不但人类的社会的发展被他看作了自然的生长，即教育活动也被他看作了自己目的的生长过程。我们看杜威在他的《民主主义与教育》第四章 Education Growth 的撮要，结尾几句话，自可明白他的主张的确就是这一套。他说："Since growth is the characteristic of life, education is all one with growing; it has no end beyond itself. The criterion of the value of school education is the extent in which it creates a desire for continued growth and supplies means for making the desire effective in fact."（生长既是生活的特征，教育与生长是全然同一事，它自己以外无目的。学校教育的价值标准在于它能否造成继续生长的欲望，和能否资给方便使那欲望得以实际奏效。）生活即发展，发展生长即生活，发展亦即生长。教育即生活，教育即发展，教育亦即生长，这是杜威的逻辑。是以他《民主主义与教育》第四章第三节第一段中说："When it is said that education is development, everything depends upon how development is conceived. Our net conclusion is that life is development, and that developing, growing, is life."（我们说教育即发展，这句话尽系于所说发展是含着怎样的意义。我们的要实的断案是：生活即发展，发展生长即生活。）只需是生活，不论生物的生活也好，社会的生活也好，在杜威看来，都是一样的。生活既是一样的生活，发展生长也是一样的发展生长。

杜威虽也考察过生长的条件（参看同上第四章第一节 The conditions of growth），但他所开列出来的只不过是一连串什么"可塑性"plasticity，"无能为"helplessness，"倚赖"dependence，"需要他人辅助"need for others 等等消极的字汇。他虽也曾逐个把它的反面的意义表白了出来，——把它编入了生长的积极的可能性的概念里去，然而抽象的概念毕竟是抽象的概念。他所说的可能性也不过是可能性的抽象的设想，而不是现实性的契机的具体的把握。

而且杜威也不分别可能性和现实性。他认"从经验学习的能力"为"习惯的形成"，"…the power to learn from experience means the formation of habits（见同上第四章撮要）也就是认可能为现实。从经验学习的能力虽也有形成习惯的可能，但因对象与条件的结合运动有种种形态的不同，从经验学习的现实活动不一定就都形成习惯。而杜威却把这些结合运动的形态混同了，于是凡是可能的都成了现实的，凡是从可能性转化为现实性的运动都成了习惯形成的运动。他把认识从实践中发生以至达到它与实践的一致而完成的一路历程作为习惯形成的历程。甚至把作用于环境，改变环境，因而又改变自己的人类活动和环境的一致变化也作为习惯形成的运动。他更把习惯的范围扩大到无所不届。人类的一切活动他都认为是由习惯得来。人类习惯了被动，就只是被动，习惯了主动，就总是主动。人类习惯了怎样就是怎样。于是他说："A savage tribe manages to live on a desert of plain. It adapts itself. But its adaptation involves a maximum of accepting, tolerating, putting up with things as they are, a maximum of passive acquiescence, and a minimum of active control, of subjection to use. A civilized people enters upon the scene. It also adapts itself. It introduces irrigation; it searches the world for plants and animals that will flourish under such conditions, It improves, by careful selection, those which are growing there. As a consequence, the wilderness blossoms as a rose. The savage is merely habituated, the civilized man has habits which transform the environment." （《民主主义与教育》第四章第二节 Habits as Expressions of Growth ）

"一个野蛮部族在一个沙漠平原上经营生活。它使自己适应。但它的适应却含有最大量的接纳，容忍。它所遭遇的东西本来怎样，它就任它怎样，不稍变动。它的适应含有最大量的被动的顺应、最少量的主动的控御和利用。一群文明人加入这个场面，它也使自己适应。它援用灌溉，它搜寻可在这样的情境下发荣滋长的树木和牲畜，它由审慎的选择而改进那些生长在那儿的。这么一来，那荒野就变成怒放着的玫瑰般的福地。那野蛮人只是服习，而文明人却具有改造环境的习惯。"文明人因为具有改造环境的习惯，是以能改造环境以适应自己。照他这样说，习惯就不只是生长的表现，即生长自身也就是习惯。生长被习惯了，然后总有生长。这样的习惯不知怎样生长才修得来！

（原载于《教育新时代》第 3 卷第 10 期，1942 年 1 月 15 日）

现代各派教育哲学或哲学的教育学

　　W. Dilthy 的教育学以他的生命哲学的历史主义为基础。而他的生命哲学的所谓"生命"却只是内在主观的直观或体验里的东西，而不是独立于主观以外的客观的实在。即那里，主观观念论的色彩是极浓厚的。他认为生命表现的具体的事实在于历史，而文化的意义和价值亦只有从那些表现里才可得而了解。而这个了解却要生命自己去体验才可以得到的。而所谓体验又由于各个生命的方向的表现，即个性表现的差别而变异。这个变异的本源在于所谓"精神构造"，而"精神构造"则为生命自身所具备，而足以决定精神活动的方向和内容的。然则一切文化的内容是由生命或其表现所规定，就此可以明白。一切文化的内容既由生命或其表现所规定，那么，规定一切文化内容的变异的生命本身或其表现又由甚么而表现的呢？若果认为它是由于生命的环境所制约的，如 Dilthy 所说，即凭借于其"与环境的相关的顺应"而发展的，则环境才正是横亘在文化的基础上的东西。于是所谓"生命"也者岂不成了只是为要逃出观念论的哲学的绝路而凭空构成的一重转折么。若果认为这个环境并不是生命的伸张或自己意识或理会的基础，只是它的条件的一种，而允许生命的自己发展，如 Dilthy 所说，即凭借于其内面的"盖臻完善的倾动"而继续不断地发展的。那么，这样的自己发展的独立的生命就只是形而上学的观念论的抽象，而于文化的变异及其法则的具体的鲜明都是毫无效用的虚空的概念而已。这就无异于承认文化本身也是自己发展的，文化的变异及其法则只有文化本身可以去说明。于是在那里就出现了一番确定种种关于文化类型的分类学的尝试，他既无从而寻得文化的发生和发展的现实原因和条件，也无从而把握那贯通于文化过程中的客观的合法则性，却只有如他自己所主张的，由于"类型的把握"而为"特殊的普遍化"或"普遍的具体化"。结局就弄到他所欲建立的教育学也无从而获观其成。他一面承认教育学的普遍妥当性，却一面又否定了它，他初则推崇 Herbart 以为教育的目的是可以由规定人生的目的的伦理学去规定的，继而他又以为对于人生的目的的内容的规定无论何时都为历史的条件支配着，因而可以博得普遍承认道德的体系竟至不能成立。若由"人类的精神生活都具有完全性"或"在目的关联中作用着的许多过程及其结合的完成都具有同一的形式的规定"这件事看来，普遍妥当的教育目的似乎可以规定。但在另一方面，人类的精神生活的内容都因为常处在历史的社会的制约下，它的理想因应着时间和空间的区别而变异，于是他的教育学普遍妥当性又无从而成立了。

Spranger 和 Dilthy 一样以"精神生活"这一个概念为他的理论的出发点。他又拾取了 Rickert 的价值概念以价值追求的精神为一切实在的本源，以物质世界和自然的意识世界为精神表示意义的素材，即不过是精神的意义的运载者。他更将精神生活，从非历史的形态学的观点分为种种模型，而提示了关于这些模型的一个体系。他把这些模型分为二种：一是从经验的，屡次反复的，多数的精神生活所归纳得来的"类别模型"（Durchschnittotypen）；一是从各种精神活动的先天的法则所演绎，并且预想着这些法则一经组合则势必成为"不得不如此"的所谓理想模型（Idealtypen）。他以为只有这种模型才是理会经验的生活形态的范畴，才是"方法的探求原理"（Dasmethodishe Forschungsprinzips）。他将这种模型照应着精神活动的基本方向而设定了理论的、经济的、审美的、社会的、权力的、宗教的，六种的基本东西，而称之为"理想基本模型"。他又认为这些基本模型都包有精神活动的一切价值的方向，其中每一种价值都可为只一种模型所追求至切而被作为活动的中心，其余价值作用则居于从属的地位，因而具体的生活才有千差万别的姿态出现。他认为文化，如科学、论理、生产方法、艺术作品、社会制度、道德、法律、宗教、教养等，是精神生活的各种模型各依其作用方向而生产出来的。这些文化固然是客观地表现着个人或团体的主观的精神生活，但立即又为多数人所订正所发扬，并为历史所传递，为社会所扩充，而成一超越于个人的短促的生涯和褊狭的体验客观的精神生活。所谓"文化财"Kulturgüter 就是这样的超个人的、历史的、社会的、客观的精神生活的具体的表现。

Rickert 原以所谓文化科学为认识论的基础，认为自然科学与文化科学的差别在于两者的方法。不同自然科学成立在赋与一般的规定，即从现实的多样性中去抽出一般的东西这点上，反之文化科学却是成立在从价值的见地来记载个别的事物或个性上的。换句话说，即自然科学的方法是总括的（一般化的），而文化科学则是个别化的。然而，把自然科学规定为概括的，把文化科学规定为个别化的这个见解，实际上不过是对于自然科学的课题的没理解，和否定文化科学（正确地说，社会科学）而已。一切科学的目的，是要找出一般的东西，然后由概括这一般的东西而把个别的东西在思维上再现出来，像概括的方法和个别化的方法那样两个形而上学地对立着的方法是不存在的。就在自然科学上特殊事物的研究，至少也是它的课题，总括原是走向特殊的途径。若说（社会）科学不走上总括的方向，那就是当头否定了它是科学的，否定了它是探求一般的法则的社会科学，不然，凡想找出社会生活，历史过程中的一般法则，（不只是记载或评价个个历史的事实）以建立社会科学的人，当然就不能满意于 Rickert 者流的文化科学说，Spranger 因此也就没有完全袭用 Rickert 的所谓文化科学的立场。但他和 Max Weber 同样，他所用的虽说是总括的方法，却仍极力主张着向这个方法所构成的自然科学的概念和社会科学的概念完全不同。他认为社会科学上的概念与自然科学上的"类别概念"———一群现象中抽出其共同表征而构成的——在原则上有别，社会科学上的概念只是为着理解价值王国的历史世界的方便而构成的纯理论的"理想模型"。于是 Spranger 结局就仍然是和 Rickert 一样地否定了社会发展的客观法则，一样地不去把握社会过程的客观的合法则性。他虽承认了文化为历史社会所制约，但他是以观念论为前提的，不晓得从特定的历史发展阶段的生产关系的观点去把握社会过程。是以他卒亦无从而理会到文化发展的真正的原因和条件，而任意地解释了它。

教育的本质在于文化的传递和扩充，即"文化蕃殖"和"文化创造"，这个主张是 Spranger 的教育学的中心，所谓"文化创造"是将自己的主观上的新的价值体验显现为客观的文化财的活动，这种活动的方向，是主观的客观化，而所谓"文化蕃殖"就是将这样创造成的客观的文化财传递于他人，而使它活泼地持续于永远，这种活动的方向是客观的主观化。他又认教育为由于对他人的精神的施与爱（Gebende Liebe）而使其全价值受容性和价值形成能力从其内里发展出来的意志的作用。这种作用是将社会文化传递于个人从而发展其价值受容性和价值创造性以成全社会文化的扩充和发展。他把文化发展的任务全付之于教育，视教育为文化发展的唯一途径。

Spranger 的文化教育学依他的见解就应该是他的文化哲学的具体化了的东西，而因为 Spranger 他只斤斤于分析那由主观所构成的"理想的基本模型"的概念而捉摸文化发展的——历史的社会的——客观的法则，于是他虽设定了一个"绝对精神"或"规范精神"，作为超个人的，超历史的价值自体以统一主观精神和客观精神的对立，而使二者的交涉为可能并"像神、晨星般领导着二者使其知所向往"，但他所谓"永续发展"的概念卒亦不能出乎他所把握着的所谓"教育的本质"即由于教育的传递和扩充以外。Spranger 的文化教育学和他的文化伦理学于是在外观上虽似乎又形成了他的文化哲学的双翼，一以理会文化价值的根本方向，一以理会文化价值实现的根据，然而他的教育学因为和生命哲学的形态结合着，它在一定的形式上却是相对论的。他不能根据认识的客观的真理性来评价他在历史社会中所把握得的一切，因而，不但他的文化伦理学，即他的文化教育学也不能确立起它的体系来。他所造至的终于就不过是从他的立场展开了"文化与教育"的关系的记述和分析而已。

在 Litt 那里我们看见了生命哲学与现象学和黑格尔主义的结合。他以为体验本质的构造惟有由于现象的直观把握和辩证法的考察才能了解。他以为在各个体验里所包含着的一切方面、一切要素和机能均应依从特定的动机把它放在超个人的价值即对于理念的志向上而为统一的关联所编制，即"心理的实在性"和"意义内容的观念性"应予直接地统一在体验上。然而这不是由于个个体验的归纳而定就个个体验去把握那心理的个别的实在的契机和价值的普遍的观念的契机。并在个个体验自身去把握那与它对立着的事物的错综和紧张的关系。这样的事态的把握就是现象学的"本质直观"，在那儿当然要和辩证法的把握结合看，才能分析出精神的实在内部所包含着的错综和紧张而洞彻其实在，他以为那欲综合自然主义与理想主义和心理主义与论理主义的对立而出现的"生命哲学""生命教育学"，在实质上仍带着主观主义和心理主义的色彩，而极易坠落于浅薄的表现主义和放纵的自由主义。于是他指出了以"时间的非合理的实在的生命"与"理论的超绝的规范的理念"为

"正"与"反"的两极，而于其对立拮抗中，发现其真正的综合。于此可见，他虽则一面继承着 Dilthy 的生命哲学的对象和方法，一面却又凭借于 Husserl 的现象学和黑格尔的辩证法以图为文化教育学另建一新的基础，确是在文化教育学的代表者中别开了一个生面。但他却未省悟到非合理主义地以新康德主义和生命哲学而调制过的黑格尔，实则仍不能外于主观主义。

Litt 以教育为全文化关联中的一作用领域。是以他又主张了教育学只有以文化哲学为背景才能成立。他以为教育的目的或内容为全文化所付与，反过来说全文化的存续和发展惟有待于教育才始可能。文化哲学和教育学就成为不可分的，然而他却又申明了教育上的理论是生命的冲动的表现，是不绝地创造新的东西，而又不断地向上进取的连续。即不歇地追求目的却又不能达到一定结论的。换句话说，教育学是永远不会成立的，只是不息地向着理想前进，只具有目的论的真理，而非普遍妥当的科学，于是他就不但把教育学当头否定了它是科学的，而连那同以生命表现的文化为对象的文化哲学也弄成了非科学的东西。这些都依然是生命哲学所必然产生出来的结果。新康德主义的特色，在于形而上学地分离自然和社会、历史，新康德学派继承了康德的传统，绝对地分离"理论理性"和"实践理性"，乃至必然性所支配的自然界和以自由为原理的伦理世界，在感性的自然概念的领域和超感性的自由概念的领域间划下了一道界限。这个特色在康德是表现着一种启蒙的自然的历史观，（以为国家生活的基础在于合个人的意志，而各个人的意志自由原理的实现则为历史的任务）而新康德主义的自然和社会的形而上学的分离，主要地却是否定历史的客观的法则，是要否定社会发展的必然性，是要克服唯物史观。

新康德主义有两派，一是马尔堡学派，Hermann Cohen（1842—1918）是它的代表，一是弗来堡学派，李卡特是其代表。前者主张伦理对于经济的优越性，后者则竟直否定了历史的客观的法则。

以 Cohen 柯亨来说，他有目的地考察着伦理社会，以为道德的人格，各个人的"纯粹意志活动"才是社会过程的规制原理。柯亨是伦理的社会主义创始者。他认定社会主义是人类的道德理想，或道德自由的问题，是人类通过道德的进步而逐渐实现着永远的理想。我们在伯恩斯坦 Bernstein 的"运动就是一切，最终目的是没有的"那个命题里，可以看出柯亨认定社会主义是人类道德完成的永远课题，和"规制理念"这个见解的影响。

Natorp 也是从柯亨出发的。Natorp 根据新康德主义的认识论乃至社会学的原理，以"意志陶冶"为教育学的根本概念。他以为意志是心理作用的基础，最富于发展性，故在教育上亦应认意志占有独立地位，以它为人类陶冶的根本。但他又认为心理不外是自然的内面的现象，其中纵有因果关系可寻，但结局是求不出目的概念来的。唯有自己默察反省，批判地去阐明意识的根本法则才能把握到它。于是他就极力抨击了 Herbart 主张以伦理学、论理学和美学为教育学的基础科学，而不以心理学列为教育学的基础科学。这个见解即使与 Herbart 确不相同，然而 Natorp 的教育学是由心理学而且是由沿袭前人知、情、意三分法的心理学出发仍极明显。

再看 Natorp 关于社会与个人的关系的一元论的考察。他说过，离开了社会的个人是一个抽象，如物理学的原子一样，个人主义的谬误即在于视此抽象为实在。离开了个人的社会也是一个抽象，社会不外是个人的聚合，其本底即存在个人的意识中，而个人亦即社会中的个人而已。所谓"我"是与"你"相对待的，非与他人的意识脱离，而自为意识的东西。社会与个人完全是同一的。而他在这里的所谓个人与社会的统一，则出于他的所谓"意识的连续性"即康德的所谓"意识一般"即所谓超个人的普遍的意识。他在说明意识的性质时，他又说过，"各个人先天地具有特殊的固有的意识，故在教育上应该尊重各个人的个性。但意识的内容实系共通的，我们的思考、感情、意志和合理地发生起来的意识内容在共同社会里人人皆为一体，初无特殊可言。而这共通的根本则在于一意识的连续"。各个人的意识作用常趋于最高的统一，不论何人有何心情的差异皆同有此倾向。其结果，一方发生自己构成的作用，同时又诱起与人同化的作用。是以我们惟有在人类团体中不断地受着影响方得而成为人，若脱离了社会关系，则不能独立而生存。这是 Natorp 对其先验的意识连续性的一个说明。但他又主张理想的建立应脱离因果律，而根据于超时间的意识——论理的法则。而超时间的论理的根据则为意识的统一。而在意识的统一中又可分为知的、情的、意的三方面。但知的和情的两方面是以意的方面为根据的，故意志的统一实全意识的统一。教育目的即在于求此意志的统一。在这里，应予注意的，是 Natorp 的所谓超时间的意识即论理的法则和超时间的论理的根据即意识的统一两点。

Natorp 的所谓超时间的意识和超时间的论理的根据，总不过是那超个人的普遍的意识的别名而已。其所谓超个人的普遍的意识既然是先验的，当然是主观的虚构，实无疑义。若果说这是论理主义就不外是本于形式论理的玩弄，只求概念分析的精细，理论结构的周密，而绝不关心于其思维内容和自然是否一致。这完全是非科学的。

Natorp 又以道德论为历史观的中心，而认定道德理想是支配着全社会历史的永远的定律，他的见解也是由于同一论法造成的。他的历史观以为历史是受自由支配的。人类原有理性，有德性都能意识到自己的自由这种意识，到自己的自由的理性或德性进步发展了，社会就自然地也进步发展起来。在 Natorp 看历史发展的原动力是道德，在这种纯观念论的历史观底下，一切丑恶的现实都被掩盖了，一切社会惟有和平的道德的更新和长进，无须乎革命的物质的改进。于是 Natorp 的社会理想和教育理想就一样地都成了永无终竟的永远的理想，不但他的所谓自由的共同态的由下而上地不断的构成，即由邻保"基尔特"渐次扩大其联合组织而至社会和国家的不断的自己建设，成了他的理想的社会主义社会的永远的课题，就是他的教育理想，他的所谓意志的统一也只有跟着这个自由的共同态的成长而经由冲动意志和理性的阶段，无限地于一定的统一上再形为更大的统一，而逐步发展前去，对于教育并不提供同定的规范，而只课以不绝的问题。所谓"运动就是一切，终极的目的是没有的"这个命题，当然在教育领域里也成了它的规制原理。Natorp 的理想始终就不过是一个理想，不论社会主义运动或社会的教育运动，在 Natorp 本身是绝不希望得到甚么成果的，他的这样的关于社会史的观念论的见解本来就不会得到甚么成果。

Krieck 以为教育本源的生起（Geschen），即教育本质在于社会的同化（Assimilation）。教育是无论何处，无论何时，凡是人类所在都存在着的精神的根本机能，是人与人所由而互相形成和结合的交互作用。Krieck 在这些处所表现着 Simmee 的形式社会学的影响。形式社会学的哲学基础是康德的形式主义。形式社会学以心的交互作用为社会的本质，以心的交互作用的一般抽象的形式为社会学的对象。这种适合于一切时代和一切社会的一般形式是与具体的社会过程历史的各种社会结构分离开的。这样地分离具体的社会过程的内容或历史的各种社会结构而去研究所谓社会的根本机能或所谓社会的本质的方法有人称它为现象学的，如 August Messer 在他的《现代教学》里称 Krieck 的教育学为"现象学的教育学"。然而康德的形式主义和现象学的分别则在于前者是要"在论理的范畴中发见事物的本体的"，在那儿还须付诸思维的分析以把握其内容，而后者所谓"本质直观"则只在体验的直观上记述其直观内容的分析。Krieck 以社会的同化为教育的本质，在实际上他是经过历史的事实的比较的，他以为人类历史不拘其参错着必然性和偶然性，但它根本机能或根本模型的姿态都是统一地显现着的。在历史上所出现的教育组织不拘其内容怎样差异，但同一的模型在它当中是律动地运动着，他的《人类形成论》和《文化民族的陶冶制度》二书就是他审慎探求所得的成果。所谓共同社会的同化作用，在 Krieck 就不是体验上的主观所把握得来，而是由于历史的事实的比较研究而发见出来的。是以 Krieck 的教育学竟亦有人把他作为经验论而和杜威并列。在方法论上 Krieck 的较诸 Dilthy 和 Spranger 和 Litt 本来就活泼得多（在 Krieck 的国家主义教育说里，我们可以看出他确是一个才气纵横的人物）。

本来由康德哲学转移到新黑格尔哲学的要因，在德国是一九一四年至一九一八年的战争和从此而起的经济的政治的恐慌，这个转移的要因在于关于社会生活思考上，在 Krieck 的教育哲学里也可以看见这个转移踪迹。在 Krieck 的理论的开始，就呈现着为社会一般着想的新康德主义的形式社会学的色彩，后来又沾染上新黑格尔主义的文化社会学的气质，文化社会学是要从社会的历史的规定性而认识各种文化形态的社会学。据文化社会学者的解释，文化社会学是于其社会的规定上理解文化的科学，所谓文化的社会的规定，即文化的社会性的首要，可以举出国民性、阶级性、时代性等项。文化并不是唯一的东西，文化形态至为复杂。由于国民阶级或时代的不同，而有各种不同模型的文化存在着。认定这种事实而以文化作为各种模型的文化而去理解的就是文化社会学。理论地说，文化社会学的这个见解是出自观念论，尤其是生命哲学对形式社会学的批判的。文化社会学的发生和发展，与德国当时采取文化法西斯主义政策关系至切。德国的法西斯主义者当时喊出文化危机的口号，与其说是要拥护文化——特别是所谓精神文化——毋宁说是要在文化的拥护、再建、创造和传布等之名义下，去确保和加强自己的经济的和政治的权力，Krieck 的运用文化的目的也不外乎此。是以 Krieck 主张，文化的唯一问题惟在于国民的民族的教化，惟在于国民的完成。自己目的的文化，自律的文化，在完全的国家是不能容许的，一切教育改革的原理不是一般的抽象的甚么"教育理念"而是将教育的内容和形式适应于正在生活着的当时国家的国民的政治的现实而施以改革，即适于它而去创造出一种特殊的教育方法和组织。是以 Krieck 极力赞助当时的青年运动，他以为当时的青年运动就指示着德意志民族的复兴。全体性民族和国家的构成是当前的中心问题，是问题的全部。而向着这个目标而迈进的大道应先从青年运动始，再推而及于全民族的意识。就他的国家论看，他以欧洲从来的国家都不过是都市目的的手段或方便是不完全的。今后的国家应是统一民族全体而具有绝大机能的国家，是文化现象的终极的基础，最高的目标和力的唯一的本源。于是他的理想又和柏拉图、裴希特、马基亚佛理等的思想结合起来了，极明显的，Krieck 的那些关于文化和教育的理论还包藏着直接的政治的性质。

　　Krieck 以教育从精神的影响而生起的人类形成的作用。他说："从来由形式的动机出发的东西都不能算作教育。只要是精神的影响所形成的东西，无论甚么，都属于教育的领域。是以社会和团体的历史的发展都一样地与教育有关系。""教育的对象是人类，从而教育学的对象就是人类的本质和生成。在精神的生成过程中教育是主要的基础。无论社会或个人只有于教育才能达到精神的存在"。Krieck 又以"共同社会"为生活的本质的根本的统一。这"共同社会"亦可称为"精神的有机体"。它不是个人目的的总和的结合，先有人类而后才组织起来的，而是支持着个人的一切活动的根本的"全体者"，从最初就存在着的人。人类的形成要在"共同社会"里才始可能。"共同社会"的同化作用才是人类形成的唯一法门。

　　Krieck 在这里所揭出的"共同社会"的概念是从形式社会学者 Tonnies 的名著《共同社会与利益社会》（*Gemeinschaft und Gesellschaft*）引用而来的。形式社会学因为立在康德的主观主义的见地上，就不去把握社会发展的客观的法则，不以各种特殊的社会结构——形成统一的历史的诸阶段的——为研究对象，而代以主观结构的"理想模型"的概念，他以为"共同社会和利益社会"是人类的永远的两种模型，都不表现特定的历史的社会结构，现实的社会结构只是两者的混合，（纵使其一方是优越的）是以都可说是"理想模型"。但 Krieck 却又以它为支持着个人的一切活动的根本的"全体者"。于是 Krieck 从此又走到新黑格尔主义去了。新黑格尔主义的历史理论的根本，主要地在于它的所谓历史是精神的过程，国家是合理的有机体的见解。Krieck 的所谓"精神的有机体"即从这个见解脱胎出来的。"全体先于部分而存在"这个命题原是亚理斯多德所建立，而新黑格尔主义的社会理论亦重用着它。这是 Krieck 的教育学说所以表现为国民主义、国家主义、法西斯主义的一个关键。法西斯主义的国民主义和国家主义表现在新黑格尔主义上就是非辩证法地执着于那些"同一性""统一""全体""一般者"、共同体等概念。

Krieck 又认为共同社会决不是离开个人而存在的，它有时给予个人以内容和形式，使个人为共同社会所同化，而有时又为创造的天才的模范所领导，而使社会为个人所同化，在这儿，Krieck 又表现着尼采的超人观念。这和对自由主义、民主主义思想根据的反抗，同样的是法西斯主义的历史哲学的标本。

（原载于《教育研究》第 109 期，1946 年 2 月）

军事训练与学校教育

　　训练问题在学校教育上的问题当中，是最难解决的。因为训练是行动的训练，而行动可出于身体的外形的作为，可出于精神的内部的表现，从身体的外形的管理而去训练行动，较易奏效，然而这种身体的外形的管理是否就可以达到精神的内部的陶冶，却是很难得有把握的。而且这种精神的效果不仅在于个人的节制，我们还要推广到社会的统制上去，这个问题就更加复杂。

　　我们就军事训练看，军事训练当然也有身体的外形的管理和精神的内部的陶冶两方面。我们在学校教育上所以要有这种设施，我们是要用它所特有的方法去养成一般青年的规律的习惯，献身服务的精神，以期国民资质的上进，乃至锻炼身体，鼓舞士气，以期国防力的充实。我们的这些要求所注重的是身体上精神上两方面的效果，而且是关系国家民族的前途的身体上精神上两方面的造就。这种远大精微的造就断不是肤浅的表面的功夫所能达到。何况只是奉行功令，虚名故事，那就连身体的外形的管理也不会收效。

　　我们对于军事训练的上述诸要求是由于现时的国际情势和我国国运进展的理解而提出来的。凡我国民对于这些要求都应当努力去求贯彻，尤其是我们担当训练的责任者更应当有深切的自觉负起责任去求贯彻，不容稍有敷衍，更不能苟安于表面的小成。我们要综贯内外，身体的精神的效果同时并举。这才是军事训练的问题的真正的解决。

军事训练在学校教育上还要成为整个教育进程的有机的一部分。我们的学校教育的全作用所要造成的是强壮、健康、快活、进取、勇敢，通晓现代化的科学和技术，和现代深切地结合着，而绝对忠于自己的民族的建设的人物。学校的军事训练自不容忽视这个全体的作用。它在学校不可以离开学校的整个教育进程而独守着自己的营垒，更不可以压倒学校的整个教育进程而霸占了学校的主位。它是要融和在学校的整个教育进程里面去完成教育的全任务的。它在青年的身体上精神上所举的效果要融和在学校教育的全作用所造成的整个人物里，成为整个人物的一面，无论在平时在战时都可以适应国家的要求而尽其职责。

军事训练，从原则上看，是积极的。我们真正要做"作育"的功夫，一定要了解这种积极的原则。消极的训练是教人不要做什么的，只能奏效于恶习的消除防范，功用甚小。积极的训练是教人应做什么的，要造就有为的人物，非奉行积极的原则不为功。徒拘泥于琐碎的禁戒，往往会窒息行为的正大的动机。积极的训练有养成良好的习惯，造就坚定的性格的效用，自然也可以杜绝有害的习性。这种积极的原则在学校教育上的补助是极大的。

军事训练是直接的训练，是直接以命令施行的，和从间接的所谓无意识的影响有别。间接的训练是要斟酌个人的性向、兴趣的。直接的训练是全般划一的、强制的。这种强制有许多教育学者和教育者不承认它。但我们既已由现时的国际情势和我国国运进展的理解而明白揭出了我们的目的，而且在一般教育学者和教育者的面前又已设定了我们对国家建设民族复兴的任务，这种强制的适用在合于目的而又不能已的情势底下是不容犹疑的。而且在集团和同侪、同志当中乃至国家的法制和社会的秩序底下也有这样的强制，这些强制往往比学校教育上的强制还要严厉，是自由教育的拥护者所深知的，而独在学校不承认它，就不免囿于情感了。

然而学校教育上的军事训练毕竟和军队的士兵训练不同。士兵训练于士兵的身体上精神上的要求是极单纯的。它的主要目标是绝对地服从命令，敏捷地履行职务。这种训练是用外部的客观的手段而施行的。越是机械的所举的效率越大。在权力的行使底下什么性向什么兴趣都可以置之度外，然后在战阵上可以收指望的效果。

学校教育上的军事训练就不然。我们对于学校的青年学生的训练目的，和我们所希望的军事训练对全教育的关系的调整既如上面所述，纵使在学校的军事训练也须适用强制，这种强制是不宜出于威压的。教官对青年学生可施以他们所能理解融会的最高度的指导。教官可以自己的人格感动他们，可以国家民族的大义感动他们，博得他们的尊敬爱戴。青年学生可以由这种感动激励而觉悟自己对国家民族的责任，诚心接纳教官的要求。在这当中，一切作业都充满着意志的努力，自无所用其强制。即或不得已而用强制，一般青年也无不心悦诚服的。

若果学校的整个教育进程都能以这样的精神去推动开展，教师的存在，指导，和青年对学校事业的忠实，勤劳，而构成全学校的一个共同生活组织，最高形式的道德教育可能成功。这是训练理想的境地。但这个境地在目前的中国恐怕只能作为我们共同努力的一个目标，在人和物的条件还未完备以前，我们亦只能暂用客观的治疗的方法以为渐进的阶梯。这就是我们现下在学校里援用军事管理的一个根据。我们是要以军事管理陶冶青年的组织性，以建设社会化教育的始基。军事管理在适应这个需要而具有它的崇高的意义。

（原载于《军训月报》1937 年第 3—4 期合刊，4 月 1 日）

军事训练的新体认

——广东省中上学生集训出队典礼训词

诸君、学生诸君：

    诸君在这一年有半的战时生活和三个月的军队生活里，遭受了不少的刺激，长进了许多的见识，在心在身都起了很大的变化，我每次来到这里，看见诸君一次比一次变化更大，诸君的精神是更加饱满了，诸君的身体是愈加强健了，诸君的仪容是愈加整肃了，非独我们旁观的所看见是如此，我相信即诸君自己也感觉是这样。诸君近来起居动作不是比以前更为爽快，更为活泼，更为振奋了么？以前那种倦怠悠悠的心情气象，不是都消散了么？这决不是诸君的生理上的一时的表面的反应，我相信这必是民族竞存的痛苦已波及到诸君身上的结果，流离迁徙，困恼穷乏，在驱策着诸君操心虑患，力自振奋的一点征兆。

    普通学校里采用军事训练和军事管理是我在 15 年前首先倡导的。当时欧战结束未久，人心厌战，大家都在妄想着世界上不再发生战事，于是国际间缩减军备运动乘时而起，甚至当战争意识最紧张的时候，在学校里所采用的兵式体操也从课程上剔除去了。在这种和平妄想笼罩着全世界的时候，而我从革命的立场，以培植革命的青年战士为目的，建议在普通学校里施行军事管理和军事训练：使一般青年的德慧术知，均足兼负文、武，人人都有能力去扫除反革命的障碍，人人都有能力去维护完成革命的建设，把革命战斗的任务付之一般青年，因为一般青年是要自己去开拓自己的出路的，革命尚未成功，青年就没有真正的出路，民族衰敝，国家危亡，青年的前程也从而断绝，帝国主义的压迫侵略，始终在妨害着我们的革命运动。对帝国主义抗战得到胜利，我们的革命才能够成功，所以一般青年不论为国家，为民族，乃至为自己，都要负起革命战斗的任务。普通学校教育就不能忽略这一个使命，这种论调在那时受着欧美式的和平主义、自由主义、个人主义所支配的教育者和教育学者当然是莫名其妙的。

本来在当时的和平主义、自由主义、个人主义的教育者乃至教育学者，无论如何，总不能把军事训练和普通教育联系起来的；所以在战争意识弥漫着全世界的时候，也只能把军事训练附会体操，而以兵式体操的名义把军事训练介绍到普通学校里去，乃至一般人的战争意识冷淡下来了，甚至厌恶战争，畏惧战争的时候，自然就很顺理成章地再把投枪、掷铁饼、田径赛球类等种种竞技来替换了军事训练，以符合他们所谓体育的目的；就是教育上的一般训练和管理他们也觉得是太束缚而有碍他们所谓"自由发展"，要他们公然采用军事训练而且加以军事管理以增强备战的色彩，当然他们是不愿意的；何况在当时一般教育者和教育学者多是以不问政治为清高的，在他们的心目中就竟至连"革命"这个观念的影子也未曾印上分毫；是以到了"九一八"的前夕，在广东虽有若干普通学校开始实施军事训练的，仍不免敷衍塞责，更难怪一般学生把它看作儿戏了。

直至"九一八"事变突起，大家愕然不知所措，后来才慢慢地醒悟起来，一般学生也渐渐感觉到军事的需要；但依然是感情用事；以为军事训练和军事管理，是太机械的，太拘束，太呆板了，参加的仍不踊跃。诸君，我们的理智是不可须臾弛懈的，理智而至为感情所驾驭所蒙蔽，是最危险的事！理智要常常警觉着，指导着我们的一切。

现在的世界是一个斗争的世界，军事学术就是应付斗争的科学技术，军事学术就是现代科学技术的最高成就，现代科学技术的精华都萃集在军事学术里，军事学术的每一要领，每一动作都代表着现代科学技术的至理要道，它的要领，它的动作愈基本的就愈是机械的。其所以必须机械的是取其便于运用，兵家所谓"用众之法"，愈是机械的则其运用愈广，兵家所谓"势如彍弩""节如发机"，愈是机械的则其效用愈大。至于所谓"拘束"，所谓"呆板"，都是机械化的基本要素，不如是则不能整齐，划一，迅速，确实，不能得到兵家所谓"治众如治寡""斗众如斗寡"的实效。

这些道理都可以用冷静的清明的理智从日用常行中体认出来，如果能够再触类旁通到军事研究上去，就断不曾因为它那些机械的要素而生厌，就会增加无限的兴趣，"由粗而识精""变而用之，则万途千辙，不可穷尽"。诸君常说所谓化"自我教育"应该就是这种"自己体认"的功夫，只凭一时苦乐的感情，趋易避难，趋佚避劳，于进德修业上必无成就。如果真能实践"自我教育"的，他的理智当是警觉着的，随时随处皆可以获得"自我教育"的效果。如果常为感情簸弄，无所用其智理，终必一无所得。

诸君在田野间看见过牛打架么？有一日我在田野间散步，遇着几个牧童在放牛。我和他们攀谈些时，谈到牛打架。他们谈得兴高采烈；适当其时，前面山坡下又有三五牧童赶着几头牛拐弯转过来了；我就怂恿他们让牛打架，他们也是时常干这玩意的，当然就赞成了，立刻开始活动，一声呐喊。诸君想想那时两方的牛是怎样情形呢？我们这方几头牛本来是低头在吃着草的，都一齐抬起头来，头与身平，两眼向前注视着，四蹄踏得稳稳的，这时它们浑身气力，全副神经都在戒备着，待机发动，真是"不动如山"的姿势，对方的牛也是一样地立刻展开阵势。我当时就想起我们的"立正"姿势，"立正"就是不动的姿势，这所谓"不动"实则是"待机发动"，绝不是寂然像木偶一样站定在那里就算尽了"不动"的能事的，其实所谓"不动如山"亦不足以形容这个姿势，所谓"不动如山"仅形容得"不动"的一面，而不足以表示那"待机发动"的另一面，更不足形容那"静以待动"的全面。我们要明白这是一个姿势，而不是姿态，姿态是静的，姿势是动的，既然是"势"，就应该是兵家所谓"如水得险隘而成"的势，这个"不动"就应该是积水将溃的那种"不动"，所以"立正"而只取得一个不动的姿态而未达到"待机发动"的姿势，就没有锐气，不足以随宜制变了。

诸君，军事的学术就是斗争的科学技术，斗争是由对立的情势演成的，军事上每一要领，每一动作都有对待着的一个情势：所以只知其一面而不知其对立着的另一面，就不足以因变制胜，战斗的发展就是这样的对立情势的发展，故日"知彼知己百战不殆"；不明此理者不足以言战，更不足以言军事学术。

这些道理不但军事上可以用之不竭，在目前的斗争的世界，即其他许多方面也可以应变无常的，我希望诸君能够接纳我这点见解去更求深造！

诸君今日就要出队了，我们临别的时候，我还希望诸君人人都去精读一本书，这本书是你们在旧书堆也可以找得着的，就是《孙子十三篇》。这本书所说的"约而赊，近而远"，我们处在目前这个斗争的世界，不但武人，就是文士也应该尽心精读的。诸君常说"不愿读死书"，尤其在这个死活存亡的危急关头，不愿再读死书，其实书是人类的先哲或时彦的经验或思想的记载，原是中性的，无死亦无生，惟读者令其生则生，致之死则死。善于读书的可以"取之不竭，用之无尽"，它就是生的；不善于读书的，虽读破万卷，空无所有，它就是死的。要在能读与不能读耳！

我希望诸君能够接纳我今日所讲的这一番说话，我更希望诸君今后益加努力各自的前程！

（原载于《广东教育战时通讯》创刊号，1939 年 1 月 16 日）

人的本质与教育

  人本来与动物无分别。人本来就是动物来的。但他由适应环境而进化到改变环境以适应自己的阶段，他就与动物分离，而创始他自己的历史，即人的历史了。人在发明了他的工具，自己生产出自己的生活资料以后，人就迅速地发展起来。他改变他的环境愈大，他就愈益开明。他改变了他的环境，同时也改变了他自己的本性，由野蛮人进而为文明人。

  在人的这个发展过程上，我们应该留意的，首先是他改变环境以适应自己这件事，他改变环境以适应自己的这种活动，是有意识的、有目的的活动来的。他预先意识着他的目的，然后借自己的活动去达成他的目的。例如人拿起一条被风吹下来的树枝去打下树上结着的果，再拾起来吃，在他这个活动里，自始就存着打下那个果来吃这个目的意识。这个活动就是他实践他所预期着的活动过程的活动，这种活动就叫作实践的活动。人的实践的活动当然包括甚广。它包括着人的一切活动，包括着人的历史中人对于自然活动和建立在这个基础上面的人与人或人对人的一切活动和作用，这些活动和作用都是有意识的、有目的的。没有意识、没有目的的活动，在人的历史里是不会有的，人的历史就是这种实践的活动所造成。

其次在先前所讲的人的发展过程上，应该留意的是人改变了他的环境，同时又改变了他自己，即他改变了自然，同时又改变了他自己这件事。人始初造出工具，是由于他自己主动地作用于自然，而改变自然以适应于他自己，即利用自然以达成他自己的目的的一个过程。在这个过程中，他不但认识了自然的可为己用，认识了自然的性质，同时必助长了他自己对于自然的操纵和驾驭的力量，逐渐向着自然采取攻势，同时征服了自然，而成了自然的征服者。在这个过程中他的活动是一面征服自然，一面创造了自己，他的活动的对象在于自然，而同时他自己也做了他的对象，不但自然为他的活动变化了，同时他自己也被他的活动变化了。人的发展就由他的这样的活动所造成。这样的活动是人自己的活动，人自己的这样的活动所造成的人自己的这样的发展就是人的自己发展。人的本质就在于人的实践的活动。人就是他自己的实践活动的成果。

但人又是社会的动物，他始终是在社会的关系里生活着，离开了社会的个人是不会存在的。在表面上看，人自然生成是一个个的。在这个讲堂里，有多个人，在讲坛上我一个人站在这里。但在生活上，首先我们的衣食住三大需要的生产和供应就不能离开社会。不但有无相通，其在应付自然的变动，或制御自然、改变自然以适应我们自己的目的时，我们是要与人通力合作的，离开了社会首先我们就生活不了。人的活动不但是人的生活的基础，而且是人与人间或人对人的相互联系或相互作用的基础。

其次所谓"心由境造"，这当然不是一方面周围环境各种事物只在那里出复隐现，一方面，我们人则只在那里眼看、心照，好像许多人理想的那么简单。环境事物的知识，不是静所能获得的，事物的真正理解是要我们以我们的活动为媒介，主动地作用于事物，而在我们与事物相接触、相交涉、相周旋中，即在事物的变化运动发展中，去观察、体会反复证验而发现出来的。在生活上，我们的活动范围愈大，活动关系愈复杂，活动方式愈自由，我们所接触、所交涉、所周旋的事物愈多，我们所获得的知识必愈广博、愈丰富。不但我们的知识，即我们的心情性格，亦为我们在我们的现实生活的活动方式范围和关系所造成。士农工商各具不同的心情性格，是由于各自的生活方式、关系和范围有别，工业文化所以比农业文化高，其原因亦在于它的活动范围、方式和关系比农业大，比农业复杂和活泼。由是蒸气力、电力和原子能的发现，人的活动力更为长进了，文化的发展就臻于上乘。这样的人的活动无不是站在与他人的关系上，为着实践他所预定的行径目标而展开的。这就叫作社会的实践。

实践这个概念的意义和内容至为丰富，这个概念现在包括着一切生产业和实验工作在内。所谓实验是指特地作用于客观对象以期发现新经验的一切活动而言，它的目的在于检验理论的正谬。实验在大体上是舍弃其实践上的结果，而主要的只局限于理论研究范围以内，是和实践有别。至于实践，则包括在行为范围以内的。其目的不在于检验真伪，而结果则检验了真伪，而使认识得以发展。

这样的，人作用于其环境，改变其环境以适应自己，而同时改变了自己的本性，这是人的发展的基本事实，人就是他自己的社会与实践的成果，人的本质，就在于他的实践的活动，大致是可以明白的了。但从来的关于历史的理论，却只考察了人的历史活动的心理的思维的动机，而把握不着造成历史内容的人的活动法则，只不过断片地观察了现象的外表，而人的本质就被认作了不过是内在于个个人的抽象体，而理解不到它是人自己的实践的活动所构成的诸关系的总汇，于是教育这个社会的现象（人对人的行为），就至今仍得不到一个正确的理解，从而也得不到一个有效的方法。从来的教育上的个人主义，以排除一切外面的干涉，发展个人天赋的自然的性能，培养自由活动的人格为目标，虽则是对于蔑视个人人格的独立自由的封建的教育思想，给与了一个适切而有效的补救，把教育的出发点转回到个个人本身的素质来，但仍不能充分理论地把握到教育事象的真相，因而也得不到教育上的实际正当的指导。到了晚近，社会的教育学说虽把教育的社会的侧面揭发了出来，纠正了个人主义教育思想上的错误，但结果仍逃不出"社会教育个人"的圈套，最高的也不过在个人的"受容性"以外并承认了他的"创造性"，而在教育上个人与社会的对立，卒无从得而解决。于是什么"兴趣训练"啰、"一般修养和职业陶冶"啰等等问题当在扰搅着我们，使我们弄不灵清。

加以现代的学校制度本来是欧洲近代国家成立以后逐渐发展起来的，在欧洲，封建的小国分立的状态下的教育设施起初是统一地支配在教会的势力下，凭借着教会的权力而广布开来的。后来国家为要脱离教会的支配，曾努力从教会解放了教育设施，尤其是大学，以为自己的后援。这在当时为着要推翻封建制而建立新的权力，是不可缺的一个步骤。但从此以后，国家就把教育设施控制在自己的掌把中，而用为支持其百年大计了。这里在我们要留意的是欧洲近代国家成立以后，它对于封建的机构并未加以改造，只不过修正了若干部分使适应自己的需要这件事。当然在教育施设上从来教会所穿插在它里面的宗教的要素和封建制所赖以支持其统治的权力支配的成分是依然残存着的。

而且欧洲近代国家的组织是与它的生产业组织密切地联系着的。生产业的管理成了国家的主要事业，国家组织是建立在生产组织的基础上的。在这样的国家组织里，和行会制下的徒弟制一样，国家就不可无教育制度了。是以近代国家成立以后，教育组织、学校制度，数百年来，就造成了今日那样的资本组织的效率主义的一个庞大的体系。为着要供给生产业所需用的专门技术者和劳动大众的技能和效率，固然要加紧去

"调教"甚至如工业品一样去"制造",尤其是"国家精神"的教育则又非加上它的精神内容和直接的国家意志的灌输不可。

于是教育就成了知识技能的授受关系,甚至德行的培植也以为只由德目的记识就可以收效,这实在是违离了人的本质的非教育的做法来的。

教育是教人自己去学,自己去从实践中作育自己,人是他自己的实践的活动的成果。古人说"事上磨炼",这句话,我希望大家详玩味下。

(原载于《南方杂志》1946 年第 2 期,9 月 1 日)

教育要着眼于全文化的发展[①]

——战后教育建设问题

  教育的建设是和经济政治的建设不可分地结合着的，而经济政治的建设却是主。经济是社会的基础，而经济上的问题则只有在政治的形式上才能解决。经济与政治在国家的照临下形影相依总是联在一起的，是以在原则上经济与政治的建设要同时并举。经济既占着首位，则政治亦同属主要。在这个场合，经济建设的内容要集中在民生的广泛的物质基础的奠定。政治建设的内容要集中在民主、和平、独立的国家的发展上。教育建设的内容则集中在广大民众的学养的增进中，向着新人创造的理念去教育他们，使他们积极地参与立国基础的建设，而发挥其创造热力，以造成社会发展的推动力。同时，科学、艺术、哲学等文化部门，都要在这建设途程上展布开来，为着解决这立国基础的建设问题而发展前去。这样子，科学、艺术、哲学才不至从现实游离，更可于此立下它们的创造和发展的现实的根柢。而教育内容，由于理论和实践的这

---

① 标题为编者加。原题为"战后教育建设问题"。

个结合，亦可因而取得确实而丰富的资源的供应，以为自己更新和发展的保证。于是教育的建设问题在和经济政治的建设问题的统合上，就表现为全文化的建设问题。

经济、政治和科学、艺术、哲学、教育，在客观上彼此关联着，而构成一大"文化关联"的经济是它的根，政治是它的干。而这个关联并且是一个"作用关联"。这个关联中的各个部分亦各自成为一个关联而互相关联着，其中作用普博深远，微妙复杂，如果要解决这个关联中的一个部分的问题，全关联中的那些关联着的作用都得统筹兼顾，庶可几希于科学的解决。建设所以要有整个计划，道理即在于此。若不整个的、计划的、互相调和着去做，一切所谓解决至多不过是形式上的解决，问题的本质纠纷依然积压在那里解决不了。略为机械地举个例来讲，两人三脚赛跑，自为一组的若不互相照应着，整齐步伐，一起发脚，而想一人单独朝前跑，那是跑不动的，只有跌倒。我相信从事教育工作的同志们大都尝过这种滋味。教育的建设问题必然就关联到全文化的建设问题。

全文化的建设也是一样，经济的基础和人们大众的创造力之发挥是两个根本条件，这是文化发展的客观的和主观的两个相关的要因，其他科学、艺术、哲学等文化部门也一样的要在那根干上展开，为着解决这基础的建设问题而发展前去。在这个场合，两个根本条件本身固然也互相作用着，互相顺应着而发展前去，因应于这两个根本条件展布开来的科学、艺术、哲学等也和这两个根本条件互相作用着，互相顺应着而发展前去。教育则更从中做着他们的发展的媒介，亦与他们互相作用着，互相顺应着发展前去。在这样一个"作用关联"中，根干既立，脉络贯通，全文化的生长发展自然欣欣向荣，枝叶扶疏，蔚为大观。而经济的基础，生产力的长进，和人们大众的积极的参与，个个人的全人格的潜力的尽致发挥却是两个根本条件。

　　这一次的世界大战已把世界引进了原子世纪。人类已显示着有从蒸气动力电动力文化，转移到原子能动力文化的可能了。如果布莱凯特教授的推测是可顺利做得到的，两年内美国可能最先完成一所原子能动力实验厂，五年后大规模的原子能动力工厂可能着手设计，到 1970 年前后，原子能动力的应用就可能普遍地扩展开来了。这短短的 20 年期间，岂不就是现在出生的孩子们长到入学年龄，经过小学、中学、大学的各阶段，刚刚毕业成人的日子么？在历史上，每逢生产技术的发展水准涨起来，就总是连带着整个经济制度、社会组织乃至照应着这些制度、组织而发生发展起来的精神表象、思想系统都一齐翻起空前的大变革的。原子能动力的普遍应用也可能引动人类社会文化的空前变革。有人说，许多工业落后的国家今后也许会因动力应用的改进而加速其工业化了。但问题是将来的工业化，只在国民的自由独立下才有可能的，落后的国家今后是否就能自由自主的掌握着这个动力的应用！又有人说，今后机器代替劳力的机会将更多了，人类就可以多得些空闲去增进文学、音乐、艺术的修养。但这个情形也只有在被机器代替了自己的劳力的劳力者自身，就是原子能动力的所有者，代替劳力的机器就是自己的机器的状态下才有可能。那些仅靠自己的劳力做生活手段的人们，是不会得到这个机会的。

　　原子能动力的应用将来在社会、文化上会引起些怎样的变革，虽尚不能预料，但从人们所提出的以上两个问题看，那些变革或许就会因应着这个动力的掌握或所有的方式问题的解决而展开那些变革或许就趋向于无劳力劳心的区别，一律平等的人们全体，存立在机械的生产力，大规模原子能动力的工业上，而相互间完全自由的社会的实现。这样一个社会使我们想起古代希腊来，当然也想起那个时代希腊所产生的空前优秀的文化。

　　希腊当时在哲学、艺术上达到了古典成就的极致。这样优秀的文化成就是从何而来的？这个原因就在于希腊当时的经济基础和社会结构上。在希腊当时的社会施行着典型的奴隶制生产和建立在这上面的自由民间的自由民主。希腊当时正因为有了这样的生产力的发展，存立在它上面的少数特权阶级者才得充分发挥其人的诸能力，古典希腊的文化所以发展得那样优秀，就因为它正是最初的人的诸能力的自由的发现。而它所以能获得这样的成就，则由于当时的对于自然的人的能动力的飞跃的长进和人人相互间——虽只限于少数特权阶级内部——的自由民主。在古代希腊仅只少数特权阶级才得而享有的正就是这样的社会极其粗略的一个雏形，它的文化、科学、艺术，正就是那社会的一些产物。我们的经济的政治的乃至智慧的全发展都必然的、一般的以承认奴隶制的一个状态为前提。不过今后的奴隶制却不是以人构成的，它是原子能动力的机械奴婢。存在它们上面的不是少数特权阶级者，而是相互间完全自由的人们全体。

古典希腊的社会当然是不会再来的，更不能强其再来。在后世虽也有些人以为它是可以规复的，如尼采的浪漫的形而上学的《超人哲学》就是在重现古代希腊社会的前提下而发展开来的思想。而意大利的法西斯主义者和德意志的纳粹主义者则更进一步把这样的哲学思想置为行动原理的基础，而发展开了他们的现实社会运动，但卒之是他们自己遭了毁灭。侵略战弄到了一败涂地，犹其余事；在纳粹法西斯时代，他们的社会支配本能，在哲学的领域演成了合理思维的废弃、对理性的悖逆和对非合理的东西的信赖等形相而出现着。这样，在认识和生活问题上，其决定的意义就被放在非合理的东西"本能盲目的意志信仰"上去了。他们的观念论已不是康德主义、黑格尔主义那样的合理的观念论，而成了非合理的东西。这个合理的理性的放弃，盲目的意志的信赖，本来在前世纪末叶，曾经由尼采以"价值的颠倒"的形式而被宣布了的，而这又成了他们的哲学的一般的倾向。他们自己成了"政治的生番"，陷入了 Vandalism，他们的阶级支配极尽了蒙蔽、欺瞒、压抑、迫害的能事。这就不但酿成了从来的合理的思维的危机，且更威胁着社会、文化的发展。

不但在德意志意大利纳粹法西斯时代，其实进入了现代，一切科学、哲学、文化就都在丧失着他们的历史的进步的意义。现代的科学已遭遇着科学性丧失的危险，是出现在它的"方法"和"研究成果"间的矛盾中的。现代自然科学的理论的混乱，就在于它所日益累积起来的经验的研究成果和它的概括所用的自然科学的机械论的方法间的日益加深的矛盾。由 19 世纪末叶转入 20 世纪，关于自然科学的实验的研究是显著的进步了。相对性理论、量子力学等的建立是它的结果。但因此而从来的自然科学的方法论就起了哲学的动摇。而现代的哲学却解决不了这个矛盾。那些哲学者都在固执着他们的成法不肯改变，惟恐一旦改变了自己的成法，那些既得的"宝贵的价值"就受到威胁。他们宁可逃避在那些非合理主义、神秘主义底下，而不愿他们的成法有所更张。于是现代自然科学也被非合理主义、神秘主义蒙罩着，而它的科学性就被弄到稀微淡薄了。社会科学比自然科学还更锐敏地、直接地受着他们的影响。社会科学的对象不像自然科学那样可以付诸实验，数学上主要的也只能适用统计的方法，在那只有抽象力、思维起着积极的作用。而且社会科学是作为人们的社会行为指针的，这就更容易受到学者们的种种阶级的、国民的成见偏执所左右。这是资本主义进入了帝国主义时代就开始了的科学的危机。不过自然科学是以自然为对象的，而在这个时代，那些观测和实验的技术手段还不至停止了它的进步，是以自然科学的进步的可能性还不至于完全消失，而且军事上的必要也在适应于它的必要方式，要求着自然科学的进步。而片面的发达了的分工——专门化的结果，在技术和社会的需要对于研究的物质的手段的提供尚能应付自如的那些国家，还可以使自然科学者得以埋头于"纯粹"的研究，关于自然的经验的研究还表现着显著的进步。这才得到了这个原子能的发现。但这仍不过是实验的经验的研究领域而已。到了那些自然科学者们要理论地去概括那些日益发达的实验的经验的研究成果时，他们却被从来的世界观阻碍着，而陷于尖锐的矛盾。我们还记得在前世纪末叶，放射性现象即元素的蜕变现象被发现了以后，再由罗仑兹倡导了电子说，而那久矣乎已被认为物质的最后要素的原子，就被分解成为电子，当时那些哲学者不是就喊出过物质消灭说来了的么？然而物质到于今却还在显示着它的威力。它今后还要使整个世界翻起一次空前的大变革，另一个新社会，新世纪的出现。

还有人说，原子能动力发见以后，现在就是新世纪的开始了。摆在人类面前的是极度的繁荣，同时又是恐怖的毁灭。不错，可能有两条路展开在我们面前，但我相信人类断断乎不会选择那条毁灭的路。我相信人类必定是选择那条繁荣的路的。人类必定还会把他们所选择的路引上社会，文化的全体的发展的方向去。循着全体的过程前进既是人类的利益，就是这个选择的现实的支柱。只要主观的条件具备了，客观的过程是可能作为科学的认识下所设定的计划的实现而发生发展起来的。如果主观的条件不充分，即使选择对了，而实现的方策不行，或组织力不够，那就不会成功。

而在我们主观的条件和客观的条件的意识的、适应的调整和结合成为主要的问题。客观的条件中，基本的条件是经济条件。二次的条件，如社会的势力关系，包含着前进的和保守的两种要素，在新社会的实现上保守的要素不是可能性的积极要素。基本的条件成长起来，二次的条件，从而主观的条件也跟着成长的。而主观的条件的成长在和保守的要素的活动的诸条件的交互作用中也被促进着。所谓客观的情势，就是这样的基本的条件和建立在它上面的社会的势力关系的总称。这个客观的情势的造成，是我们的第一步的工作。教育的建设问题在和经济政治的建设问题的统合上所以成为全文化（物质的和精神的）的建设问题，还有这些条件的更深一层的这样的关系。全文化的新的出路的开拓只有这样的做，还可以希望它有点成就。

（原载于《教育杂志》第 32 卷第 1 号，1947 年 7 月 1 日）

人类的实践与教育的由来

　　人类从类人猿进化而为人类的时候，直立步行起了极大的作用，而此直立步行的正常样式的确立，则与类人猿的人类祖先由热带或亚热带的森林里移到平地去，而往来平地上这件事，不可分地结合着，当类人猿的人类祖先专用后脚站起来步行时，他就不再用他的手做步行运动的器官，而使用它做其他的生活活动，逐渐适应到复杂的事体去。于是跟着手的发达而全有机体也发达起来，而且由于手的发达，而发达起来的劳动，又引起了协力和互助的必要。从而刺激了言语的发生和发展，而手的劳动和由此而发生的言语就成了促进人类的感觉能力和认识能力的发展的主要因素。

　　从地质时代（每一时代以数千万万年计，新生代约五百万年）的生物发展史看，人类的发生是悠远的生物发展史的产物，人类是动物的一部分；但人类和其他动物不同，他不像动物那样只单方面受着自然的淘汰，他已经发展到有了支配和变化自然以适应自己的目的的力量。他不像动物那样仅以自然器官而适应自然，却在劳动上以人工器官而征服自然，使其顺从自己。是以把人类看作只能作生物学的适应的东西是不对的。人类的生活诸关系即社会，不像动物群那样对于自然只能受动地但求适应，他具有独自的法则，在本质上是另一种东西。

　　与动物不同的人类的优越的知能和有音节的言语，既然都是从劳动发展而来的，唯有劳动才是把人类社会从动物界区分出来的根本特征是极明显的。人类社会的历史发展的基础在于劳动，自然可以了然。劳动不仅是与自然同为财富的泉源，而且是人类的一种极重要的东西。人类的巧妙的能手，有音节的语言，纤细的感觉器官，思维能力，人类社会的物质的精神的一切文化，无不是劳动的产物。劳动首先是人类与自然之间的一个过程，即人类以他自己的活动而从中媒介，调整和统制着的人与自然间的物质代谢的一个过程。他自己以一自然力而与自然资料对立着，他为要在它可被利用从自己的生活形态上占有自然资料，就运用他的肉体的自然力，即腕和脚，头和手，而动作于他以外的自然，改变它，而同时也改变他自己的自然，他展开了蕴藏在他自身的自然中的潜在力。而把这潜在力的活动，置于他自身的支配下，人类的劳动所以异于其他有机体与自然间的一般的物质代谢过程就在于它具有意识这点上。人类的活动与蜘蛛结网蜜蜂营巢那样的本能的活动的不同，就在于他预先已存有意识着的一定的目的，在劳动过程终结时，所做的成果，是已经在劳动者的表象，在他的观念中存在过的。他不仅变化了自然的形态，而且还在自然中实现了他的目的。这些目的是他自己意识着的，就必然是作为法则而规定他的行动的种类和样式的东西。而且必然是使他的意志，从属于他的东西，当然人类不能形而上学地从动物分离开来，所以他的劳动最初仍不得不采取"动物的本能"的形态，但这个"动物的本能"的形态发展而成了人所固有的时候，它在本质上却是有意识的，合目的的活动。动物的生活活动所以是本能的，是因为它只以自身的身体器官来经管它自身与自然间的物质代谢过程，因为各个身体器官各有其特殊机能，而用同一器官就只能经管那适合于它的一种机能而已，是以在仅用自身的身体器官而活动的动物，它的活动的种类和样式总是一定的。它习惯的反复着这些活动的种类和样式成了习性或本能，而把它传给后代。没有新器官的形成，新活动形态发展是不可能的，但动物是决不会自己制造出对于自然起作用的器官来的，它的那些器官的进化退化，乃至新器官的出现都是自然淘汰的结果，是以动物不能自己创造自己的历史。动物的进化史，一般的只是自然淘汰的结果，离开了自然的生活环境，就无从而说明他，因而动物的进化史，就不能超出自然史的范围以上。

人类则不然，人类自己创造自己的历史，而其究竟原因，则在于他的劳动，人类的劳动不是本能的，而是有意识合目的的活动，因而他的劳动，就采取着复杂的形态而发展进步无已。人类的劳动，不只限于那些单纯的自然器官的动作，和习惯的反复，他是用他自己所创造的日形复杂的人工器官劳动用具而活动的。只有人类才能自己制造出工具来扩充他被自然器官所限制着的能力以作用自然而获取他的生活资料，工具劳动手段的创造和利用，是人类劳动的特征，工具劳动手段的发达，使人类对于自然的权力加强起来。使所谓物质的精神的文化，愈益发展，愈益丰富地蓄积起来，工具劳动手段的创造和使用，就成了人类自己创造自己的历史的基础。人类个体与动物分别开来的最初的历史的行动，就在于他开始自己生产自己的生活资料这件事。人类固然可由他的意识、思维、宗教和其他许多特征而与动物分别开来；但人类自身却是当他开始生产他们的生活资料时，才把自己从动物脱离出来的。生活资料生产，只有人类的劳动才做得到，动物则只能消费自然所给与现成的生活资料。

但人类，在生活资料的生产上，却不只是对于自然起作用；而且在他们相互间也彼此起着作用，他们只有以特定的方法，而共同活动，并且只有互相交换他们的活动而从事生产。人类为着生产自己的生活资料，互相结成一定的关系。只有在这样的关系里，人类才能作用于自然而遂行他们的生产活动。这样的关系，在它总体上，就形成为社会的关系，形成为一个叫作社会的东西，一个在一定的历史的发展阶段上的社会。

这个关系，本来是在劳动过程上自然形成的。本来是跟着劳动生产力的发展，并且照应着劳动生产力而发展起来的，决不是互相独立着的个人大家凑拢来订定契约而结合成的关系。这个关系的发生，不过是人类的出现，社会的出现，人类的动物的祖先向人类的转化这些事实的另一面。它并不以目的和意识为原因，而是自然形成的，是以这个关系，虽然是人与人的关系的实在。这个关系的实在性，当然不排斥人类的意识的活动。但这个意识本身，在人类则只凭以指点自己的活动方向而已。他决不就是关于这个关系的本质的意识；这个关系，就不是存在于人类的意志间的即不是存在于各个人的意识中的观念的关系，而是客观的实在。这个与劳动生产力照应着的生产关系的概念，才是全社会科学的基础。

劳动既是人类对于自然的积极的作用，既是人类在劳动上从自然造出自己的生活资料，而劳动又总是在人类与人类间的一定的关系——生产关系中进行着的，人类对于自然的作用就和人类相互间的作用总是分不开的。劳动就不但是人类生活的基础，而且是人类相互间关系的基础。

然而劳动的形态，决不是固定不变而是在历史上变化发展着的，劳动总是在一定的历史的社会的经济结构中，在各个被历史的规定着的生产关系中进行着的社会的、历史的行为。是以劳动，尤其是劳动手段，即劳动者用来传导他自身的活动到劳动对象去的传导物，或其复合体的组织，人工器官的发展水准愈高长，人类对于自然的主动的态度，他的生活的生产以至他的社会的生活关系和由此而发生的精神表象的生产，就越加复杂地发展起来。技术在一定的历史条件下和劳动力结合，而加强了人类对于劳动对象的权力手段。劳动以它为基础而交错在它上面的人类间的活动作用就更增益了它们的多样多面性，不过这样的劳动，活动，作用在人类生活的一切历史的形态上，一切历史的阶段上却仍具有它们的共同的一般的性质。它们是在各个社会结构中，在被历史的规定了的特殊性上具体的存在着。这些劳动、活动、作用，在它们的一般的性质上就是人类的感性的合目的的对象的活动。而因为人类的这样的活动，又都始终是在人与人的关系中而发挥着它的机能的，我们概括地称它作社会的实践或简称为实践。

人类的社会的实践包括着物质的劳动、政治生活的活动、科学的创造活动和社会的其他一切实践的活动。这个实践的活动，才是人类的本质的所在，历史的社会的契机亦系于此。人类的实践的生活过程，为此实践的活动所构成，人类的精神表象亦此实践的活动所规定，人类的社会的现实的生活过程的变革为实践的活动所掀起，即人类自己的本性也随此实践的活动而变化——教育学的出发点也应该就在于此。

但从来的教育学，却都不把社会看作人类自身的实践的活动的现实过程。只把社会看作对人类发生作用的一个所在，教育学家们只把现实解释为感觉的泉源，而不把它解释为在人类的社会的实践过程中被改造着的东西，他们所研究的人类，只是抽象的虚构的人类，而不是具体的历史的人类。他们只看见人抽象的孤立的个体而理会不到他却是社会的诸关系的总体，他们所根据的认识论，只是感觉的被直观的唯物论解释了的经验，在那里，主观和客观、人的思维与自然的统一只实现在感性上。在作用的感受的过程中，他们却都未理解到唯有在社会的实践，人的活动，和由于人的自然的变革过程中，自然与人，客观与主观的真正的统一才能达到（不仅是感受性）。

真正的科学的认识，是要从实在的活动着的人的研究，是要从他们的实在的生活过程的研究出发的，并且要从他们的实在的生活过程去理解那生活过程在他们的意识上的反射和反映的发展。这样我们就可以明白，和其他精神表象一样，就是哲学也不会有它独自的特别的发展史。

因为人是一面发展着自身的生产样式，而一面即由此而变更他们的表象样式的。这样地研究下去，关于表象意识的一切空话才可以免除，而获得实在的知识，代哲学而领导我们的就只是从人的历史的发展的考察而抽象出来的最为一般的结果的概括。从而唯一真正的科学就只是历史。人类为着生活而生产出他们所必需的生产手段，由此而间接地生产出他们的物质的生活，这个活动，这个永不停止的感性的活动、创造、生产，才是我们眼前现存着的感性的世界的基础，才是我们的教育的真正的基础。

动物的感觉器官、神经系统，是由于动物的生活上的需要而发生而发展起来的，人类的认识发源于人类的生活，他的实践。人类决不是为了单纯的知识而从事自然研究的。人类的实践活动的必要，促致了科学的变迁和发展。古代的天文学由于畜牧和农业上的季节区分的必要而创始，几何学由于土地测量的必要，算术由于商业的必要而发展起来。就是感觉，它虽然是客观的外物的印象，也是本于这个印象的反射机能的积极的能动性而发展的，对象反映于我们的感觉已经是我们的实践的结果。

感觉既是实践的结果，验证由感觉而发展为概念的认识的真伪的也是实践。概念的认识，是由于我们分析综合所与于感觉的印象而获致的。然而所认识的，是否反映着对象的真相客观的真理，那就要变化对象，从而造出一定的必要的状态以与既成的认识相比较而去检验它。即就所造实验，生产过程本身则也是随生产力发展而愈加复杂，愈加深刻，认识也随生产力的发展而愈加发展。

某一东西是否被认识着，这个问题根本上就是实践的问题而不是理论的问题。只就对象逞空论，不会得到对象的正确的认识。人要在实践上，证明他的思维的真理性、现实性，离开实践而讨论思维的现实性和非现实性的问题，只是烦琐哲学的问题。

实践才是认识的真理性的标准。由于实践，我们可以认识得到从来所未曾认识的事物，但存在的富藏是无穷尽的，以人类的有限的实践断不能把它完全取得了，从而存在中总有许多事象和法则是我们所未认识得到的未知的东西，只有由于人类的实践把它逐渐转化而为已知。所谓认识是历史的发展着的，这句话所表示的就是这个道理。

相对的真理和绝对的真理的问题，也要由认识的这个历史的发展才可以解决。Kant 和 Schelling 者流认为绝对的真理随时可以为哲学者所认识得到，意识的先天的构造或范畴，绝对者与绝对的真理随时可以由于哲学的思维或"知的直观"而把握得到，就未免太夸张了。Hegel 虽一面强调着认识的历史的发展，但一面却又认为他自己已达到了绝对的真理，绝对的知而引以自豪，还有 Mach 主义者，则只承认一切认识是相对的，而否认了绝对的真理，也不见得正确。

绝对的真理只在认识的无限的发展中被给予于我们，它独立地存在于我们的意识以外，我们的认识是相对的，只相对地正确反映着客观的实在，我们的认识所给予我们的只是相对的真理，较低的相对的真理比较高的相对的真理，包含着更多的谬误。但同时，相对的真理却也是客观的真理的若干程度的正确的反映。谬误与真理之间，没有绝对的境界。相对的真理与绝对的客观的真理之间，也没绝对的境界。相对的真理是客观的真理的多少正确的模写，这个模写在认识的无限的过程中逐渐接近于正确。我们现有的科学认识，是过来的认识的历史的总和、总决算。绝对的真理只在认识的无限的历史中被给与于我们的相对的真理的无限的总和里，才完全成为我们所有的东西而认识的。这样的发展结局，是为生产力的发展所规定的，因为生产力发展，正就是规定我们的实践的历史的性质的东西。

但从来的哲学却都不理解认识形成的这个决定的条件，实践在认识上的职分，尤其是 Kant 主义把认识认为"理论理性"思维的功夫，把实践认为"实践理性"意志的功夫，于是把理论和实践截然划分开来了。Hegel 虽是理解了实践的认识论的意义的唯一观念论者，但他所谓实践结局，却只是思维的活动，理论与实践的统一，在本质上就只是思维的自己同一而已。机械的形而上学的唯物论，也不过是把人从而把人的实践看作自然主义的抽象的东西。

我们先前已经考察过，认识理论是由于实践而发生，而发展的，无实践则理论不会发生，理论与实践的统一的基础在于实践，理论与实践是本于实践而统一在实践里面，而这个统一却不在于理论是实践结果受动的产物这点上。所谓认识由实践发生为实践所纠正而发展前去这件事，正因为认识与实践结合而指导着实践才始可能的。无正确的认识则实践也不会成功，理论必定要解答实践所提起的问题，理论若果是真实的理论，则它对于实践赋予方向指定的力量，提供明确的透视，对工作坚定和对事业成功的信念。理论本来就是作为实践的正确的指针而发生的，理论是作为实践的契机与实践不可分地结合着；而且又不得不结合起来的。无理论的实践是盲目的，和实践分离了的理论是虚妄的。

看轻理论的意义，必至陷于粗杂的实际主义、实证主义，蔑视实践的职分就不理解实践是理论与实践的统一基础。有些哲学把实践看作以理论移释于现实、实现于现实的活动，而不把实践看作理论的泉源。有些哲学则把理论与实践看作同格的，只承认它们的交互作用，而理解不到实践作为两者的统一的基础，作为两者的交互作用所由而成立的基础的意义。而大部则不理解实践对于理论的优越地位，而夸大了理论的职分。

从来的哲学，大都是把理论的意识的主体，主观看作超社会、超阶级的东西。他们认为理论的发展是与社会的实际生活无关的，理论纯粹的只凭于思维的力量而发展。若果理论和一定社会的集团或阶级的立场结合起来，理论就会被歪曲，而得不到现实正确的认识。但问题却在于怎样的实践才能使理论正确地发展前去。我们先前已经考查过社会的实践是被生产关系规定着的，而在现存社会则由于人人于其生产关系的地位不相同，而生出劳心者和劳力者、治人者和治于人者的分别。人人的实践亦固而各差其趣，而在此关系中就形成了保守者和进步者的差别。保守的人们以现状有利于自己，就不愿有所更张，而忌听变化、发展的学说，他们看宗教比科学还重，这样的集团或阶级就摆脱不出形而上学或观念论。他们的地位和由此而造成的实践上的必要只要求着这样的意识。与此相反，进步的人们却要求进步的哲学，而进步的哲学则只有进步的人们才可以发展起来的。这样所谓实践是社会的阶级的这句话，必然就归结到理论的主体也是社会的阶级的这个结论去。

　　主体（主观）与客体（客观）的统一是历史的。始终不变的主观常反映着永远同一的客观是不会有的事情。跟着历史的变化，或由于生产力的发展而掀起的生产关系的变化，社会的或阶级的关系亦同起变化，而因为推进理论的认识的主体，既是社会的阶级的，于是这个主体，认识主体也是历史地起着变化。所谓超历史的人性是不存在的。人是实践地作用于自然，变化自然，而同时又变化自己的本性的。作为主体的人是历史的生物，是社会的阶级的存在，把认识主观看作超历史的意识，纯粹思维的观念论者和把他看作永不变化的"自然人"的形而上学的唯物论者都不正确。人的本质在于实践，所谓实践，就是变化对象，当变化对象时而主体亦交互地与其对象同起变化。人的实践是对象化的，而与其对象交互的连他本身也成为其实践的活动的对象。主体的变化一切皆本于主体所加于其对象——客体的变化，作为"对象的本质"的人，就是作为他自己的实践的活动的成果的对象的人。人就是他自己的实践的活动成果。人的理性的本源的基础不单是自然本身，而是他所加于自然的变化，人的理性，因应着人所造诣的变化自然的程度而发展而长进的，农村和城市是人们自己的实践——分工的产物。人们由于分工，把自己定着在各别的活动范围内，从事于各别的活动，构成各别的生产关系，而把自己变成了乡下人和城里人。人类变化自然，征服自然，而发展生产力。因应着生产力而变化其生产关系，于是又变化了自己本身，主观和客观常是历史的变化着。而在这个变化是互交地进行着的这点上，两者的统一存在着，是以主观和客观的统一的内容，也是历史的变化着。

不消说，教育是人的实践的一个形态，这个形态的实践亦以生产力乃至由它而定着为物的体系的生产关系的实践的更高度的意识化为条件。自身原是意识的实践非意识化到成为更高实践的阶段，教育的实践是不会出现的。所谓意识化，就是未经意识化的东西的意识化，客观过程的意识化，这一点是最重要的，而这个意识化过程的成立，则仍本于实践的发展。

在原始时代，野蛮人常在出猎前举行一定的仪式，这个仪式当初是作为捕猎的扮演玩耍而举行的。在那里，青年大众集合在长老的指挥下，反复扮演着捕猎的动作。在这样的扮演玩耍的反复中，原始人渐渐察觉了这样的扮演是可以保证捕猎的成功的，于是就把它作为仪式而保存起来。但这决不是教育的实践，教育的意识，当时还未形现出来，这不过是祝祷的一个形态，和咒诅是一样的东西，痛恨那个人，但愿他立刻死了，于是造一个木偶，用钉钉起来，就把那个人钉死在那里，这叫作模拟咒诅。与此相同，原始人的捕猎扮演也不过是一模拟、祝祷而已。在原始人的心目中扮演的反复和实地捕猎的成功间所存在着关联的因果性的表象意识还未成立，则此关联的撮合却只有托诸祝祷而听其自己应验，其中的合法则性、因果性的表象意识在当时还未形现出来，这个意识的形现仍有待于实践的发展。

实践是适应于一定的目的的活动，但非理解了现象的因果关系在先，实践亦无从得而实现其目的。我们要明白了对象是由甚么原因，在甚么条件下而生出甚么结果来，我们才能预先察觉对象的发展倾向，而获得合目的的实践活动的可能性。我们知道了对象的某种运动所由而发生的原因或条件，我们就能在实践上造出那种原因或条件；因而再造出那一种运动，给那一种运动预先规定一个方向和范围。而这个因果性的表象，或因果关系的发见，则仍须经过实践对于客观的过程模写而获致。因果性的表象由于实践而发生，即因果性的客观性亦由于实践而得到证明。实践的意识和意识的实践是实践发展的必然的基础，也是意识发展的必然的基础。

这个那个现象过后，常常是这样那样的现象接着起来，只因这点事实是不足以证明其中的因果性的客观性的。从而客观的作为其中的关系的契机而存在着的因果性的表象，也不会成立。因为因果性的概念虽然包含着必然性——这个那个现象现存在着、因而这样那样的现象亦必然发生——的表象。但在某一现象以后另一现象接着起来，这样的事实的反复却不发生这样的必然性的表象，例如太阳晒着石头，石头热起来，这样的事实的反复是不会生起太阳热的辐射是石头热起来的原因这个概念的。至多不过构成如"以后太阳晒着它，它必热起来"这样一个盖然的判断而已。在那里仅从偶然性的单纯的统计的总和是达不到必然性的。Kant 以必然性归诸悟性的概念的先天性，但实则必然仍是相对的。它的表象从实践发生，而成为概括偶然性的总和的概念。我们用凹面镜集中太阳线在一点上，就像普通的火一样把那里的东西烧起来，我们由此证明了热从太阳来，由于实践的证明，我们获得了因果性的现象，只是观察的经验，决不能证明其必然性，那只是"Post Hoc""此后"，而不是"Propter Hoc""故此"，必然的证明在于人的活动实验、实践中，我们造得出 Post Hoc，这 Post Hoc 就成为以 Propter Hoc 同一的东西，但从来的科学者和哲学者却都还未留意人的活动对于思维的影响，不单只自然而是由于人的自然的变化才是人的思维的最根本的最密切的基础。

人的智慧是比照于人变化自然的程度而长进的，人类社会所获得的关系于世界的一切发现或知识无非既往的物质的生产的发展史的余荫。

意识本身在社会发展的最初阶段直接地依存于人的实践的活动，意识最初不过是关于周围的感性的环境的意识。意识和言语在原始社会是劳动过程中因应着人人相互间的实践的活动的关系上的必要，而发生起来的，和言语的发展交错着，思维和艺术的萌芽也发生了。在艺术方面，和劳动行为结合着而出现了歌谣、音乐和舞蹈。一面本于现实的生产的活动又创始了写实的绘画和雕刻，而原始的思维则和现实的生产的生活结合着，更以咒诅祝祷等魔术的形式而表现了对于自然的人的能动性，这种咒诅、祝祷的魔术和关于灵魂的宗教的观念结合起来，而发展为祈祷。由于祈祷以期博得祖先或神灵的怜恤、同情，而庇佑作福于自己，宗教的信仰就这样起源于人对于自然的无力和人为着自己的目的而想作用于自然的欲望。这是原始人在他们所不能理解的自然中而又不能不以它为对手而劳动而生活的情形下所能获得作为社会的动物的他们特有的表象意识，这种表象意识和物活论的思维结合起来，就出现为"灵魂崇拜"。在氏族的社会则由"祖先崇拜"，而出现了氏族神，再经过个个自然现象的"神化"，而达到了"拜物教"（Fetishimism）。

在这个场合，我们应该特予留意的，是当时所发生发展起来的上面所述各种表象意识中，宗教的信仰特别地占着支配的地位这件事。宗教的表象的发展是和宗教的礼拜的形态的发展相并行的，司咒祝的人们在对于灵魂信仰发现以后，就应用了自己的关于咒祝的"知识"而召唤、驱除或施济幽灵，并应用了医药上所修得的实际的知识，而加强自己的活动。宗教在它的发展过程上又必附着一定的仪式，及至仪式又采取了祈祷的明显形态，仪式就不但成了人们借以宣泄其能动的意欲的方便门路，而且又成了人们用以贯彻其能动的意欲的直接手段。于是由于仪式而作用于人们的心理而使人们服从于其团体的传统和统制的教育的最初的形态出现了。这就是杜威教授在他的大著《民主主义与教育》第一章所叙述过的教育的始端，如成年仪式或加冕仪式等一类的东西，教育的这个形态自然也是当时的人们的生活样式，他们的实践的结果。但这却不过是教育的实践意识的萌动，它比咒祝略为进了一步，其为人们的能动的意欲的附会假托则一样。

但这些司祝祭的人们形成了特殊的社会集团（宗族 Caste—阶级），后来和国家结合起来，他们在人类史上，就发挥了重大的作用，如在埃及、巴比伦，这些人们的社会地位当初不过是凭借于他们在生产上所担任的职务，及至他们掌握了政治上的实权，他们就做了王权先驱而运用其神权政治以加强其威力统治。由于这个特殊的社会形态的这样的权力的存在，至今还值得惊异的古代的宫殿、神庙、金字塔等宏伟壮丽的建筑才造得出来。

而与此对照着，在当时一般劳动大众自由民乃至奴隶则处在穷困劳苦的境地，如埃及的自由民，他们带着隶农的色彩做着征税赋役的对象，在初期历代王朝的金字塔的建造，动辄征用这些人们达三十万人而服役至二十年，像牛马般任着驱使，人权备受蹂躏，告诉无路。即在巴比伦，一般劳动大众的生活状况也与此相类，我们在 Hamurabi 法典里看那些奴隶和佃农所受待遇就可以明白，如此苛虐自然他们是忍受不了的，逃亡罢业反抗乃至叛变在所难免。

而于其间，这些司祭祝的人们既掌握着政祭大权，自然不得不尽量施展他们的"法术"造出种种样式来"启迪"那些"愚顽"，使其"达理闻道""各安天命"，驯伏于其统治者的权威下而不敢为变。教育的宗教性……政治性……即于此时启其端倪了。在阶级社会人类的能动的意欲于是一方面成了凭借神权而执行的统治者的意欲的强制，而一方面则依然是无力者于无可奈何中而意欲凭借神权以求解救自己的茫漠的空想两相凑合，于是而形成了"上施下效"的关系。

但在西方情形却不一样，在希伯来人的传统里，我们看见了在现实是软弱无能的人们，只管向着观念的世界去寻求解脱和救济的表象。而在希腊人的神话里，则纵使遭遇着许多艰难困苦，但于其现实的作用于自然，而转化自然，而为历史的实践的努力中，却仍显露着那由体验而展拓开来的轩昂的意欲。唯其如此，是以前者则往往发现出怪诞荒唐的空想，而后者则大概表示着豁达明朗的现实的理解。

其中，在于宗教这个分别尤为显著，例如那些司祭祀的所谓祭司的地位，我们已经考察过了。就在希伯来人，司祭还是介乎神人间的人物，是预言者，但在希腊虽然也有那著名的 Deiphi 神殿，Apolo 托宣（Oracle）又往往为其有重大的意义。但祭司的努力甚微，关于神的观念也两样。而其神治则如大家所周知的都是关于 Olympus 诸神的多神的传说。希腊人的世界和希伯来人的世界全然不同。不但希伯来人的世界，凡为古代亚细亚社会的诸种族的世界都和它有别。

在古代埃及和巴比伦势力那么强大的宗教而在这里却那么微弱，这就是表现着希腊的 Ideologic 的其他诸部门已经占了优势，而事实上希腊当时在哲学科学艺术上都已达到了精到的古典的成就。

然则这样伟大的文化成就，是从何而得来的呢？当然，这个要因亦只有在那个社会的经济基础和它所规定着的社会关系中去找寻。在那里，我们发见了所谓古典时代的典型的奴隶生产和建立在那样的生产关系上的自由民间的民主主义。

古代亚细亚诸国民族，大概不是发育不良就是早熟，惟有希腊却长养得极为顺遂。希腊在当时的社会发展阶段，即此由于奴隶制的生产力，已达到了很高的发展。在当时希腊正因为有了这样的奴隶制的生产力的飞跃的发展，存在他上面的少数特权阶级者，才得而充分发挥其人的诸能力。古代希腊文化之所以动人如此深切，就在于他，这正是最初的人的能力的自由的发展。而其所以能做到这样，则在于当时的对于自然的诸能力（生产力）的飞跃的长进，和人人相互间——虽则是只限于少数特权阶级内部——的自由民主。教育的实践，在这里也意识化得更为明确起来了。教育的现实主义，就在这些条件下建立了它的首基。

不过，斯巴达和雅典虽同是都市国家，情形却有差别。是以在教育设施上，也有其特色。斯巴达的工商业，不甚发达，斯巴达的隶农（Helot）的奴隶和雅典的奴隶，亦各异其性质。斯巴达的隶农的奴隶，为国家所公有，他们可经营的农业，就成了斯巴达的经济的基础。由于对 Helot 的恐惧，斯巴达人住在环城内，是戒备着，过着军事共同的生活。氏族制时代的习惯被保存在斯巴达的较多。是以斯巴达城和雅典的教育，同采取了国家主义，而其内容则不同。当然也是现实主义的必然的归趋。后来雅典留下了光辉灿烂的文化遗产，但斯巴达却留下了尚武的虚名。一般文化史家对于斯巴达的批评都不大好，也自有由来的。

总之，古代希腊社会，是由氏族共产主义进到奴隶所有制，构成时代的过渡状态，接着在雅典才发展成了典型的奴隶制社会的。据说，最盛时，雅典的自由民是九万，外国人和被解放者是四万五千，而奴隶则多至三十六万人。而斯巴达的奴隶制，则是落后的、变态的，这个奴隶制，后来虽然成了这些都市——国家的没落原因，但它在欧洲建立了的功绩却极大。它使工业和农业成立了大规模的分业，从而使古典希腊生产了空前的优秀的文化。现在，我们的经济的政治和智慧的全面发展，都必然的，一般的以承认奴隶制度一个状态为前提，是具有充分理由的。近世的社会主义所冀求的，是存在机械的生产力，在工业上，而无阶级的人民全体相互间完全自由的社会，民主的共和的政治形态的实现。而在古代希腊仅只少数特权阶级才享受得的，正就是这样的社会的一个极其粗略的雏形化的文化科学艺术，正就是这样的社会的一些产物。

话虽如此说，这也不过是站在人类发展的现阶段，从历史的见地，回略到既往去，而给以应得的评价而已。在当时的希腊，研究个个自然物的自然科学毕竟还未发达，希腊人在当时，还未进到分解，分析自然的程度，自然在当时的希腊人，止于是被直视的把握为浑然一个全体，诸自然现象的全体的关系，尚未被个别的，加以检验，证明。这个关联，只不过是直接的直观的结果。当时的希腊哲学，自亦不能出乎自然，全体的直接的印象的反省，以上希腊的文化，只不过在人类的发展初步的单纯素朴的阶段，希腊人对于现实的理解，也止于是直接的、直观的、皮相的部分，希腊人的现实主义的教育设施，也不过是在素朴的状态下，展开了当时的他们的文化的一般的特色。

希腊人奋身与自然搏斗坚苦卓绝，克服了无数艰难遭遇，而缔造了他们自己的历史，他们在他们自己的转变自然而为文化创造的过程的历史的实践的努力中，而触发而激扬了他们对于教育的实践的意识，是极其自然的。但他们的这样的实践，却断不是本于客观的发展的诸条件的意识，而决意而策动的，也是极其自然的事理。在当时希腊人，还未进步到这个程度，这样的决意策动就依然免不了是主观的、任意的、盲目的（从客观的见地看）。当时的希腊人，所意识着的实践决不是意识的作为，客观的发展的内在的契机的实践。实践在他们的意识中，实则不过是从外面促进客观的变化。任意地活动，这个意识就始终是虚妄的。这样的实践，即使做着了客观的发展的推动的契机，也不过是无意识的暗合而已。这不但在当时的希腊人，就自有了教育的设施出现以来，一直到于今，无不患着这个毛病，这是认识史上必然的一个阶段，由直观到形而上学的思维，都脱不出这个陈套。

希腊自然发生的唯物论者，只不过是直观地捉摸着自然的辩证法的性质，在希腊人，还止于是笼统的、直观的个体而已，诸自然现象的全体的关联，还未个别的被证明着这个关联。在希腊人只是直接的、直观的结果，在这一点上，希腊哲学的根底本来就不稳固。因而，希腊哲学早晚就要让路给别的世界观的。是以后来，柏拉图提出了认识的问题，把作为认识的第一源泉的思维，摆到前头去而摈斥了感性的直观，从来的自然发生的唯物论的辩证法的见地被埋没了。在当时，自然科学还未发现，被认为与直观有别的思维，是极难接合到自然认识上去的，于是思维从自然从感性游离开来，而转化为空想。而且，在柏拉图时代以奴隶制为本的希腊社会，已陷入了日暮途穷的境地。对于宗教上的事情的关心，在各社会层间已日加其殷切，而思维被从自然分割开来也是必然的事理。到了集希腊哲学的大成的亚理斯多得，从前的哲学里，所含有的唯物论辩证法的要素，即使被包藏在观念论的被盖里的，后来亦已得不到通常的社会的条件，无从发展开来。中世纪的哲学者——神学者们因而反从亚理斯多得把那些"死了的东西"搜括了出来，而加以扩大再生产，就建立起那神学的形而上学来了。

从天上卸下了思维来，而接合到自然去的企图，是进到了近世才施展开来的。而思维则从一个一个地去证明，那已给直观笼统的捉摸着的全体的关联。要研究全体的关联过程，不是直观的，只是紧抓着了它的大概算了事，而要思维的去认识到那些微细的部分，就非先考察那关联的各个部分不可，要研究过程全体就先要研究全部过程中的个个事物。但这么一来，却又做成了把自然物，自然现象，在它的孤立状态下，在它的全体的关联外，从而不在它的过程途中，而在它的静止上，作为固定不变的东西，而去理解的习惯，这个习惯被 Bacon 和 Loche 从自然科学搬到哲学去，就造成了近代的形而上学的世界观的方法论的基础形式论理学。直观的阶段，本来就不是科学的阶段，直观的科学只提供材料。其次，思维分析所给予的各种各样的材料的个个部分，而发现出一般的抽象的诸规定，在这个阶段，形而上学的思维，起而发挥它的作用。这样的分析才是科学的开始。而被分析出来的抽象的诸规定又须加以综合。这个任务，就不是形而上学的思维所能达成的了。形而上学的见地，只是孤立地彼此毫无联系地去考查个别事物，综合在那里就是人们的思维对于一个个散开的被分析出来的诸规定的主观的总括，在那里具体的全体的展望既不可得，由于诸规定的综合而在思维上模写这个全体的内的关联，这种事情就无从做起。综合就被作为了单只主观的思维的构成，而不是客观的现实的全球关联的表现或模写。在形而上学，全体的过程既未被摆出前面来，作为全体的思维的模写的综合是无从而理解的。不把综合作为客观的存在的全体的内的关联去理解，而只形而上学的把作为外的结合去处理，这样的综合，就不是互相内在的关联着的客观的存在的统一的再现，而只是任由主观的"思维的技术手法"去凭空虚构，结果所构成的东西，就不一定能够保证他的真理性。

关于形式论理学，发表了许多著作的康德主义者 Sigwart 曾把论理学比作思维的技术手法的集合。他说"守着它的法则不一定保证得结果的物质的真理性，只可保证得方法的形式的正当而已"。形式的形而上学的思维法则，就只是不管思维的内容怎样的思维形式的原理。在这样的手法下，真理就不是思维与客观的一致，而只是思维与思维的一致。

人们为着当前的活动，需要订立一定的目的并为着实现这个目的而采取一定的手段，在这个场合，适合形式论理的，必定就根据排中律来选择依照"这个否则那个，这样否则那样"的公式来判断，这决不是正确的把握着客观的过程，而以其所选择的目标作为过程全体的一环而去勘定的，只不过是偶然的主观的选择。不理会客观的过程，不遵由它的法则而盲目的意识的加以调节，人们的活动就总是偶然的必然的而不含有自由的契机。不理会客观的过程，只在偶然的交错中贯彻到它的必然性，选择在那里就只是盲目的，即使它中了，也不过是偶然的凑巧。是以客观主义（这个所谓客观主义当然不是欠缺实践的态度的所谓观照的态度那样的客观主义）的论理学它虽然也在两者中选择其一，然而它的选择却与排中律的选择不同，它在一个密切不可分的统一中，在彼此的交互作用和联系发展中去考察现实的发展的诸条件，把握着那在全体的发展过程上，成为决定的一环，而以展开这内在于客观的过程而为它的发展条件的一环为其当前的目的，而使实践意识的成为客观的历程的展开的契机，在这个场合所选定的目标是全体的发展的一环，客观的可能性。在这个场合，实践是以客观的现实的认识为前提，而实践自身则是意识地作为客观的现实的发展的契机而施展开来的。而选择既亦以作为客观的过程的一定的发展为基础，沿着全体的发展的方向而决定，则选择也意识的被作为全体的发展的契机。这样客观的可能性和主观的条件意识的适应的统一着，偶然性才可以减免，而必然性才可以在被意识了以后而计划地施以观察，客观的过程才可以作为本于主观所设定的计划的实现而发生。

但，形式论理学，主观主义的论理学都不理会全体的发展过程。是以依照排中律而选定目标，就不被设定为客观的过程的内在的契机。在那里，实践也不被意识地设定为客观的过程的展开的推进的契机，而只被意识为从外部任意变更客观的过程的活动。在这样的思维的技术手法下，教育的实践，就漠视了人们的内在的自己发展。加以人们久矣乎只做着国家行政的客体，而不被认为国家公权的主体了，在这样的政治力的形态下，人们习惯成性，就把自己也忘却了，甚至把自己也丧失了。本来是自己组织成的自己所固有的社会力，也把他从自己分离，而作为了自己以外乃至自己以上的东西。此中的蕴，非到了人们不在政治力的形态下，把社会力从自己分离，而把自己的固有力作为社会力而认识清楚而组织起来的时候，是不会了然的。非到了人们不在政治形态下把自己从社会力分离出来，教育的表象也是一样的在政治力的形态下被抹煞了人们的主动性。人们的内在的自己发展，人们的主动性被漠视，被抹煞了，而人们竟亦忘其所以，而不自觉，这又做成了几世纪以来教育理论上的牢不可破的特殊的局限性。

本来对象的自己运动，规定着它自身所具有的可能性到现实性的转变，对象由于自身的积极性，在一定的条件下，促进它的可能性转变为现实性。对象的自己运动，积极性，在一切自然现象中和社会现象中都存在着，而在人类的社会的发展过程中，则使可能性转变为现实性的运动是有意识的合目的的社会的实践。一切历史的现象都是人类的积极活动的成果，人类的历史是人类自己创造的，是以历史的领域中的可能性到现实性的转变，必须通过人们的社会的实践，人们自己的积极的活动而实现。固然条件也是这个转变的重要契机，但条件本身并不能把可能性转变为现实性。为要促进这转变的实现，就必须凭借人们自己的积极的活动，人们自己的实践的活动。作为"对象的本质"的人，就是作为他自己的实践的活动的成果的对象的人，人就是他自己的实践的活动的成果。教育活动，原就是促进这个转变的实践的活动的一个形态，但教育的活动而漠视了对象的自己运动，人们自己的实践的活动，就远离了对象自身的发展根据。这样的教育与人们的本质的发展是绝不相干的。在这样的教育过程中，对象的自己运动的契机，无从而显现出来，对象与条件的结合运动只是偶然的，教育的效果亦只有由于过程以外所给以的作为"外的必然性"的偶然性而产生。在客观过程的法则还未被把握着，从而客观过程还未被本于它的法则而意识的计划的为人们所规制着的期间，人们的活动总是偶然的而非必然的，而不会有自由的契机。真正的教育在这样的情况下就只有作为在过程以外碰巧凑巧而得来的一点补充而被给与于我们。这就是杜威教授在他的《民主主义与教育》的第二章所叙述着的所谓社会环境在我们不知不觉中并在我们所规定的目的以外所施行的对于青年倾向的形成更为深远密切的所谓教育的影响，而其实这个偶然的影响，正就是人们的自己运动的必然的显现形态。

（原载于《教育研究》第 110 期，1948 年 9 月 1 日）

科学与道德在教育上的纠葛

科学与宗教的对立，事至明显。这个对立在这里不去谈它。

科学与道德间的罅隙，自古以来，也有不知多少学者费尽多少心血，希图把它连接起来而不可得。于是科学教育的问题，乃至所谓一般陶冶和职业陶冶的问题，就成了这个问题的扮饰形态而被提出于教育者乃至教育学者面前，而他们至今却仍解决不了这个问题。

科学与道德间确存在着本质的背驰关系么。两者间所存罅隙究竟是怎么一回事。学者们对于两者结合的努力至今仍未稍懈，我们在近代教育思潮的起伏中发见了不少它的踪迹，我们现在且把它追寻出来看看。

人文主义是以人的觉醒为指标的，必然立刻就采取了启蒙运动的姿态而施展开它的现实运动。就是说，立刻就被采用做了当时的教育乃至学养的方法。但在一方面，科学上的新发见、新研究又被应用到了实际去，以适应当时在产业上、经济上的迫切要求，当时的教育于是又不得不把这一方面收容了进来。然而，事实上，语言和文学在当时仍是主要的教科，科学的即实科的教材却很少。当时的人文主义者大都相信唯有语言和文学才启示着人们的道德理想。（其实这只表示着封建主义的贵族主义思潮的余势还支配着尚在萌芽期的市民社会。）

但以世界市场的获得为契机的资本家的生产机构的勃兴，加以 Galileo、Newton 的物理学和 Bacon 的哲学等，又渐渐助长起科学教育的实科的倾向，压迫着人文主义的教育了。在十八世纪的启蒙期这个倾向尤为显著。于是在它的末期又来了一个反动，而有新人文主义的兴起。其中尤为出众的人物就是 Pestalozzi。Pestalozzi 对于启蒙期的悟性偏重而提出了人性中的论理的、伦理的、审美的三个根本力来，而以三者相互调和的发展为教育的基本原理，复采用了那正是市民社会的基本的意识形态的个人主义的道德做这个原理的基调。他在教育上不但不排斥科学教育，而且又提出了并实行了他的独创的方式。他在当时的封建的阶级社会反抗着封建的 ideologie 而揭起了个性的尊重、解放和陶冶为教育原理，并以"自发性"和"直观"为这个原理的中心。当然，"自发性"和"直观"两者间具有必然的关系。自发性是作为直观的契机而活动着的。这个思想的基础建立在 Kant 的哲学上。在 Kant 哲学感性只是被"物自体"所触发的受动的东西，没有自发的、积极的能力。悟性才是自发的能力。认识是由悟性统一感性所给与的多样的直观而成立的。Pestalozzi 的教育原理的中心即本于此。就他的数学教学看，形的教学是以有形物的感觉的印象的意识先行的，即先由量度入手进而画图。Pestalozzi 系统的新人文主义的教育极明显的是实证主义的，后来才变为理想主义的教育，而成了近代的初等乃至中等教育的骨干，这是大家所周知的。

新人文主义教育普遍被认为是十八世纪的启蒙的实科的教育的反动而勃兴起来的。但姑勿论它的发生动机怎样，它和文艺复兴以后的人文主义与实科主义的对立不同，它的个人主义的特色在于"人的发见"，它的自然权利，它的理知的发现。而新人文主义的特色则在于"作为一全体的人的发现"。它的个人主义的本质是恰好适应着发展期乃至安定期的资本主义的意识的东西。新人文主义虽暂时和启蒙主义教育的直

系，科学的技术的教育对立着，但不久又成了它的扮饰形态，作为资本
主义的 ideologie 的一形态，而占了它的后继者的地位。我们从杜威的一
番议论就可以明白此中的奥妙。杜威曾说过："如果热心科学教育的教育
家采用从前的贵族文化所规定的知识标准，而与大多数民众的实际需要
毫无关涉，就自陷于不利地位。如果采用合于实验的方法，民主主义运
动和工业社会的科学观念，他们就不难表明自然科学，比把'教育计
划'建基于'闲暇阶级的特殊利益'的人文主义，更富于人文的性
质"。就这几句话看，这个新人文主义，即在晚近，仍未脱离启蒙的实
科的教育的扮饰形态，可以了然。

这样，进入到十九世纪，在教育上，从而在科学教育上，新人文主
义思潮已渐渐成了支配的。而一方面，跟着产业和交通技术的进步，科
学的发达因而科学和技术的专门化，也愈加显著了。但在另一面，资本
主义社会的进步，把它的根本特征，阶级对立的情势又越加清楚地暴露
了出来。国际政局的不安，战争的惨祸，犯罪激增，在科学和技术所产
生的所谓机械文明里，更带上了和封建社会的场合迥然不同的脸相而出
现了。而人们却依然蹈袭着半封建的乃至市民的个人主义的道德标准来
批判它们，于是就发生了所谓"机械文明、物质文明的弊病"。人们既
惊骇着科学的建设力，又惧怕着科学的破坏力。这和产业革命当时被机
械的发明夺去了职业的劳动者们把机械认为是致令他们陷于穷境的东
西，是一样的误会。其实当时的劳动者的悲惨状况并不是机械应用的结
果，机械的应用决不是劳动者的悲惨状况的直接原因。机械的应用是资
本主义的发展所促成，而资本主义的机械应用为的却在于加强它的阶级
的剥削，这才把劳动者们弄到走投无路的。而在阶级对立的基本现实面
前，闭着眼睛的个人主义者们，却把这个弊病归因于物质文明乃至技术
本身，就产生了敌视科学的几种精神主义或反技术主义。就在今日，人
们看见了科学的发达在战争上所加于交战国的毁灭的结果，竟又把科学

的发达看作了"人道"上的大问题，而争论起来的还不少。然而这个惨祸的直接原因却在于战争，而战争则为国内和国际间的经济上政治上的矛盾所激发，战争的发生自有它的社会的本质、阶级的本质，科学对于这是不负任何责任的。但人们却硬要它对此负责，好像科学与这道德之间确存在着本质的背驰关系似的。这个反科学的见解，在像从来的中国那样的封建主义的根柢尚牢固，尤其自然科学的传统还不存在的社会，为更甚，而且来得更粗野、更直率。但在离开了科学乃至机械，现代生活就过不了，尤其科学的传统已很深固的西洋诸国，像已表现在新人文主义运动那样的，纵然要排斥科学乃至技术已为不可能了。于是即使是非 human 化了的科学也唯有勉强在它里面发现出一点 human 的要素来，以谋人们的精神的"圆满"发展。如晚近以科学史为科学教育的一课目，而赋与人文主义的色彩的即其一例。

科学史的这样的研究和启蒙近来在美国尤为盛行。近来提倡科学乃至科学教育的新人文主义，而以科学史的教学做达成这个目的的一途径的，有美国的科学史家 J. Sarton。现在且就他的一本小小的著作《科学史与新人文主义》看看他的主张。

Sarton 的新人文主义是旧人文主义和作为修养的科学的科学史的结合。他是以不问历史事实的个人主义的主张贯彻到底的。他把科学和技术隔离，并把科学教育分为人文的和技术的职业的东西。他认为科学的弊病在于它的抽象化和实用化。科学的抽象化和实用化都是从科学驱除了人的要素（human factors），要把它 humanize 起来，只有灌输历史的精神到它里面的一途。（而他的所谓灌输人的要素到科学去，也不过是插进些科学者的传记，追溯下他们的性格和他们的事迹的关系，做成一部"科学故事"，总不免偏重在科学历史上科学者个人的勋业。但科学的进步是积累而成的，某一科学者的勋业，若只单独地孤立地去处理它，却不会有甚么意义）他说，科学不论是怎样抽象的，在它的起源和发展上总是 human 的，反乎人性的科学是不会有的。科学的分科是自然的，同时又 human 的。这大致还可以承认。但因此他又说，除掉了人的兴味（human interest）的科学教育就只是报导，和为着指导职业的东西。从纯粹技术的立场看，无论它怎样有价值，它的研究就丧失了教育的价值。这么一来，他就把人的修养和职业教育分开了，然后再把科学或技术的历史作为沟通技术主义、职业主义乃至商业主义和超越功利的人的修养间所存隔阂的最好方法。当然我们不能无条件地拥护现代所谓人的修养这桩事体，但即使承认它的重要价值，这种修养和职业教育的联络单靠科学史的知识的灌输是否就可以奏效，也不无疑问。还有，他把机械（技术）认作科学努力的副产物。全然漠视了科学的发见的历史的必然性，这就成了漠视历史法则的偶然论。站在这样的立场而处理作为历史的一部分的科学史，它的结论可以想见。

人文的一般修养和职业教育的隔离孤立本来就是阶级对立的一个反映。这在杜威也已详细说明过了。但这些科学史家却都闭着眼睛不看这个事实，而只斤斤于"人类一般"（当然只是个人的）的修养，而认为这种修养在今日科学这样发达的时代，一定要和科学乃至技术结合，而最好的方法就是教授科学史的知识。Sarton 的新人文主义毕竟仍脱不出十八世纪的新人文主义的陈套。

还有文化史的科学史 An Introduction to the history of Science 的著者 Walter Libby 也以科学史的教学为灌输"人的兴味"的科学教育的最好方法。Libby 在他的这本书的序文上写着这么一段，"科学史和社会阶级的意义适相反。……科学史表示着知识阶级与各社会阶级的人们互相合作，以谋人类的进步。这就是知识阶级与社会谐和一致的根基"云云。Libby 所强调的科学史的意义也是本于人文主义的非阶级的考察，事至明显。

本来，科学史是应该作为一部阶级斗争的历史照应着人类的自然认识和社会的生产机构而去研究的。为着"反阶级的精神"的"人类一般"的修养而去强调它，是毫无意义的事。

道德是与人们的生活密切关联着的东西。而科学，正如 Planck 就他的物理学的世界像的形成过程所说明的那样，却是尽量排除了人的要素的东西，而那些新人文主义者却硬要从科学找出些人的要素来，把它牵凑到他们的所谓道德教育上去。这当然就只有失败。

自然科学的世界像原只是就自然本身去构成的，在那里就不免于历史的社会的人的要素的舍象。这样的世界像和一般的世界观有别，两者间当然隔着一定的距离。而一方面，道德乃至道德规范却是直接地建立在特定的世界观上面的。就是说，世界观是通过道德而作为规范而照临于人们的生活活动上的。这样，科学和道德间也横亘着相当的罅隙。若果忽略了这一点而贸贸然把那自然的东西硬放进社会的历史的东西里，而拿前者来规定后者，那就犯着莫大的错误。

至于技术，作为劳动手段的体系看，它是独立于个人以外而规定着生产关系，又复为生产关系所规定的东西。在那里是绝无个人乃致个性的 human factor 参杂其间的。和客观的存在——对象本身以一定的方法为必然的东西而指定给科学同样，技术也是客观的物质的世界的东西。技术本身是不属于任何主观的。而 humanism 却把生产力中的劳动力和劳动手段混同了，于是就主观主义地把技术解消于技能。这当然又是一大错误。

我们不想在科学和技术里去发见 humanism。我们目前所需要的并不是 humanism 本身，我们目前所需要的只是 human 的东西和非 human 的东西在阶级社会的结合样式而已。关联着这个结合样式，我在这里只提出一个问题。那就是道德的社会性和自然性的问题。

自然性本来是不能成为道德的一要素成为道德的独自性的。不过在从来的封建的乃至市民的道德上，它的阶级性被抹煞了，人只作为自然的生物学的人而被处理着，于是道德就被褫夺了它的社会性、历史性。而这个社会性、历史性，正就是道德的本质的东西。道德的社会性、历史性被抹煞了，于是就只有它的自然性显露出前面来。是以那些人文主义乃至新人文主义都只拿着人的自然性做问题。道德和科学的结合的失败也就在于道德的这个自然性的固执。

道德决不是人的纯粹自然的行为。这个问题的关键就在于人自身。

人是甚么。人是"自然"，同时是"社会"。在哲学的领域，意识是物质，同时是"意识"；和这一样，人是"自然"，同时是"社会"。人就是这样的一个矛盾的统一。人统一着"自然"和"社会"。

自然和社会是不能彼此分离的，亦不能抽象地化为同一的东西。自然和社会是辩证法地被统一着的。社会也是一自然。然而社会却不是自然自身，它不能被解消于自然。社会是社会，并不是自然。社会对于自然只是特殊的社会的"自然"。自然的一般法则在社会也是妥当的。人的社会的历史的生活的特殊的关系，诸法则——即社会所固有的社会的法则——和自然的一般的法则是统一着的。例如人的生死是自然的过程，但又不单是自然的过程，而是一社会的过程。天体现象，或季节的循环是自然的现象，但它却又连带引起许多社会的现象。水化为冰是自然的现象，但制冰却是社会的生产，是社会的东西。

这样的自然和社会的辩证法的统一，从社会自身的本质看，是极明显的，社会自身的本质与人自身的本质是关联着的。

人，他自身是一个自然的实体，他与外的自然对立着，而作动于外的自然，变更它，而同时又变更着自己本身的自然，自己的本性。这就是人的劳动过程、生产过程。在这个人与自然间的辩证法的关系，即劳动过程，或由于劳动的生产过程上就结合着人与人的关系。这个人与人的关系就是社会的关系，就是社会。人就是在这个社会的关系里，并且被这个社会的关系制约着，规定着，而从事生产，而生活着的。人是自然的存在同时是社会的存在。

然而人的所以为人，即人的所以与动物有别则在于人由于劳动而生产这一点上。因而人的本质就被看作了社会关系的总体。

人的本质既然是社会关系的总体，作为人的一种行为的道德就不是人的自然的行为，而是社会的行为，至为明显。道德是保有社会的诸规定的一社会的观念形态，自亦可以了然。

道德既然是一社会的观念形态，它是历史的社会的东西。它的内容是历史的社会的被规定着的，它决不是根源的东西。

历史由于生产而成立，而建筑在生产机构上面的一切观念形态皆保有其历史性，以为其基础的本质。历史的发展是由它的基础构造的变动，摇动着上层的观念形态，统括上下的变动而前进的。道德也作为一观念形态，通过历史上的发展期、安定期、沉滞期、新旧交替的过渡期而变动。但从来的支配阶级和他们的 ideologue 们却为要确保他们的阶级支配于永远，而在人的生活里，就只由那仅有第二次的意义的它的自然性而引伸出道德的自然性来，从而在道德上也把那仅有第二次的甚至假想意义的所谓自然性比拟于自然的不变性，以强调甚至协取道德——实则阶级道德的不变性，于是就造成了从来的道德，阶级道德的特质。无论东洋或西洋都是一样的。不但在道德，就在教育上，我们看见了那些所谓"可塑性"plastcity，"无能为"helpless，"倚赖"dependence 或"需要他人"need for others 等等一连串消极的字汇，我们就可以明白这些都无非是从来的支配阶级的 ideologue 们为要确保那漠视人们的自己发展的积极性的传统的教育观念，以掌持他们的阶级支配，而高声恫喝出来的所谓人的自然性。这和宗教的所谓"宿罪"是同一来源的东西。

道德决不是遵由甚么"生得的观念""先天的实践理性"或"道德的直觉"，也不是听从所谓"良心"的指使，或所谓"无上命令"。更不是在清静、无为、幸福或快乐的最大量里去寻求的。这些也不外是支配阶级为要否定道德的历史性，把它的永久性强逼大众接受而刻意表现得好像是确实无疑似的道德的自然性。固然，道德直接地关系于人的个体（自然）。父子、兄弟、夫妇、朋友、孝道、爱情、交谊等等关系，日常引起道德上的问题最多。但它的自然性实已全部被包括在社会性里面，那些自然性实不过是社会性发现的通路而已。道德的自然的诸问题的发生是由于这样的一切问题为历史所淘汰而引起。因而道德的自然的诸问题若不顾虑到当时的社会变动就无从得而解决、说明。就是说，自然的诸问题若不顾虑到社会的变动就不可得而解决、说明。即自然的诸问题，正为了社会的变动是表现在具有个体（自然）的社会的个人身上的，是以就不过是社会的变动所采取的现象形态。道德的自然性只是它的社会性的表现形式。道德的本质则在于它的社会性质。

本来人是不容被作为一个一个的人而去理解的。他是在社会里过着社会的生活的个人。个人就是社会的个人。但许多"布尔爵亚"伦理学却把个人从社会分离了，认为可以把他作为单纯个人看。于是本于这样见解的伦理学的道德，不论它的内容是甚么，从它的样式看，通是在个人自身内部去建立根据的。甚么良心、自律、自由、义务感、正义感等等都无非是为着表示个人道德的这个伦理学的根据而挑选出来的东西。许多伦理学把道德认为个人道德，认为道德的本质在于它的个人的性质。这是因为"布尔爵亚"社会是个人的原子论的 atomistic 的缘故，所以它的最高的哲学原则只得在个人内部去寻找，不然，那就惟有陷于完全表面的机械的牵强附会而已。

道德是社会的本质的东西。这在我们只须看看道德的成立和发展的历史事迹就立刻可以明白。即就原始社会现下所作所为的事实看也立刻可以察觉得到的。

那么，道德究竟是甚么。道德既然是人类社会所产生的 ideologie，它究竟是怎样的 ideologie 呢？作为 ideologie 的道德性在哪里呢？问题就在于道德的道德性是甚么这一点上。

不消说，道德决不容被还原于社会关系本身。不然，就没有把它特别叫作道德的必要了。它只依存于社会关系，即一定社会关系的上层构造的反映。换句话说，所谓道德就是一定的社会关系所课于社会人的意识的社会规范。一定的社会关系反映于人们的意识，而带上 sollen 或 ought to 的意义，在那里就成立起来叫作道德这 ideologie，这就是社会规范。道德的道德性即在于此。

所谓社会规范原是为使社会生活进行得圆滑的行为标尺。但社会生活自身的本质，除了从它的物质的根柢去理解它，没有别途。而社会机构的本质，终极的要因，就是社会的生产机构（物质的生产力和生产关系）。因而，这个社会规范也不外是社会的生产机构或生产方式的物质的历史的产物。一切生产方式必须成了社会规范，然后才得而观念地统制着人们于社会的生产生活。社会规范是社会的生产方式的反映。

这个规范当然不是绝对的规范，而是一定的现实的社会的规范，是历史的社会的诸条件所规定的一定的现实的规范。而社会的存在既然是一定的现实社会——社会关系，阶级关系，在那里，道德的阶级性就特别显著。这样，道德——社会规范就成了道德——社会的阶级的规范。

那么所谓 sollen 或 ought to 的意义又是从何而来的呢？在阶级道德，这也不外是权力的社会的阶级的规范。而其权力则从生产关系而来，也是极明显的。家长的权力是由他的扶养家族的经济实力而来。男子的一般的经济的优越造成了从来的夫权的优越，是无人不知的。承认这个权力在从来的"社会的经济的秩序的维持上是必要的"。于是就产出来了一种串家族主义的道德观念或道德规律。

至于社会秩序、身份关系、结局，也是作为权力关系而显现出来的。在那里就产生了一定的"尊敬"的体系，礼仪，习俗。关于人格的现实的观念，如康德所谓"人格是尊敬的目的对象物"那个观念，也是在这里成立的。

这样，在阶级社会，一切道德、道德规律、道德观念、善恶标准，就都不外是反映着社会的权力、社会的身份关系、社会的秩序、社会的生产关系的社会规范，可以了然。凡是有裨益于一定的支配的社会生产关系的维持和发展的事体都是道德的，凡是有害的都是不道德的。通俗常识于道德所最先感触到的所谓善恶的价值的对立实则也不外是这个分别。单只有裨益于各个个人的东西不是道德的，不得称为道德的善。就是 Bentham 所谓最大多数人的最大幸福也不是道德的善。问题不在于各个个人，而在于社会。而社会的意义则又不在于人头关系的量上面，而在于生产关系的质里面，所谓社会规范就是道德，其意义即在于此。

讲到这里，或许论理学的常识会发生疑问，认为我们是把道德所特有的道德的情绪、满意乃至后悔，或义务感、正义感、良心等一概抹煞了。这不就是道德的所以成为道德的特质么，怎么可以把它抹煞的呢。不，我们决不会且也不曾把它抹煞过。我们一开首就作为问题的实则不外就是这个问题。我们的问题，是从它的历史的成立过程，科学的去说明这个道德的情绪。而论理学却倒过来，拿道德的情绪去解释社会的道德现象或一般的社会现象。只是这一点差别，但它的意义却极大。

道德作为一观念形态而被说明做社会规范时当然又会被结论到道德的发生、变迁、消灭等历史的变化上去。作为一定的社会规范的物质的原因的社会生产关系为它里面所包藏着的矛盾关系所推动而不得不起变化。从而道德亦必然的不得不跟着也变化起来。但因结果的变化较之原因的变化在时间上总是落在后头的，是以道德与现实，就总免不了一些矛盾冲突。在这个意义上，道德就显现出好像是另有它独自的运动规律似的的现象。把道德的世界认为是绝对的自律独立的世界，就是夸大了这个关系的结果。

道德既然是表示道德价值的一个概念，它也是一种真理。它的真理性和认识的真理性一样，也不是绝对的。然而通常所谓道德却不是作为观念形态，作为社会规范，而是作为绝对的真理而被提出来的，这当然自有它的原因。社会支配者为要确保他们的社会的规范于永远，所谓道德这个字眼就成了他们的护符。就是说，道德越是现实的作为阶级规范而发挥它的机能，社会规范就愈加不是作为单纯的社会规范而是作为道德而被绝对化，神圣化起来，而把它坚持到底。不然，阶级社会的支配者对于道德就是社会规范（以价值为中心的观念形态）的说明就不会那样害怕了。

总之，凡是阶级社会，它的道德不外就是阶级规范。这就是一般所谓阶级道德，道德的阶级性。而社会的阶级的变动（社会的一切根本的变动的原因）必然又引起作为阶级规范的这个道德的变动。在那里凡是裨益于阶级关系的维持和发展的都是道德的，凡是有害于阶级关系的维持和发展的都是不道德的。然而阶级总是存在于阶级对立的状态中的，于是道德就分裂为两个体系，而形成所谓"布尔爵亚"道德和"普罗列他利亚"道德的对立。在那里就展布开道德斗争。旧道德由于历史的必然的法则而不得不让路于新道德。胜利的道德就成为新道德。而在这个推移过程中则参错交织着诸多的道德的混乱、腐败、堕落、崩溃，和各色各样的道德的牺牲等等现象。这是我们当前目击的根本的而且明显的事实。不过在社会的安定期，道德的历史的变动缓慢，它的历史性转型薄弱，它的形式化特为显著，于是就呈现出它的自然永久不变的外观，而人们也就只注意于那发生在形式与实际行为间的自然的问题。而在这样的自然性上去寻找道德与科学的关联就从来未成功过。我们若要在道德和科学间去找关联，就只有在道德的社会性上去找。

道德是在人与人的关系中发生的。而人与人的本质的结合则在于生产。这在社会的起源是如此，在现代是如此，即在将来的大同社会也必是如此的。在那里就展布开作为道德的本质的社会性。加以，在将来的大同社会，没有了阶级，为着保持阶级制度的各种成规习惯都消失了，那表面上看来好像是存在着的道德的自然性即被一扫无余。在那样的生产中心的社会，当然它的分配消费，不像从来和现在的阶级社会那样，是从生产游离开的，这些的一切，不但作为社会全体，而且在社会成员各个的生活中，都均匀谐协地调节管理着。在那里，从来的所谓道德将完全变形、变质，而成为真正配得上叫作道德的一种道德被建立起来。在那里科学直接地依据于生产并左右着生产。人们发达到那个阶段，科学就成为道德的动力。科学的合理的生活，就成为道德的最健全的生活。只有在这个阶段科学和道德的真正的结合才可以实现。

在这里，我认为把杜威的关于"道德概念的改造"的一番探讨介绍出来，加以评释，以揭出他对于这个问题的解决的经验论的、个人主义的、实用主义的软弱无力的缺陷，是颇饶兴味的事。

杜威在他的《哲学的改造》第七章劈头就说着，"科学的思考在方法上的改变对于道德观念所致打击大致是明显的。善和目的加多了。规则弛而为原理，原理又变而为理解的方法"。他是在指出科学的发展影响到道德观念也在改变。于是他接着就叙述了从来的各派伦理学说的纷纭不一的内容，但在形式上，都是归结到一个独一不易而最后的善的假定的。他说明这个原因在于封建制的余势和自然科学的信念上的惰性。继而他又讽示着智的改造应用到道德上去已把这个状态改变了。那就是由结果以发见观念的意义的实用主义的法则已把道德的重荷转移于智虑。道德的情境是在公然行动以前须要判断和选择的一个情境。这个情境不是自然明白的，是要寻找的。所以考究是必要的。而这个考究就是智虑。那么这个智虑要怎样运用才能适应得宜呢？他的要求是在道德的省察也采用那对于物理现象下判断时业已被证为确实紧密而有效的论理。他的这番考察在他的大著上是这样写着：

"……伦理学在希腊人中间起初是要找出一个具有合理的基础和目

的而非从习惯得来的生活行为的规制。然而代替习惯的理性仍须负责供给和习惯所曾赋予的同样不可移易的目的和法则。自是以后伦理学说就很奇妙地受了催眠，竟以为它的任务是要发见一个究竟目的，或至善，或一个无上最高的法则。这是纷纭不一的诸学说所同致的共通点。有些说这个目的是对于上级权力或权威的忠诚或驯服，于是他们纷纷在神的意旨，在世间的治者的意思，在优异者的意趣所形成的制度的维持和义务的合理的意义里，立定了这个原理。但因为他们既一致承认法则只有一个独一最后的源头，他们是各异其道的。又有些说在对于立法的权力的遵从里求道德是不可能的，它是要在原本是善的诸目的里去寻找的。于是有些在自我实现里，有些在清净里，有些在幸福里，有些在快乐的最大量里去寻找这个善。但这些学派亦同意于一个独一不易而最后的善的假定。

"那么，要脱离这个混乱和冲突，是否就要详审这个共通要素以穷究其本源。对于独一最后和至上（不论它是善或权威的法则）的那个信念是否即在历史上已就衰灭的那个封建制，和在自然科学上则已消失了的以宇宙为有边际有等级而在它里面静是胜于动的那信念的一个智的产物。智的改造的现在的限界在于它至今尚未切实应用到道德的和社会的训练去，是已反复提起过了的。这个智的改造要应用到道德的社会的范围去，是否就要我们更进一步去信受那变化、移动、个别化了的善和目的的复数，去信受原理、标准、法则是分析个别的或单独的情境的知的用具。

"断定各个道德的情境是一个独一无二而有其不能交换的善性的，似乎太笨而荒谬。何则，从来的传统教导我们特殊事件的参差不齐正所以必须'普遍'以为行为的向导和道德的本质在于自愿以一切特件交付原理裁判。从而以普遍的目的和法则隶属于具体的情境，必然就引起大混乱和无法的放纵。但我们却要依照实用主义的规则由结果以发明观念的意义。于是以具体的情境为独一的道德的终极性质的首要意义是将道德的重量和负荷移转于智虑，便异常明显起来。这并不是毁灭责任，只是勘定它的位置。道德的情境是在公然行动以前须要判断和选择的一个情境。这个情境的实践意义——就是说要求满足它的那个行动——不是自然明白的，是要寻找的。有互相反对的欲望，也有不能两全的善行。所须要的是找出行动的正路和正善。所以考究是必需的，情境构成的详细观察，各种因素的分解，幽微的显阐，折衷强顽而昭著的特质，追迹行动的各种方式所暗示的结果，和将所得决定作的臆说和尝试以验所预期或推想的结果（即此决定所以被采用的原因）是否与实际结果相一致，是不可缺的。这个考究就是智虑。我们的道德的失败实由于禀质的薄弱，同情的缺欠，和令我们轻率或自用的对于具体事件去下判断的那种偏僻。广博的同情，锐敏的感性，对于不快意事的忍耐，令我们从分析而审慎决定的诸利害的权衡，这些都是清清楚楚的道德的特性——德性或道德的美质。

"关于这个问题的根本的解决结局是全与物理研究所已得到的一样，是值得再加留意的。在物理研究上，久已相信只须我们用普遍的诸概念去收摄特殊诸事件到它们属下就可以得到合理的保证和指示了。始创那些现在已经到处被采用了的研究方法的人们在他们当时却都被斥为真理的倾覆者和科学的仇敌。而他们毕竟得了胜利，实由于如前所讲过的运用普遍概念的方法固执着成见和容纳了那些不拘证的有无而受了公认的观念，而着重个别事件的方法则鼓励着辛苦的事实考察和原理检验。结局，向着日常事实的接近实足以补偿永远真理的失落而有余，而在事实分类所用臆说和法则的方兴的法子又不止能与那上位的不能移易的定义和系属的法子的丧失相抵。这样看来，毕竟我们亦不过是要在道德的省察也采用那对于物理现象下判断时业已被证为确实紧密而有效的论理罢了。理由也是一样的。那些老法子虽在名义上是尊崇理性，却挫折了理性锐气，因为它阻遏了精细和不断的研究作业。

　　"更确实地讲，把道德生活的内容从规则的遵守或固定目标的追求转移到须要特殊治疗的病患的检查和处置方法计划的作成，即所以除却道德学说所由而至互相歧异和不能与实际机缘相接触的诸原因。固定目的说势必牵引思想到不能决定的争论的泥淖去。如果是有一个至善，一个至高目的，那是甚么。要考察这个问题就是将我们放在和二千年前一样剧烈的争辩里。假如我们采取一个像是较为经验的见解，说目的不止一个，但也不是和要改良的特殊情境那样多数，只不过是几个像健康、富有、名望、声誉、可爱、美的玩赏、学问等那样的自然善 natural goods，和像正义、节制、仁慈等那样的道德善 moral goods。当这些目的互相冲突起来（因为它们必定冲突）的时候，甚么或谁个来判定那条是正路。我们将求助于曾以这样非难加于伦理学的良心学（Casuistry）吗。或将倚赖边沁所谓'子曰'ipse dixit 式的论法，擅自推崇这个或那个人以为这件或那件事的准则。或将一切善依次排列从至高以至至低，而用为裁决的尺度。我们又走进不能调和的争论里，摸不着出路。

　　"道德的善和目的只存在于有甚么事要做的时候。有甚么事要做这个事实即证明在目前的情境中是有缺陷或不幸。这个不幸即目前所遇特殊的不幸，它和无论甚么别的东西都不相等。所以这个场合的善是必须对准所欲处置的那个缺陷而创发而规划而成全的。断不能以技巧从外面注进那情境里面去。但比较各种不同的场合，收集人类所遇不幸事件，和概括相同的诸善而别为门类，仍是智虑的本分事。健康、富有、勤勉、节制、可爱、有礼、学问、审美的才能，创造、企业、勇敢、忍耐、周到和其他多数已概括起来的诸目的，都是人所公认的善。但这个统括的价值是理智的或推求的。诸分类是讽示着在特殊研究中所当留意的可能的诸特性，和于排除不幸的原因所当尝试的行动的方法。它们是洞察的用具，它们的价值在于因应个别的情境以助成个别的对付。

"道德不是行为的目录，也不是规则的集录，像药方或食谱那样备便应用的。道德的需要是对于考察和筹划的特殊方法需要。所谓考察的方法是用以勘定困难和不幸的，筹划的方法是用以作成方案以为处置困难和不幸的假设的。个别化了的情境各有其无可交换的善和原理，而其论理的实用主义的含义则在于把学说的注意从一般概念的发凡起义转向考察方法的展布问题去。

"且就伦理学的两个重大结果讲讲。固定价值的信念把目的分为正身的和用具的，即本身自有价值的和只值得做正身善的手段的两种，这个分别往往被看作智慧或道德辨别的初步。从辩证上看，这个分别是有趣，似乎没有甚么害处。但施诸实际就会发生出悲剧的结果。在历史上它曾为理想善和物质善两者间牢不可破的一个差异的本源和证佐。如今那些自由思想者虽不把它看作纯宗教的或静观的，而把它看作具有审美性的东西，但结果是一样。所谓正身善，无论是宗教的伦理的，都与那些因其有常而且逼近在目前的缘故而先已把握着大众的日常生活的兴趣分离了。阿里斯多德尝用这个区别去宣布过奴隶和劳动阶级不是国家——国民——的构成要素，仅承认了他们的必要而已。那被看作只是用具的必至降为贱役，不能博得知的美的和道德的优遇和尊重。无论甚么东西，一旦被认为欠缺正身价值，就成为无价值的东西。于是有'理想'癖的人们多想不理它，躲避它。所谓'下等'目的的急切紧迫都被斯文的惯例遮盖了。不然，就被贬到人类的下流去，俾那些少数者得以自由成全那本身自有价值的真善。这个放弃，在上等目的的名义下，把那些下等活动全权委给大多数人类尤其是精壮的'实用的'大众。

"人所厌恶的唯物论和我们的经济生活的没人道，多是胚胎于经济的目的被认作了纯机械的那个事实。那些目的被认为和其他目的一样是正身的，而于地位则居于最后时，它们就可以理想化了，如果生活是有可为的，它们就必定得到理想的和正身的价值。美的宗教和其他'理想的'目的已和'用具的'或经济的目的分离了，所以现在已是轻微、微弱、不中用而成了奢侈品。只有和后者相结合才可以交错在日常生活的纤维里，而令其坚实周致，徒为最后的而又不能用作手段以裨益生活的其他业务的诸价值只是虚谬，不负责任，是可以明白的了。但关于'上等'目的的教说现在对于那些孤立于社会以外而不负责任的学者、专家、美术家和宗教家，却仍与以援助、慰藉和护持。它保障着它的职务的虚谬和不负责任，免为别人和它自己所识破。那职务道德的缺陷反成了赞美和感激的原因。"

如上杜威所阐明的是一切道德总是现实的一定的道德，这个现实的道德的观念才是道德自身的观念。这一点是可以承认的。"勿打人"这个"无上命令"不一定就被作为道德而为人所奉行着。"阿才先动手的，我才还手打了他"，孩子说。"这也不应该，打人总是不对的"，父亲责备他。孩子的心是不会就此帖服的。孩子的这个"悟性"的判断就暴露出所谓道德这个普通观念所包藏着的矛盾。抽象的道德律——纯粹道德不一定就是现实的道德。现实的道德决不是绝对的东西。"霸王"乘车不购票，还要打收票员，目击者总会不禁勃然兴愤。但从这个"不禁勃然"而就引出所谓道德就是先天的价值——永远不变的人类行为的规范的结论那就错了。道德只存在于现实。现实的道德以外无道德。"勿打人"这样的抽象的命题在它自身还不是一个道德的命题。

但杜威的这番考察只不过是社会科学前的考察而已。他虽已发见了，道德过程是产业状态或阶级关系的发展所规定的社会过程，以及在现社会规定着道德过程的一定的形式，但道德过程的固有的内容和那形式的内在的关系他却未理会到。他虽已看到了科学和道德间的一定的状态或相互间的表面的影响，但他们相互间的可能的合法则性的倾向或其必然的发展，他却无从追究下去。是以他对于科学和道德间的裂缝的结合卒亦指示不出一条首尾贯彻的途径来。他看不到道德终将解消于认识，道德的真理将解消于科学的真理的社会的历史的必然，他只得中途以技巧把"智虑"转由外面插进科学和道德中间以图把科学拉到社会的效用去，略示个人主义道德（个人道德）的单纯社会的扩充的方向，就算把问题解决了。我们且接着再看下杜威的几段作结的文字就可以明白这些情节。他是这样地写着：

"还有一个全盘的变化，就是道德善和自然善的传统的分别的一气撤废。现在讨论中的那个见解并非痛恨这强硬的分别而务必除尽它的唯一的见解。有些学派已至承认道德的美质德性所以有价值，只因为它们助进自然善。但运用到道德去的实验论理却按照各个性质对于现存弊病的救治有无贡献而定其善否。这样做去，它就扩大了自然科学的道德意义。现今的社会的缺陷已经尽量地批判过了的时候，人们就会疑惑到那根本困难或许在于自然科学和道德科学的离异。当物理学、化学、生物学、医学效力于具体的人的苦难的考查和救治济渡计划的展布的时候，它们就是道德的，它们就是道德研究和道德科学的一套工具。后者就失却教诲的、炫学的特殊气味，即超道德的劝诱的声调。它失却它的薄弱、轻脆和暗昧。它获得有效的经理者。但利益却不限于道德科学一方面。自然科学失去对于人的道德离婚证，而自己变为人道的。它已不是用那所谓为真理而求真理的专门的特定的方法可以探究得到的，却要带着社会的效果和理智的需要的意味去追求的。它只在供给社会的和道德的工程的技术一点是专门的。

"科学意识与人的价值完全结合起来，现在压迫着人类的那最大的二元论，即所谓物质的机械的科学的和道德的理想的东西当中所存裂缝就销扫乌有。因为这个分别而至飘摇不定的人力就会统一起来，而益增其雄厚。在诸目的未被认作因特殊需要和机会而各异的个别的事体的时期，心意会满足于抽象，而对于自然科学和历史的资料的道德的社会的用途的适宜的刺激也会缺少。但当注意集中于各种具体事物的时候，对于所以阐明特殊状态的理智的材料的乞援就成为命令的。道德既于智虑上做成焦点，同时属于智虑的事体也道德化了。自然主义和人道主义间的斗争就从此消熄。"

这样的，他就算运用了他的实验论理把科学和道德结合起来了。而他却又似还未省悟到他自己的这一番阐述正充满着教诲的炫学的气味，超道德的劝诱的声调。像他所提出的这样的道德概念才真是薄弱、轻脆、暗昧到无以复加。他接着再不厌求详地申述了一段说话：

"……研究和发见在道德中取得和它们尝在自然科学中所占的同样的地位。评价，证明成为实验的，关系结果的事情。在伦理上常为尊号的'理性'，于境遇的需要和情势，障碍和资源所由以详细寻究，和改良方案所由以筹划得当的各种方法内，成为现实的。幽远而抽象的一般性助长距跃的决论，'自然的预想'。恶果只得叹为自然的灾异，不幸的运数。但将论点移到特殊事情去，研究便成为分所应为的，关于结果的敏捷的观察自亦无可规避。过去的决定和旧时的原理都不能完全赖以绳墨行为的进程。在一定场合树立一个目的，所费心力无论怎样大，总不是终局的，必定还要留意于其应用的结果，在结果尚未证实它是正当以前，目的只可作为未完成的一个假定。错误不复成为无可躲避的偶然事，或道德的罪孽所应得报应，而是运用智虑而未得其正当方法的一个教训和对于将来的改善途径一个知会，必须修正发展和整顿的一个指示。目的是会成长的，判断的标准是会上进的。人对于他的进展着的标准和理想应该去发展，而同样地对于他所已把握着的那些也应该负起责任，本着良心去致诸实用。这样，道德生活就不至陷于形式主义和古板的因袭而成为圆活、生动，而日进无已。"

这样他就把道德弄成了随便凑合，因缘取巧，无限度的效用化，甚至市僧的行径。

本来道德本身是一探究态度，探究目标，在杜威起初也是这样看的。这个看法当然对。道德是事物的探究，同时道德自身也须常被探究，常被批判，被改造。社会的矛盾像在现下的"布尔爵亚"国家那样已成为根本的场合，道德尤其非根本的加以批判改造不可。不然道德就不能成其为道德，即所谓事物的道德的探究那一道德的存在理由就成立不起来，一切意义的道德也成立不起来。道德就是探究而又必须被探究，翻过来看，道德就不是另外一个世界，道德的本质就不在于善恶的价值对立，更不止于善价值一面。单只道德律也不是道德。至于价值的绝对神圣性和神秘性更不是道德的真髓所在。这样的想法只不过是把道德在如上各个意义上固定化了的结果。这当然是"太笨而且荒谬"的事。

但杜威自身的"智虑"却终于无力把他的"推求"贯彻到底。他被他的常识的习性纠缠着，于是讨究正到要害处，他突然又把现社会通俗常识的所谓道德，本于"布尔爵亚"常识的道德观念，搬了出来，把它固定化了，同时道德也依照通俗常识而脱出了事物探究的境界，而转变为（随便常识的）判断事物的工具。在这些场合，他把哲学者们对"实用主义"所指摘过的那"只知适用而没根据，只知通融而没归宿"的毛病完全暴露了出来。结局，就卒之指示不出一条为科学的客观的规范而确立起来的现实的道德的创造途径来，而仅藉助于甚么"责任感"和"良心"那样的空虚的主观的标准，希图因应个别的情境以达成个别的对付。至明显的这简直就是"布尔爵亚"社会特有的个人主义的高度放任的要请。这样的道德改造论，挂着科学的幌子，在本质上实则和科学是绝不相干的东西。这样的道德论和我们的新道德观根本上就走着相反的方向。

我们接着在这里且一瞥我们的新道德问题。这当然是一个困难问题。但我们目下却可以毫无犹豫地断言我们的新道德将是一定阶层的道德，适于一定的现实的社会——社会关系、阶层关系的一定的道德——

社会的阶层的规范。更详细的说，就是本于新社会的支配的生产方式（生产力与生产诸关系及其总和），作为支配的阶层的道德，而适应于现实的社会的诸关系的社会的规范。这个新道德并且又将是唯物论的道德，即科学的道德，科学的以客观的正确标准而规范人们的行为的道德，即科学的作为客观的规范而被确立起来的现实的道德。

那么，这样的道德是否还可以叫作道德呢？这个问题我们现在只可以简单地这样答复。道德这个观念一向是被神秘的 nuance 浑缠着的，在这个观念下所形成定着下来的旧东西已被另一形质的与前不同的新东西替换了，而我们还沿用着它来表现那新东西，这当然在理论上和在心情上都不大恰当。而且旧道德既失去了它的价值根据，已成了非道德的，甚而不道德的，人们就要超脱了旧道德，乃至推翻了旧道德，才能成为道德的。这样，新道德就可能新到不但与旧道德分路，甚至与旧道德相背驰。就是那所谓社会的阶层的规范将来也会失去它的积极的价值。加以，人们认识了客观存在全体的必然，并获得了本于这个认识而达到的人的自由时，人们的实践的功用就会大到可以"参天地化育"，如今足以称为"大仁大智"的那时节已属寻常事，人的行为所表现的意义就会大到非"道德"所能名。旧伦理学的道德观念和新社会科学的道德观念相比，已自渺小得可怜，今而后，道德的实质越加发展成长起来，就总会脱出它的旧躯壳，而转化为更高阶段的崭新的东西的。"道德"决不是"常名"。但在这里，主要的还是唯物论的道德何以就是科学的道德这个问题。

本来个个人的利害（即个人）与社会的共同利害（即社会—阶层）是基本的原则的被统一着，而无二致的，但在现实的个个具体的场合则不一定如此。这样的个人和社会—阶层原则虽被统一着，而两者仍各自有别的辩证法的关系就是"道德"的存在理由。是以在个个具体的场合，个人的怎样的行为才是真正道德的，是不能以"无上命令"来处断的。个人的行为，现实的是否道德的，就是说是否与社会—阶层的共同利益相一致，这是要客观地现实地去把它确定下来的。行为的道德性断不靠"良心"那样的空洞的主观的东西做标准（规范）。这个标准（规范）必定要是科学的明确规定下来的现实的客观的标准（规范）。而唯物论的道德正就是科学的得而明确规定下来的现实的道德。唯物论的道德就是科学的道德，其意义即系于此。

而这个道德却是要由诸个人的政治的社会的实践，锻炼出来的。

（原载于《新教育》创刊号，1949 年 10 月 1 日）

人的全面发展的教育任务

一、人的全面发展是无产阶级专政的任务

马克思和恩格斯指示我们，在社会主义社会中，教育的任务是"人的全面发展"。

作为社会主义社会的教育任务的"人的全面发展"与建立在生产资料私有制的基础上和人剥削人的基础上的资本主义社会里所喊叫的"全面"教育，两者间存在着本质的差别。

其所以如此，是由于资产阶级只管剥削人，以人为奴役，不可能正确地了解人，是由于资产阶级对人的教育的"关心"的阶级性。

人的本质是劳动。资产阶级以劳动为奴役人的手段，使劳动成为诅咒的对象，资产阶级不可能正确地了解到人的真正的本质。人的本质（"对象的本质"，"感性的活动"，实践的"对象的活动"以及由此而来的"变革的实践"）（参阅《第三手稿黑格尔哲学批判》《费尔巴哈论纲》《德意志意识形态论第三部》），只有劳动者自己，劳动者自己的科学，战斗的革命的科学，才能发现出来。

我们现在都晓得了，劳动创造了人类。那就是说，人是他自己的劳

动创造出来的，人就是他自己的劳动的成果。我们也晓得了人的体力与智力是结合在劳动中发展起来的。人的体力与智力的发展统一在劳动中。劳动是人的体力与智力的统一的发展的基础和泉源。劳动、体力与智力统一在劳动中的发展，对于人的发展具有决定性的意义和作用。我们还晓得了，劳动是人对自然——对象——的积极的活动。人通过劳动从自然造出自己的生活资料，而劳动总是在人与人相互间的一定的关系——生产关系——中进行的，人对自然的作用和人与人相互间的作用又总是分不开的。劳动不但是人的生活和人的发展的基础，而且是人与人相互间的关系和这种关系即社会的发展的基础。

马克思和恩格斯的"人的全面发展"的观点中的人的发展就是这样地存在于现实中的活动的人的发展，人的本质的发展，人的体力与智力的统一的发展，人的体力与智力的全面发展。

但是，社会的大分工，即城市与乡村分离以来，劳动被分解了。体力劳动与脑（智）力劳动形成了对立。人也被分解了，形成畸形的、片面的人。这样的人的分解与分工在同一程度上并进，在手工工场中达到了高度的发展。在资本主义社会更发展着和加深着城市与乡村的对立、体力劳动与脑力劳动的对立。人的全面发展的要求本来是资本主义所引起，而这个要求与这些对立之间却存在着深刻的矛盾，妨碍着人的全面发展。反映这种对立的教育，无论资产阶级的教育家们怎样叫喊它是"全面的"，也只能造成人的发展的片面性。在资本主义社会，那种分工和对立正是人的全面发展的枷锁。人的全面发展只有粉碎这种枷锁才能实现。人的全面发展这个任务，是富有战斗性和革命性的任务。克服体力劳动与脑力劳动的对立，把年青一代的体力与脑力的发展统一起来，保证他们的体力与脑力获得全面的发展，作为教育的任务这是要与先进阶级为彻底消灭剥削以及争取共产主义胜利而进行的斗争联系着来解决的——它是无产阶级专政的教育任务。

马克思的教育学说的主要问题，是无产阶级在社会主义革命取得胜利后，彻底改造教育的问题，消除资产阶级教育中的矛盾的问题，以及社会主义革命是世界上新的空前未有的人民群众的精神上的发展和繁荣的合乎规律而又必要的前提的问题。在这些问题的论述中，马克思提出了无产阶级专政的教育任务，并阐明了无产阶级专政的教育意义。只有当无产阶级革命胜利，当无产阶级获得了政权的时候，才能消灭剥削阶级。只有在无产阶级掌握了政权，建立了无产阶级专政以后，才能为人们的全面发展造就必要的前提，才能把文化与科学由资产阶级的独占变为人民的财产，为社会继续强大和发展的因素造就必要的条件。只有在无产阶级专政下，才能把作为对劳动者的压迫和精神奴役的工具的阶级社会的教育，以革命的方式，改造成为真正人民的、真正科学的全面发展人的教育。马克思和恩格斯这样地指出了改造资产阶级的教育和解决资产阶级教育中的矛盾的唯一正确的道路，在人类的历史上比揭露了资产阶级社会中教育的阶级本质，功绩还更丰伟。不包含消灭体力劳动与脑力劳动的对立的关于"人的全面发展"的了解，脱离了马克思主义的革命的唯物主义的观点，失掉了"人的全面发展"的战斗的、革命的意义，都是不正确的了解。

消灭体力劳动与脑力劳动的对立，实现体力与脑力的发展的统一，是人全面地发展的唯一手段和基本原理。这个基本原理决不容许其他原则来代替它，更不容许其他原则来排斥它。这个原理，是学校与政治结合，学校与生活结合，教学、教育与生产劳动结合，乃至理论与实践结合等教学和教育的基本原则所由而制定的出发点。离开这个原理就不可能实现全面地发展人的教育思想。离开这个原理就不可能胜利地解决在社会主义建设时期学校所面临的新任务。如果脑力劳动与体力劳动依然分离，即使各种类型的如工程技术学校、农业技术学校等等，也产生了体力劳动与脑力劳动相结合的一点萌芽，工人、农民的子女在这些学校也获得了基本教育和关于工艺和农业的一般知识，而生产上的科学知识却依然集中在工程师和技术人员身上，他们在一切生活方式和观点上都脱离了工人和农民，而工人和农民则脱离了科学知识，我们的教育依然在再生产着顽守各种专业的旧分工，我们的教育依然在再生产着脱离实际的知识分子，要建成社会主义是不可能的，要进到共产主义的高级阶段更不可想象。

为要消灭体力与脑力劳动的对立，实现体力与脑力的统一的发展，就必须使劳动与教育结合起来，必须使劳动成为人们生活所必需，使教育成为普遍的义务。如果体力劳动还是一部分人们的命运，教育又只是另一部分人们的特权，生产劳动与教育就不可能真正地结合起来。人们就不可能获得体力与脑力的全面发展，人们的发展就总带着片面性。而且，在现代的技术水平和科学知识的情况下，不把教学、教养与生产劳动结合起来，就不可能把教学、教养和生产劳动提到现代技术和科学知识所要求的高度，社会主义的基本经济法则（用在高度技术基础上使社会主义生产不断增长和不断完善的办法，来保证最大限度地满足整个社会生活经常增长的物质和文化的需要的法则）就将无从实现。教学、教养与生产劳动的结合不但是造就全面发展的人的社会规律，并且是社会发展进程本身的要求。与生产劳动结合的教育的普及，工人、农民的文化和技术的提高，新的与工农骨肉相连的知识分子的培养，科学工作者与生产工作者的紧密联系和共同创造的友谊的联盟——这一切都是克服体力劳动与脑力劳动的对立，保证社会成员的体力与脑力获得全面发展的必要手段。人的全面发展和年青一代的全面发展的任务的实现与这些问题的解决是密切联系着的。

但人的全面发展毕竟是一个抽象的观点，学校的任务不是从这个抽象的观点来考察和规定的。考察和规定我们的学校的基本任务的出发点，是当前的社会主义革命和社会主义建设的现实任务。列宁在他的一些演说和著作中，曾反复指示过，学校的基本任务不是从教育目的的形式逻辑的分析来揭露的。学校的基本任务要由具体的历史范围内的共产主义教育的基本问题来决定。而且，人的全面发展的任务也不是学校教育所能单独解决的任务。一切只从人的全面发展的观点来规定学校的任务和只在学校内来解决造就全面发展的人的企图，必然成为空洞的计划，脱离具体的实际情势。

学校教育对于人的全面发展的任务，是贯彻执行学校与政治结合，理论与实践结合，学校与生活结合以及教育与生产劳动结合等原则来保证年青一代的脑力与体力的统一的发展。不要误解，以为脑力与体力的发展问题只是智育的问题。马克思和恩格斯认为人的全面发展是智育和体育、综合技术教育、德育和美育的统一。这个统一包含着消灭脑力劳动与体力劳动的对立，乃至消灭它们的本质的差别。"人的全面发展"，作为一个概念来看，它包含着促进人的机体的正常发展，促进他的神经系统的机能的正常作用，促进他的一切心理过程、认识、情绪和意志的过程的正常作用等。人的全面发展在我们当前的时代还包含着新人的一切新品质和新特点的形成、培养和发展，即他的兴趣和爱好，他的性情和气质，他的积极活动性，信念和世界观等的新的形成、培养和发展。我们要从人的生理、心理和社会生活的相互作用中来了解人的整个发展，全面发展人的教育才能走上正确的道路。

我们还要谨记着，列宁又曾指示过，在年青一代的面前摆着建设共产主义的任务，针对着这个方向，当他们在学校学习和受教育的时期就应该做好准备。我们的学校不应该一般地教授科学，不应该孜孜从事像资产阶级学校所标榜的那样去"全面谐和地"发展人的个性。我们是造就共产主义社会建设的积极参加者，我们的学校工作应该全部服从于这个任务。人的全面发展的必要前提和条件是在无产阶级专政建成社会主义社会的斗争中创造出来的。我们必定要将青年的全部教育与社会主义建设的任务，与工人、农民建成社会主义的斗争密切联系起来。只有把教育的每一步骤与社会主义建设的现实任务联系起来，青年们才能成为真正的共产主义者，才能成为自己祖国的忠诚儿女，负起劳动的真正的使命，为自己，为人民实现共产主义、完成人的全面发展的光荣事业豪迈而英勇地进行坚毅不挠的斗争。

劳动，实践的活动统一着体力与脑力的活动，在这个基础上构成知行的统一，理论与实践的统一。

在人类社会的发展过程中，使可能性转变为现实性的运动，是人的这种社会的实践的活动。一切历史的现象都是人类的积极活动的成果。历史的领域中的可能性到现实性的转变必须通过人们的社会的实践，人们自己的积极的活动而实现。固然，条件也是这个转变的重要契机。但条件本身并不能使可能性转变为现实性。为要促进这个转变的实现必须凭借人们自己的积极活动，人们自己的实践活动。具有高度的自己运动的性质的东西，条件是蕴蓄在那东西自身中的。对象的内容就是现实性的实现的条件全体。可能性向现实性的转变经由对象自身的运动，把内容展开。作为"对象的本质"的人就是作为他自己的实践的活动的成果的对象的人。人就是他自己的实践活动的成果。教育活动本来就是促进这个转变的人们的实践活动的一个形式。教育活动，而漠视了对象的自己运动（例如漠视培养学生自己养成共产主义观点的能力，自己肃清书本与实际生活脱节，理论与实践脱节，和自己进行艰巨的、大量的独立思考工作等），人们的活动就脱离了对象自身的发展的根据。这样的教育与人们的本质发展是不相干的。在这样的教育过程中，对象的自己运动的契机无从而显现，对象与条件的结合运动只能是偶然的，教育的效果也只能由于过程以外所给予的作为"外部的必然性"的偶然性而产生。

在客观过程的规律性未被掌握着，从而客观过程还未被按照它的规律而有意识地有计划地为人们所控制的场合，人们的活动就总是偶然的——必然的，而不会有自由的契机。真正的教育在这样的情况下就只能作为在过程以外碰巧而得来的一点补充而获致。不相信客观过程的规律性，不了解人的本质的资产阶级的教育，其效果只能这样。这就是经验论者杜威在他的《民主主义与教育》的第二章所叙述着的所谓社会环境在他们不知不觉中，并在他们所规定的目的以外所施行的对于青年倾向的形成更为深远而密切的教育影响。如果在资本主义社会是关系和偶然支配着人，在共产主义社会则将是人支配着关系和偶然。在无产阶级专政下建成社会主义社会的进程中，人的全面发展的必要前提和条件陆续造成，共产主义教育的问题陆续规定完备，社会与学校就将取得完全相同的方向，共产主义方向，对人的全面发展发挥出一致的，有力而有效的作用。

毛泽东主席在《实践论》中指示我们，"无产阶级和革命人民改造世界的斗争包括实现下述任务：改造客观世界，也改造主观世界——改造自己的认识能力，改造主观世界与客观世界的关系"。这个改造过程，我们应该体会到也就是人们争取把劳动从资本解放出来，并把劳动变为社会的劳动，以及完全支配自然力，并把劳动变为支配一切自然力的人的劳动的过程。这种劳动要求人的劳动具备社会性，具备科学性，要求人的劳动成为自己的劳动，真正创造的劳动。这种劳动要求人向一切方面发挥他的一切才能，要求人的全面发展。这个改造过程也就是人自己争取自己的全面发展的过程。

二、对"人的全面发展"的几种了解的批判

在十八世纪后半期至十九世纪初期，在瑞士，有一位热心的终生从事于改善劳动人民生活的，民主主义的，非凡的教育学者和教育家裴斯塔罗齐。在他的时代，资本主义在瑞士已开始发展起来。资本主义深入

到农村，农民受着封建的剥削，还受着资本主义的剥削。裴斯塔罗齐看
出了劳动人民的困苦境况。他要改善他们的生活，解除他们的困苦。但
他没有从他们的困苦境况中找到正确的出路，他没有看到他们生活困苦
的真正原因。他不能踏上发动革命的道路，他的活动就始终脱不了教化
的性质。依裴斯塔罗齐的了解，教育是按照自然形成的天赋能力的发
展。真正的人性的显现，完人的创造——就是教育的目的。人的意义是
把自己的素质发展到尽可能完善的境地。"除了体力与智力的谐和发展
以外，教育没有其他目的"。裴斯塔罗齐的体力与智力的谐和发展的观
点，具有什么意义呢？在裴斯塔罗齐时代，德国的唯心主义哲学的先驱
者莱布尼茨，曾倡导过所谓作为万物的基础，一切生命的基础的"单
子"（独立的精神的实体）间，存在着预定的谐和的等级和关联，这样
一个哲学观点。这个观点和裴斯塔罗齐的小市民阶级的社会意识结合起
来，就形成了裴斯塔罗齐的阶级谐和论的社会思想。裴斯塔罗齐认为每
一个阶级都应该保存。认为教育体系应该以当前的生活条件和劳动条
件，以及某种阶级的需要做标准来构成。农民子弟应为从事农业，手工
业者的子弟应为从事工艺而受教育，贵族子弟就要受科学教育。因此，
在劳动人民的教育上，劳动具有极大的意义。裴斯塔罗齐在他的实际教
育活动中和在他的许多著作中，又提出了生产劳动与教育结合的思想。

在裴斯塔罗齐的教育学说中，我们可以清楚地看出，他的所谓体力
与智力的谐和发展的观点是不包含消灭体力劳动与智力劳动的对立的。
生产劳动与教育结合的观点的提出，在裴斯塔罗齐不是为了消灭体力劳
动与智力劳动的对立，而是为了适应体力劳动与智力劳动的不同的需
要，"预定"命运的安排，适应增进生活条件和劳动条件不同的阶级间
的谐和。在裴斯塔罗齐，劳动与教育是没有内在联系的，只是纯粹地机
械的结合。裴斯塔罗齐在谈到劳动教育的任务时，认为劳动教育只能帮
助人们职业上的发展，不会带给人们智力的发展。劳动教育于人类并无

什么价值。劳动不能发展人性，与人性的发展是不相干的事情。人性的发展才是教育的目的。因此，他在教学农作和工艺的时候，还要在作业过程中利用种种方法来"温暖"儿童的心，发展他们的智慧。劳动教育本身，在裴斯塔罗齐，于是就不成其为教育了。

在裴斯塔罗齐的体力与智力的谐和发展的观点中，包含着对劳动（生产劳动、体力劳动）的这样的一些见解，是不足为奇的。这正是不同阶级的利益在教育上，和在教育学说上的反映。

还有我们应该留意到的就是裴斯塔罗齐的体力与智力的谐和发展的观点同他的阶级谐和的观点的一致的问题。裴斯塔罗齐为了阶级的谐和相处，甚至承认了人的"社会状态"对人的"自然状态"的限制，把这种限制也看作预定谐和的自然的部署。于是裴斯塔罗齐所要创造的"完人"也不能不受到一定的限制。他所要创造的"完人"也不过是在这种限制下的"完人"。即使农民、手工业者的子弟，在他的学校里，只受到了关于农作、工艺的技能的训练，而得不到接近科学的机会，也是他们的预定命运。在他们的预定命运的限制下，他们自有他们的所谓"完人"的境界。

裴斯塔罗齐所谓体力与智力的谐和发展，不论在教育的理论上和实践上都具有极大的片面性和局限性。所谓"谐和"实际上就只是巩固和加强工人和农民对资本家和地主的依赖。裴斯塔罗齐的体力与智力的谐和发展的教育的意义不过如此。

再看小资产阶级的阶级平等的观点。在十九世纪初期，资产阶级的所谓阶级平等的表面性和虚伪性开始暴露出来的时候，小资产阶级的思想家，如蒲鲁东等企图扩大资产阶级的所谓平等的概念，把人们对财产平等的要求加了进去。但他们没有提出消灭阶级，消灭阶级不平等和阶级剥削的问题。他们假装否认政治，实则要使"工人阶级服从资产阶级的政治"。他们不懂得只有使人们摆脱资本的压迫和奴役，才能解放个人，才能为个人的体力与智力的全面发展创造条件。在教育问题上，蒲鲁东提出了所谓多种职业教育的主张。他的一派，保尔罗宾还在巴黎附近设立了一所学校，实施了 20 多种手工业——装订工、厚纸工、木工等等的训练。认为这就是"完整的""综合的"教育，企图借以引导人们获得全面的发展。马克思在他的《哲学的贫困》里就已揭破了这种教育的反动性，揭破了他们否定大机器工业的作用，并使无产阶级指望把那已为历史发展所注定要死亡的落后的家庭手工业劳动来做人们的全面发展的泉源。列宁在对克鲁普斯卡雅《论综合技术教育》提纲的评注中，就警告过大家勿使综合技术教育变成手工业。列宁在讲到综合技术教育的基础时，认为使学生在理论上和实践上去认识电，对于确立综合技术教育的基础，具有主要的和决定的作用。列宁非常注意电在机械和化学工业中，实际上和技术上的应用，和非常注意使学生认识国家电气化计划，使学生对自己的祖国的伟大光辉的未来的远景具有一个大概的观念。这样，综合技术教育问题才成为逐渐实现共产主义社会的全面发展的建设者和保卫者的教育问题。希图以手工业解决人的全面发展的任务，甚至希图把现代文明从机械时代引回到纺车时代，显然是反动的空想。还有巴枯宁，他否定与现代有关的一切，竟至信奉蒙昧主义，要将学习科学知识划出教育以外，还以这种谬论去反对当时西伯利亚商人要求政府在西伯利亚建立大学。巴枯宁对社会主义社会中的科学问题的论断简直是反动至极。在这个"疯狂的小资产者"的观念中，社会主义是没有科学文化的"好"境地。为了动摇青年对"正统"思想的信念，摧毁既成社会制度，巴枯宁还曾大叫大嚷，煽惑青年抛弃学校、科学和理论工作。认为这些工作是"俗不可耐"的事情，甚至认为科学和理论工作对于青年应"悬为厉禁"。巴枯宁自命为人民革命家、社会主义者，但在他的观点中，即使在社会主义社会，人民仍是那么粗野愚蠢，从他们中间决不会产生什么能干的人才。他的这种对人民的观点却与任何反动分子没有丝毫的差别。像他所主张的那样的社会主义，怎样会令人相信他确曾关心过人的全面的发展？像他那样荒谬的立论，无论他怎样喊叫"全面教育"，他究竟曾否郑重地考虑过这个问题，也不能无疑。

现在回转来又再看看我们目前的一些教育者对于"人的全面发展"的了解是怎样的情况。最近出现的首先就是所谓"平均发展"的观点。这个观点，从他们的实践的具体的表现看，所谓"平均"，就是人人都一样的平等均匀。这个观点，现在人人都说是由于误解了"人的全面发展"而来的。但至今还未听见过有人谈到怎样会误解成这样的。这个误解，是极危险的一种误解。共产主义是人人全都一样的平凡的集体，没有鲜明的个性，这种见解，马克思和列宁都曾指出过，是资产阶级思想的庸俗的见解。而这些教育者的误解却恰恰与此如合符节，把共产主义认作灰色的单调的集体，用一个模型去塑造个个一式一样的人，使个人绝无一点希望得到个人自由的发展。这样的教育恰恰走着与全面发展人的教育正相反的方向。

在《德意志意识形态论》中，马克思曾指出过，在共产主义社会，个人自由的发展，并不是单纯一句空话。在共产主义社会，个人的发展将决定于个人相互间的联系，这种联系，一部分在于经济的前提，一部分在于每个人都有自由发展的必要性，最后在于每个人的活动的多种多样性。在共产主义社会，将造成人的全面发展的前提条件，最后将消灭体力劳动与脑力劳动不协调的现象。一个人不会再被限制在一种特定的活动范围以内。在共产主义的高级阶段，社会成员的活动将包括广大范围的各式各样的活动。因此，人的思考也将具有多样的性质，人也将获得形成和发挥自己的一切能力的机会。

在《从空想到科学的社会主义的发展》中，恩格斯也这样地写着："当社会成了一切生产手段的主人，把它们按照社会的计划来应用的时候，它就将消灭生产手段对于人们的从来的奴役。不消说，社会若不使每个人都得到解放，它自己就得不到解放。因此，旧的生产方式必须被从根翻过来，尤其是旧的分工必须革除。代它而起的，必须是这样一个生产组织，在那里，一方面，无论哪个人都不能把那在作为人类生存的自然条件的生产劳动中自己所应承担的那部分推到别人身上，在另一方面，生产劳动，由于它对于每一个人都给予向一切方向（nach allen Richtungen）形成（ausbilden）和表现（或发挥）（betätigen）他的身体的精神的所有一切各种能力（sämtlicheu Fähigkeiten）的机会，它就不再是奴役人们的手段，而是解放人们的手段，生产劳动就由重担而变为快乐"。

在《共产主义原理》中，恩格斯回答"彻底废除私有财产后结果将会怎样"这个问题时，这样地说过，"——阶级由分工而来，但从来那样的分工已完全成为过去了。因为要工业生产和农业生产提到刚才所谈过的那样高度，仅有机械的和化学的补助手段已不够了，还要使运用这些手段的人的能力相应地发达起来。前世纪（十八世纪）的农民或手工业者被卷入大工业时，改变了他们的生活方式，完全变成了另一种人，与此相同，由社会全体共同经营生产，和由此而来的生产的发展将需要新型的人，也将产生新型的人。每一个人只从属于一个生产部门，被束缚在那里，为它所剥削，只得到某一种才能的发展而牺牲了其他一切，对于整个生产体系中只一部门或一部门中的一部门以外就一无所知的那样的人是不能从事生产的共同经营的。就是现在那样的工业也已越来越不需要这样的人了。由社会全体共同协力并且有计划地来经营的生产事业，此外，还要他的才能全面发展的懂得整个生产体系的人做前提。一个人是农民，又一个人是鞋工，第三个是工场手工业者，第四个又是股票投机商，像这样的，现在正被机器摧毁着的分工，因此，又将不复存在。教育将使青年们能够迅速地学会生产的全体系，他们将因社会的需要和各自的爱好依次输到一系列的生产部门去工作。这种教育将消除现存的分工所强加于各人的片面的性质——"。

我们从马克思和恩格斯的关于共产主义社会的这些描述可以更明确地看出在社会主义集体中人们会怎样地得到发展自己的才能的巨大的可能和条件。而且人们也只有在社会主义集体中才能得到使自己的才能全面发展的可能和条件，因此，也只有在社会主义集体中才有个人的真正的自由。这个集体正就是以各个人的自由发展为一切人的自由发展的条件的集体。马克思和恩格斯所描述、提示给人们的社会主义集体的前途，正就是人们各个人的真正自由的前途。

资产阶级的思想家硬把共产主义社会说成是抑压个性、碾平个人的利益和需求的平凡的集体，简直是无耻的、可怜的诽谤。事实胜于雄辩，就在我们眼前，我们在我们的社会主义的老大哥苏联就已看到了实现着马克思和恩格斯的那些描述、预测的许多事实。在那里，许多新人被培养起来，他们并不为一定的事业所限制，他们正由专业走向智能视野的不断扩展，走向文化水平的不断提高。他们把在一定的工作部门中的高度专业化与广泛的一般的文化发展、技术视野的扩大，与积极参加社会生活、政治生活等等结合起来。他们的先进劳动者的特色在于把自己的工作认为巨大的社会事业的一部分，能从国家的观点来看自己的劳动。社会主义建设事业正要求着人们了解社会发展的前途，满怀信心，沿着胜利的道路，英勇地前进。社会主义制度正要求着深刻的专业化，同时又为人们的眼界的扩大和全面发展创造着有利的条件。多方面的和丰富的精神上的需要是社会主义社会所特有。社会主义制度正鼓舞着和发展着人们的日益多样性的文化和科学的兴趣，正促进着人们向多方面发展。

"苏联的革命和建设的基本经验，都值得我们认真地加以研究，成功的基本经验尤其重要"。

我们从苏联的经验，可以明确地看出，社会主义社会正在怎样地给予劳动人民以广大的可能性，去使体力劳动与脑力劳动相接近和最后克服狭隘的专业化的有害的后果。

工农文化技术水平的增长，它的提高到工程技术劳动者水平——这是在苏联清除脑力劳动与体力劳动的对立性所遵循的主要轨道。苏联共产党和苏维埃国家正在用整个体系的措施来保证这个伟大的历史任务的解决。苏联共产党和苏维埃国家并用自己的政策来促进脑力劳动者与体力劳动者的接近，帮助他们克服意识中的资本主义余毒，引导科学和艺术走向服务于人民的崇高目标。苏维埃的科学和艺术的最优秀的成就在人民群众中传播越广，脑力劳动者与体力劳动者的界限就降低得越快。在苏联，进到共产主义去的过渡，将使人们摆脱他们由于脑力劳动与体力劳动分离而产生的那种局限性。从来的使人解体的分工形式，即一些人被注定终身从事于体力劳动，被剥夺掉发展自己的精神力量的机会，而另一些人则被注定要从事于妨碍他们发展自己的体力的片面的脑力劳动的分工形式，将被消除。共产主义社会将是全面发展人的社会，它将使人们能够充分自由地发挥自己的才能，也能够充分自由地发展自己的才能。

其次是作为纠正人们把"人的全面发展"看作"人的平均发展"的忽视个性的错误而提出的"全面发展、因材施教"的论点。

我们采取了"人的全面发展"的观点，做我们的教育方针，决不是偶然的事情。这是我们的社会生活所必需的、合乎规律的现象，是我们的社会主义革命和社会主义建设的要求决定的。

人的全面发展的要求，反映着社会历史发展的必然的趋向。它是人类发展的必要的要求，是社会主义社会条件下的现实的可能性。

"人的全面发展"，是马克思主义哲学的一个基本问题，是无产阶级专政的一个基本任务。

人的全面发展！现在却有人要从它把"人的"这个主体"人"摘掉，另添上"因材施教"的尾巴，它不但将要变形，而且将要变质。

如果说，摘掉了它的主体，"全面发展"的本义依然不变，那就只是心理的偶然，而不是论理的必然。马克思和恩格斯的关于人的发展的观点就是关于人的高级运动形式的内在法则的指示。像这样地断章取义，随便分开来使用，"全面发展"就成了只是对象的表面的，从外部撮合的增长或扩张，而不意味从对象内部将有新的、更高级的、更复杂的东西的不可阻挡的出现。这就阉割了真理，使真理庸俗化。

"因材施教"，有人说是孔夫子的一句老话。这是臆造。孔夫子何尝说过这么一句话？在《礼记·中庸》却有这么一个句子："故天之生物，必因其材而笃焉，栽者培之，倾者复之"。这个句子的意义，我们且不去理会它。这个句子里的"材"，郑注，"质性也"。"因"呢？"说文解字"作"就"字解。那么，"因材施教"，就作为"就儿童和青年的质性而施设或进行教育"吧。这么一个论点，作为教学和教育的一个原则还嫌不明确，太含糊。这么一个论点，说是要纠正忽视发展个性的错误，而把它放在教育方针上，就将造成一个无方向性、无目的性的方针。这就会令人迷失方向，而漫无目的围绕着个性中心团团转。

几个月来，所造成的所谓片面强调"因材施教"的偏向，实质上就是全面回复唯心主义的"个性论"的偏向。唯心主义者硬说，每一物体似乎都具有绝对地为它所特有的精神实质，都是特殊的"个性"，就从这样一个立场来否定自然规律和社会规律的客观性，把个别的东西绝对化，反对科学地认识世界，而颂扬神秘的启示，以至煽动宗教狂。唯心主义者还认定宇宙间的一切都具有个人主义的性质，都是从"自己的"、使"自己个别化"的本原产生，就从这样一个立场来给唯利是图的资产阶级个人主义，乃至反动的"世界主义"找根据，说什么民族性，国家主权都是"非本质的东西"。在帝国主义时代，唯心主义的那些最反动的形式，最流行的资产阶级哲学观点，在目前，强调个性的人们似乎都未留意到。他们那些"个性论"者也玩弄着与我们这些人同样的逻辑手法来把概念客观化的。

我们从这几个月来，在这个"全面发展、因材施教"的方针修改草案的讨论上，可以看出，就"人的全面发展"这个观点来谈个性发展问题的很少很少，人们的注意大都着重在"因材施教"上的情况。在这些讨论中，"全面发展"大都被认为是发展人的共性（共同性）的观点，"因材施教"是发展个性（差别性）的观点。这些人还说，"全面发展、因材施教"这样地结合起来，教师们就可以"在照顾到学生的一般性（共同性）的基础上去掌握每个学生的特殊性（差别性），以为施教的对象"。这样就极显然，"人的全面发展"的观点，几个月来，经过讨论，依然被认为是"平均发展"一模一样的观点。这是我们应加留意的一个严重情况。

本来在普通的教育学教科书上都有一些章节阐述儿童和青年的年龄特征、个性特征的问题，指出在教学和教育过程中研究儿童和青年的基本原则和方法。所谓年龄特征、个性特征指的就是各个年龄阶段上，由儿童以至青年过渡到成熟期的生理的和心理的形成上的特征，换句话说，就是儿童和青年的体力和智力的发展上的特征。这个问题决不是什么"因""就"的问题。我们要考虑儿童和青年的年龄特征、个性特征，我们还要引导它们，和指导它们。就拿兴趣来说吧。在教学和教育过程中，考虑学生的兴趣是必要的，但也必要注意到他的兴趣不是固定不移的，在社会条件和教育的影响下，特别是在我们的整个社会正起着根本变革的情势下，它亦在发生着本质的变化。因此，在教学和教育过程中，不但必要考虑学生的兴趣，还必要按照社会主义建设的任务所要求的方向不断地去引导和培养学生的兴趣。关于学生的注意，也同兴趣一样，必要按照我们所要求的方向把它引导和培养起来。教师的任务就在于不断地观察学生在教学中的注意，按照所要求的方向，加以引导和培养。

在今天，学校的任务是要教育青年以共产主义作为实际活动的指针。列宁也曾指示过我们实现这个任务的具体途径。第一，是布置青年的教育、教养、教学工作务使他们的每一步骤都与劳动者建成共产主义的斗争联系起来。使教育、教养、教学导向克服旧社会的遗习，导向克服利己主义者和小有产者的资产阶级心理。第二，是把青年的自动精神以他们力所能及的形式导向实际解决社会主义建设的任务。为了顺利解决这个任务——造就共产主义建设的积极参加者的任务，列宁认为必须从幼年起就养成青年爱好劳动的习惯。"必须使共产主义青年团在自觉的和有纪律的劳动中教育所有从十二岁起的青年"。列宁把自觉的纪律和劳动教育结合起来，是因为对劳动的社会主义态度离开了自觉的纪律是不可思议的，正如自觉的纪律只有具体地表现在自觉的、有纪律的劳动上一样。列宁还教导我们要使青年注意，共产主义教育就是把自己的工作和力量用去为公共事业服务。这才是人们表现和发展自己的才能的正确道路。抽象地标榜发展个性是资产阶级学校的所为。

个性决不是"天性"。"个性"只是"个人"的一个对仗词，迷惑着人们的就是附着在那上面的"性"字。在日常生活中，一个人往往作为"感性的对象"出现在人们眼前。在这个场合，人们看到那是现实的、个人的、具有肉体的人。如果一个人是在活动着的场合，那一个人就作为"感性的活动"出现在人们眼前，人们就看到那是一个现实地存在着的活动的人。这是人们在感性认识的阶段或场合的经验的事实。但认识上升到理性的阶段，人们更进而从其所与的社会关联中，并在其所与的条件下去理解一个人的场合，这个人就作为理性的对象而出现在人们的心目中。于是这一个人就不是当人们还只在感性中所觉知到的止于自然性部分那样的片面的人了，而成为具有自然性和社会的各种特征的内容的一个整体的人。人们从各个人的具体性着眼，从各个人的各种特征着眼，把他所具备的各种特征综合起来，并从他的具体性来理解，就构成关于各个人所具备的生理的、心理的和社会的各个方面的特征的总和的一个概念"个性"。作为一个整体的人，与一切形而上学相反，辩证法把他理解为他的一切部分和一切方面的客观的物质的相互联系和相互作用，理解为他的内部的各个方面的各种特征的统一，理解为他与周围的世界不可分离的联系和相互作用。因此，要了解任何一个人，都要不仅从他的各个方面的相互联系和相互依赖中去研究，而且还要从他与他的周围的世界的复杂的相互关系中去研究。

个性决不是"天性"。从马克思主义的关于个性形成的学说，从巴甫洛夫的关于高级神经活动类型的学说上，我们懂得了，个性发展以素质（禀赋）为其前提条件。素质就是人在生物学方面的遗传性。它是人们从祖先继承下来的一系列解剖学上和生理学上的特征。它包括着形态学上的特征和作为个性发展前提的素质。但素质又不是而且不可能是个性的实际内容。个性的实际内容是社会生活的环境因素和教育的结果。

列宁曾指出过："人直接地是一种自然的实体，凭借着这个自然的实体，这个活生生的自然的实体，人就或多或少地被赋以自然的力量、生命的力量，从而成为一种活动着的自然的实体。这种力量，表现为素质和能力的形式，表现为本能的形式。"人的自然的素质就是一个人的发展的前提。而人本身的发展则有赖于社会条件和教育。

人的心理特征是由他与周围世界的有效联系而形成的。他的世界不仅是自然界的物体和现象，而且也是人，人们所创造的物品，人们的生产、社会关系、经验、文化、语言、思想。人在社会中诞生、成长并发达起来。他凭借所在社会去认识周围的世界，掌握社会所已具备的物质的和精神的财富。只有掌握着这些体现在人们劳动的成果中和他们创造的技术、科学、文化和艺术中的马克思所谓"人类的根本力量"，他才能发展自己的力量，化自己的禀赋为能力，形成人的个性。

人的心理是随着他的生活的发展而发展的。而他的生活则由他的具体的历史的社会条件中的教育所决定。社会和社会意识通过教育以影响成长中的个性意识的形成。一切事物都在教育着儿童和青年——人们、物品、现象，首先而且最多的就是人们，其中占首位的就是父母和教师。教学方式是随个性的发展、个人的觉悟和独立性的成长而改变的。但教育在个性的每个发展阶段上都起主导作用。教育是实现每个儿童和青年的个性的必要条件。他的智力发展的历史，意识形成的历史，都是他在他所接受的教学、教育过程中创造出来的教育的内容，形式及其对个性发展的影响的力量，由社会发展的水平和社会中的人们的社会关系决定。在阶级社会，教育的可能性则为敌对的社会关系和学校与生活间的矛盾所限制。

教育从社会和国家政策的任务所指导的目的出发来指导儿童和青年一代的发展。他们发展的方向和他们的素质的发展以及个性的实际内容的形成都是社会和国家政策的任务所指导的目的所决定。教育的方针、任务和目的、要求就是新生一代的公民必须具备的质性的纲领。在社会主义建设时期，与社会主义建设的现实任务密切结合的共产主义教育，对于人们的年青一代的全面发展起主导作用。在社会主义社会，学校以及其他一切文化教育机关都可以组织成为与社会发展方向相同的对人的全面发展的极有力和有效的因素。

个性的形成，问题不仅在于没有教育，则这个过程将不能如所需要来进行，而且在于没有教育，这个过程就简直是不可能。我们正在鼓舞和发展着人们的丰富多彩性。这就是丰富多彩的各色各种的新个性形成的倡导。这就是全面地，向各个方面、各个方向发展人的教育的一个必要措施。人们的丰富多彩性是至宝贵的。但我们还必须善于在教育过程中，从丰富多彩里塑造出一个整体的东西来。八大决议中指示我们，"必须坚持百花齐放、百家争鸣的方针"，还教导我们要批判地掌握住先代的伟大的文化遗产，以及其他一切民族的国家的先进的文化宝藏，从中挑选出一切能满足人民需要，能满足社会发展要求的东西，"努力创造社会主义的民族的新文化"。这是完全正确的。这就是照亮我们从丰富、多彩中塑造新的整体的东西的一座明灯。因此，我们鼓舞和发展人们的丰富多彩性，我们决不容许以此同资产阶级的个人主义的教育原则混淆一起。我们不是要发挥个人主义者私有者、小市民的才能和兴趣。我们是要发挥社会主义集体中的成员的才能和兴趣。这个丰富多彩性要在社会主义劳动的基础上，真正的创造性的劳动的基础上发挥出来。社会主义劳动的目的是创造新的、更高的生活形式。推陈出新，不墨守成规，永远寻求新的更完美的劳动组织形式和工作方法——这是社会主义劳动的特点。我们的奋发的热情，雄强的劳动创造力应该面向着生活。我们笔下所放的花应该是新的生活的反映，我们口头上所鸣应该是新的生活的反响。我们的"争"应该是人民的实事求是的革命的自我批评的表现。这才能创造出真正是具有我们的民族的特征的社会主义的新文化。

个性发展的过程是社会的形成的过程，是环境和教育的影响的过程。个性本身不决定自己的发展，素质只是个性发展的前提条件。个性的全面发展，只有在社会主义集体中才始可能，个性的自由发展也只有在社会主义集体中才始可能。在资本主义社会、阶级互相对立的情势下，它所有的只是"虚伪的集体性"。在共产主义社会，集体才具有真实的意义。"人"的教育，也只有在真实的集体的条件下，在个人的自由发展成为全体的自由发展的条件的共产主义的制度下，才具有真实的意义。资产阶级的思想家所不可能解决的社会与个人的问题，在马克思主义的理论中才得到了解决。而在今天，我们所要解决的，也正是这个问题。

三、几个问题的解答

在《德意志意识形态论》中阐述了马克思主义哲学的一系列的基本问题。如人的教育和发展的因素，遗传和社会条件在这个发展中的作用，人的全面发展的条件，在资本主义制度下和共产主义制度下的人的发展，革命活动在人们的改造教育中的作用等问题。所有这些问题在马克思以前总是从唯心主义哲学的立场来解决的。这些未得到正确解决的问题，马克思和恩格斯以革命的唯物主义的观点明确地把他们解决了。人的全面发展的观点，就是在这些问题的阐述中提了出来的。

个性的形成和发展的问题，是在个性的形成和发展中环境与教育间的问题，是一个极复杂、极艰巨的问题。它与一系列的哲学、心理学、教育学以及与这些方面有关的各方面的知识都有关联。对这个问题的不同的解决，可以得出不同的结论，这些结论不仅是教育方面的，而且是哲学和社会经济方面的。因此，这个问题的解决在历史上早就成了唯物主义与唯心主义的派别的尖锐斗争的对象。在这次的教育方针修改问题的讨论中，这个斗争也冒起头来了。但在我们今天的社会条件下，这个斗争却带上了非对抗的性质。怎样把马克思和恩格斯向社会主义社会提出的人的全面发展的教育任务理解得更正确，怎样把共产主义教育的问题规定得更适当，本来就是我们共同的问题。由这些问题的讨论而掀起的正面的东西与反面的东西的斗争，应该就仍具有它的一致性。这个一致性应该就表现为积极地走向唯物主义，而且是辩证唯物主义胜利的一致。我们的社会发展的内部条件已发生了根本的变化，我们的自觉的活动的作用已空前地扩大了。毛泽东主席在《论持久战》中所指出的人们的"自觉的能动性"，在今天，为要取得辩证唯物主义的胜利，正应该充分地发挥它的作用。毛泽东主席在《论持久战》中说："……思想等等是主观的东西，做或行动是主观见之于客观的东西，都是人类特殊的能动性。这种能动性，我们名之曰'自觉的能动性'，是人之所以区别于物的特点。一切根据于客观事实的思想是正确的思想，一切根据于正确思想的做或行动是正确的行动。我们必须发扬这样的思想和行动，必须发扬这种自觉的能动性。"它是人们以自觉的改造的革命活动和以自觉的历史创造的活动代替社会发展的自发过程的决定因素。

我们是在学习苏联的先进经验来建立我们的教育制度。苏联的教育制度的特征在于它的先进性、科学性和全民性。苏联教育制度的先进性表现为它是生长在社会主义社会关系的基础上的，是建立在马克思列宁主义的社会科学的原则上的，因而是当前唯一先进的教育制度。苏联教育制度的科学性在于它的目的、原则、内容、方法和教育过程的组织是根据马克思列宁的关于社会发展和社会动力、关于个人形成的条件和途径、关于社会环境和遗传因素的作用以及关于教育在培养新生一代的事业上具有决定意义的那些学说来订定和构成的。苏联教育制度的全民性表现在于它是为全体人民服务的，在于它的教育包括着不同年龄的整个新生一代——儿童、少年和青年。通过它，全体儿童、少年和青年在加入社会生产过程以前，都能真正地掌握科学的基本知识和先进的马克思列宁主义世界观的原理，熟悉社会主义社会中行为的道德标准，并获得身体和精神的各方面向前发展的推动力。

这样的一个教育制度当然不是一朝一夕所能建成。它在十月社会主义革命后就开始建立。它也同苏维埃的国家形式、文化、艺术一样，在复杂的阶级斗争中，经历过它的诞生期和形成期。依据于马克思、列宁的关于年青一代的共产主义教育的学说，一部分先进的教师们在实际经验中，教育科学的最先进的代表们则在理论上，一步一步把它建立起来。至今他们还在不断地致力于进一步提高苏维埃教育制度的效能，改进苏维埃教育制度，使它更适合于摆到苏维埃教师和教育科学工作者面前的紧要的实际任务，并把苏维埃教育学不断地提高到适合于苏维埃人民所面临的日益更新的任务的水平。

我们要学习这样的一个教育制度，它的优秀的经验，它的基本原则和原理，它的内容和组织形式虽然要详加讨论。它的思想性，它对共产主义的一般原则和共产党的政策的服从性，以及它不仅为目前，而且也为未来的社会需要服务的那种宏远的规模，特别是它的最深刻、最本质的特点，即把全面发展不断成长的个人的要求，不但贯彻在学校里，而且贯彻到社会教育上，使青年的全面发展成为社会教育的法则，这个特点，它决定着苏维埃人民的教养和教育的基本内容，并已被建立为对教育方面的实际成就的评价准绳，这一切都要细加体察和领会，把它的最精粹的东西吸取过来，考虑着我们自己的国家的历史发展的特点和业已变化了的历史条件，来展开我们自己的新教育制度的建立。

但这只不过是一方面，还有一方面，就是学习苏维埃教育学，来建立我们自己的教育学。教育制度和教育学不能分离而各自单独发展。教育学的建立应与教育制度的建立齐驱并进。教育学和教育制度的发展是教育的理论和实践发展的标帜。教育制度尚未完全适合于学校所面临的任务，是由于教育学还落后于当前的实际任务。我们要学习苏维埃教育制度，也要学习苏维埃教育学，了解苏维埃教育学的情况。

苏维埃教育学的基础是马克思列宁主义的学说，是确定新生一代的共产主义教育的目的和任务的苏联共产党的政策。我们要获得科学的教育学的真正的发展，建立我们自己的教育学，首先就要掌握马克思主义创始者的关于教育的学说，领会这个学说的精神实质，并能进而在新的条件下运用和发展这个学说。

马克思和恩格斯的关于教育的论述著作，在它的总和上构成一定的观点和思想的体系。这些观点和思想是从马克思和恩格斯的关于社会的学说产生出来的。马克思和恩格斯的著作给予我们运用马克思主义辩证法的光辉的典范。我们要认真、深刻地研究马克思和恩格斯的关于教育的学说，就不能只限于研究马克思和恩格斯的关于教育的论述，必须研究马克思主义的全部理论，掌握马克思主义的唯物论和辩证法。辩证法是认识现实世界的最可靠的工具。在马克思以前，乃至马克思以后，也曾出现过不少思想家，企图说明教育和教养的本质以及它与社会生活的各种条件的联系。他们有时也正确地说明了现实，发表了一些深刻的思想和准确的预测。但因为他们没有掌握辩证唯物主义的方法，他们解释社会现象中所运用的方法，在本质上是与马克思的方法对立的、形而上学的方法，他们就始终没有揭露出教育发展的真正的规律。马克思和恩格斯在教育和教养的研究上运用了唯物辩证法，才明确地揭露了人们的教育和发展的基本规律和因素，因而教育学就得以成为不但能够正确地解释教育现象，而且能够预见到教育进一步发展的矛盾和趋势。这个方法，后来又在列宁和斯大林的关于共产主义教育的学说中和在苏维埃教育学的不断的发展中，以其所得成就而更加丰富起来。

我们能以马克思主义的科学理论和方法，把自己武装起来，我们就能够提高我们的学校教育工作的科学理论水平和思想政治水平，并能够实现摆在教育学面前的重大的新任务。

马克思主义的唯物论和辩证法是我们获致科学的教育学进一步真正的发展的最有力的工具，是科学的教育学的最稳固的基础。

但是，马克思主义的唯物论和辩证法，决不是一下子就能够掌握得着的。这需要不断的努力，长期的奋斗。这是一个持久战。毛泽东主席在《论持久战》中，多次地强调了主观努力、人的自觉的能动性在战争中的极重要的意义。毛主席说："主动和胜利，是可以根据真实的情况，经过主观能力的活跃，取得一定的条件，而由劣势和被动者从优势和主动者手里夺取过来的。"毛主席指示给我们的在武力斗争中取得最后胜利的基本原理，也是我们在思想战线上和向科学进军的征途中，取得最后胜利的基本原理。

　　把我们的教育学建立起来，并且不断地把它提高到我们的人民所面临的日益继长增高的任务的水平，这是摆在我们的学校教师和教育科学工作者面前的具有国家重要性的任务。

（原载于《中山大学学报》1957 年第 1 期）

怎样解决人民教育发展
过程中的内部矛盾

　　文化教育活动和经济组织工作的职能是社会主义国家特有的职能。这些职能在从前的国家职能中是没有的。在从前的国家，更谈不上文化教育活动和经济组织工作的密切结合。

　　所有从前的国家，包括资产阶级国家，都不能实现组织国民经济的任务，不能管理社会经济的发展。在资本主义的条件下起作用的竞争和生产的无政府状态的规律，打消了自觉地管理经济生活的可能性，生产资料私有制占统治地位，决定了经济过程的盲目性，并限制了国家影响这些过程的可能性。实际上资本主义国家也很少过问经济，因为经济并不在国家掌握中。相反地国家倒被掌握在资本主义经济手里。

　　在资产阶级国家中，文化教育也反映着资本主义社会所特有的而且是占优势的无政府状态。资产阶级的国家利用他们手里的教会、学校、报刊、电影等，主要的是为了实现他们的主要职能——压迫劳动者。他们所关心的并不是教育和提高人民群众的文化，而是蒙蔽他们的意识，压抑他们文化的发展。他们的学校和教育机关，除由国家设立以外，还由教会和个别团体、组织、政党乃至私人设立，并指导它的活动。作用于资产阶级国家，并反映资本主义社会的阶级矛盾的文化教育的盲目的发展规律，和存在于他们的个别环节中的意识形态上的互相对抗的矛盾，就使他们的文化教育事业无法取得统一性和计划性。他们的教育制度的发展总是落后于社会经济的发展的，而且总是多少脱离了经济基础的。即使在资本主义最发达的国家，如美、英、法等国，至今都还保持着中世纪的残余。

在资本主义的腐朽及其内部矛盾日益增长的今天，资产阶级的教育学越来越堕落到反动的、愚民的、仇视人类的思想营垒中去了。资产阶级的教育本身的性质也越来越进入与社会客观发展相矛盾的境地。

与此相反，社会主义国家则密切地关怀着不断提高人民群众的文化水平和政治觉悟。社会主义的文化教育活动就是对劳动者进行共产主义教育，克服他们的意识中的资本主义残余和提高人民群众的文化技术水平。没有劳动者的文化水平和共产主义觉悟的不断提高，社会主义经济就不可能得到发展，而社会主义的经济制度则是发展社会主义文化和教育的物质基础。因此，社会主义国家的文化教育活动和他的经济组织工作是密切结合的。社会主义国家用自己的文化教育活动和经济组织工作来帮助实现社会主义基本经济规律的要求，保证最充分地满足全体社会成员经常增长的需要并使他们得到全面的发展。

周恩来总理在第二届全国人民代表大会第一次会议上提出了"我们在文化教育战线上的任务"，并向我们作出了具体的指示说："继续调动文化教育战线上的一切积极因素，向前推进文化革命的事业，普及社会主义的文化，并且不断地在普及的基础上进行巩固和提高的工作，使文化教育工作的发展能够适应整个社会主义建设的需要，这就是我们的任务。"这个任务的提出是要为进一步发展国民经济提供更广大的、有更高度政治觉悟和文化修养的劳动者，也是为要把文化教育工作与经济组织工作密切结合起来，用以帮助社会主义基本经济规律的实现。

而且社会主义革命已形成了教育发展的新规律，形成了教育与经济之间与以前截然不同的联系和相互影响。即就教育本身来说，它也要适应社会主义建设的需要，才能够顺利地发展。

教育工作要适应整个社会主义建设的需要，就要有系统地反映社会主义建设的任务，特别是要反映社会的政治、经济的任务。有系统地反映着社会的政治、经济任务的教育工作（体系和制度），由于它是适应着社会的政治、经济的需要和任务来执行培养社会主义建设者的任务的，它本身，因而又复影响于社会的政治、经济的发展。有系统地反映社会的政治、经济的任务，又复影响社会的政治、经济的发展。这样地反映复反映，影响复影响，教育工作与社会建设互相促进，教育工作的发展就总是前进的、上升的。这是社会主义革命所形成的教育发展的新规律。只有社会主义社会才能为这个规律的出现创造条件，也只有社会主义社会才能为这个规律发挥作用扩大场所。只有认识到社会主义社会的教育发展规律的这个特殊性，才能正确地理解和说明在社会主义建设的某一阶段必然要掀起的教育体系和制度的变革。

从国民经济恢复时期，经由过渡时期的社会主义建设和社会主义革命的互相促进，而至社会主义革命取得胜利的旧阶段，逐步辗转推移下来的教育体系和制度，已与当前开始社会主义的全线进攻，多快好省地建设社会主义并为过渡到共产主义创造条件的新阶段所提出的政治、经济的任务不完全配合。而且教育发展的新规律既已形成，就必须为这个规律发生作用扩展场所。怎样使教育工作能够有系统地反映国家的政治、经济的任务，使整个教育体系和制度与国家的政治、经济任务完全相适应的问题，就成为当前最现实而又最迫切的问题。

使我们的教育工作的发展能够适应整个社会主义建设的需要，这个任务的提出，在目前就正反映着教育工作进一步向前发展的客观要求。

在过去的几年里，特别是在 1958 年，我们的教育事业在建设社会主义的总路线的指引下，取得了很大的成就。"更重要的是，在党对教育工作的领导大大加强的条件下，我们按照工人阶级的世界观和社会主义、共产主义的教育原则，贯彻执行了教育为工人阶级的政治服务、教育与生产劳动相结合的方针，从而展开了教育事业的巨大的深刻的革命"。这个革命是 1957 年的政治战线上和思想战线上的社会主义革命在文化教育战线上的进一步发展。为了建成社会主义，这个革命是必须进行到底的。这正是解决当前我们的教育工作的发展与社会主义建设的需要"又相适应又相矛盾的"整个情况，而使我们的教育工作的发展能够适应整个社会主义建设的需要的唯一道路。

当前我们的教育工作的发展与社会主义建设的需要又相适应又相矛盾的情况，是在当前的教育工作的发展过程的内部矛盾的基础上产生的，是在当前的教育工作的发展过程内部的新旧质素的对立关系的基础上产生的。正在开展着的教育工作的革命所要求的，正是我们的教育工作的发展过程的内部矛盾即它内部的新旧质素的对立关系的根本解决。而这必然也就是我们的教育工作通过非爆发式的飞跃而向新质态的过渡，通过新质要素的逐渐积累和旧质要素的逐渐消退而达到新质的转化。

不能设想，这样一个革命，似乎是可以一天内就完成得了，或者是搞一次"运动"就可以一劳永逸的。更不是重新改变既成的体系和制度所能实现。这是一个新东西逐渐代替旧东西的过程。要解决的全部最重要的任务都解决了，旧质才会消灭，新质才会确立起来

党和国家正领导着我们为新东西的胜利而斗争，并且给我们指出了社会主义社会发展的前途，指出了经济、文化和科学领域中进行根本的质的改造的途径和方法。党和国家领导我们正开展着教育工作上一个彻底的革命。这个革命的实现，将是我们的国家在建设社会主义并为向共产主义过渡创造条件的道路上前进一大步。

我们在文化教育战线上的任务是为工人阶级的政治服务，为社会主义建设服务，这是我们的事业的根本出发点。指导我们前进的是按照工人阶级的世界观和社会主义、共产主义的教育原则而制定（因而就要按照它来贯彻执行）的教育为工人阶级的政治服务、教育与生产劳动相结合的方针。

在党的强有力的正确领导下，我们按照工人阶级的世界观和社会主义、共产主义的教育原则，贯彻执行了这个方针，获得了巨大的成就，在全国整个教育工作的发展过程中形成了一股革命洪流。随着这股洪流的推演，共产主义教育的作用正迅速而广泛地增长着，它的意义和内容也日益显著和丰富起来。但在我们的教育工作中却还有不少仍被资产阶级的世界观和资产阶级的教育学原理的阴影笼罩着而未得到更新的旧东西存在着，牵制着我们的工作，影响着它向新质态发展的水平。这就使当前的共产主义教育的作用和它的意义内容的增长与它现在的发展水平之间产生了矛盾。这个矛盾，通过我们继续采取从旧质到新质逐渐过渡的形式，采取共产主义教育的特征逐渐积累的形式，得到解决。共产主义教育的新体系将会建立起来。

共产主义教育体系的建设不能与社会主义建设的需要和任务分离。它是社会主义社会建设的一个组成部分。它是我们向共产主义前进的新的阶梯。我们的教育工作的发展，其所以要与整个社会主义建设的需要相适应，我们所掀起的教育事业的革命，其所以是"巨大的、深刻的"，理由即在于此。

这样一个巨大的、深刻的革命，无疑地将是一个长期的斗争。既然这个革命所要求的是当前教育发展过程的内部矛盾的根本解决，而这些矛盾又自有其非对抗性的特征，我们采取的方法就要适合这些特征。

不通过爆发而依靠党和国家的领导和指导，根据党和国家的教育政策和有关教育工作的指示、决定，经常革新和改变工作的实践；依靠集体，诱导集体成员积极参加工作，并在对工作中一切缺点展开实事求是的批评和自我批评的基础上，与集体共同工作。批评和自我批评又是揭露和解决社会主义社会的非对抗性矛盾的最重要的方法，是从社会主义向共产主义发展的强大的动力。

随着革命的发展，社会的发展，教育工作本身也会发展起来。我们的思想政治水平，马克思列宁主义理论水平，教育科学水平就要常提高。

先进经验也重要。但一切间接经验都必须经过研究，才能贯彻到实际工作中去。经验知识也是真实而正确地反映现实世界的客观发展规律的。

以上是解决当前教育工作发展过程的内部矛盾的方法，也是提高当前的教育工作发展水平和作为教育工作者的我们自己的水平的方法。当然，具体途径会有很多。但根据我们几年间的经验，属于原则性的，总不外乎这几项。自觉地、有系统地、耐心地按照这几项原则，坚持发展进步力量的路线前进，我们的教育工作的发展过程中的一些矛盾，就会得到解决，我们的教育工作的巨大的深刻的革命就会实现。

我们得记住恩格斯《给伯恩施坦的信》里的一句话："实际上，革命就是一个在能够加速群众性发展的条件下的、长期的、群众性发展的过程"。

（原载于《理论与实践》1959 年第 8 期，8 月 15 日）

第
二
辑

教
育
实
践

要立志做事　勿存心做官

——中国读书人以官为业的传统意识
和现代知识青年应有的觉悟

　　中国的读书人何以会弄到以官为业的呢？我们要检讨清楚这个原因，就在于他们所读的书。诸君都知道，中国的读书人从前所读的是经书。经书本来就是官书。这些官书本来是藏在官府，只是官家子弟才可得而读的。所谓官家子弟就是统治者的子弟。这些书本来就是历代的政制、治术、礼法、民风、土俗的记载，即所谓掌教，是当时的统治者所以治国的知术，是统治者阶级所专有，非寻常百姓所可得而读的。就令读了，也无用处。简单地总括地讲，那些书就是官书，所行的是官学，学来是要做官的，不做官，就无所致用。

　　到后来统治者阶级逐渐衰落，以至维系不住他们固有的权势，阶级内部的纲纪也松懈了，官学就逐渐散到民间。是以孔子当时授徒竟达数千之众。然而孔子初年所读到的书似乎还不多，于是而有问礼于老子的一段故事。这个问礼，也有人当它真正是问礼的。其实是讨书。如果真正是问礼，那时就似乎无须带子路去，无须带一个打手去。既然带了打手，就似乎是准备着最后要诉诸武力的。孔子当时的革命企图，在这一点，可以窥见。只可惜革命做不到成功，反而为那旧社会的势力所乘，卒之，把整个新社会也推进了黑暗里去。当时老子是做着守藏史，官家的图籍都归他掌管。而那些主要的图籍，为民间所未有的，被讨取去了，他就预料到天下必从此多事。老子当时掌管图籍，读书很多，于历代兴衰存亡的道理，看得很透彻。他晓得统治者的统治工具既为平民所得，平民就会起来，推翻原统治者而另创一个局面，原统治者阶级会崩溃没落。于是他就著了一部《道德经》，还想支撑住当时的危局。他所掌管的图籍被讨去了，掌故失掉了，统治者以后将无所据而施其统治了，于是他主张"无为而治"。讨去他所掌管的图籍的那些圣人智者，非夺取了政权到手，所学是不能致用的。学而不能致用，更非那些人物所能甘心，原统治者阶级仍是危险。于是他又主张"绝圣弃智"。后来秦始皇焚书坑儒，就可以证明当时新兴的统治者阶级实际也似乎是感觉得非此不可的。我们见过晚近许多借政潮谋出路的政客的那种纷扰情形，就可以想象得到当时负着安定社会的使命的新兴政权，日谋所以应付那些朝秦暮楚，兴波作浪，但求猎得功名富贵，不管生民涂炭的策士说客，是如何的棘手。我们再看看后来扬雄所作的《解嘲》那篇文章，也就可以明白当时社会已就安定，风云已臻平静，那些读书人因失了时机而至依然伏处在卑微地位的，是如何的烦闷、懊悔。扬雄尚且如此，其他更不必说。这种烦闷懊悔的情绪蕴蓄在读书人心里，要他安贫乐命，饮气吞声，寂然过着无谓的生活，不是容易的。读书人抱志不伸，就会希图非分。小焉者凭借地位武断乡曲；大焉者翻云作雨扰乱天下。中国的读书人支配了中国的政治几千年，历朝的鼎革都操纵在这些人手上。当他们崛起草茅的时候，口口声声是援救苍生，结果只博得了自己的功名富贵。而一般平民依然不免憔悴于虐政。历朝鼎革，都说是应合天人。实则全是读书人的投机事业，上当的总是平民百姓。是以孙总理领导中国国民革命，在树立起革命的政权以后，还斤斤以"革命尚未成功"勉励着"同志仍须努力"。尤其对于一般青年期望更殷，教大家立志做事，勿存心做官，也就是教大家勿踏古人的覆辙。古人当然也有不世出的圣贤豪杰，是以作我们的表率的。但一般平凡流辈读书的大都志在于禄，假章句记问做名场的敲门砖。一旦得志，就露出本来面目，欺负百姓，营私以自奉。甚至俯首戴异族为主，助桀为虐，以凌暴同胞，博取一身荣显，这种风气至今还未熄灭，而那自私自便的念头复为目前的社会经济的种种条件所胁迫，而益加顽强。

中国农业经营的编小零碎，已经成了常则。中国农业经营编小零碎，这个事实，使中国农民只得着微薄的收益，辗转于穷苦的绝地。农具极简单，所凭的全是自己的劳动力。土地由合理的利用，雇佣劳动和牲畜的合理的役使，均非所能。在这种机构里面，生产力发展是停滞着。农业生产的这个样式规定了工业生产的形态和限境。在农业方面，农民还可以利用无须代价的自然力做补助，而在工业则只能靠着低廉的生活资料所维持下来的劳动力。工业品比农业品价钱来得高。工业生产者就不花钱在高价的工业品工具上，以求质的改善，以致把产品的成本弄大，提高了产品的支换价值，反碍推销，而专购用低廉的劳动力，以求产品量的增加。节省劳动力的机械在中国上古就有了，一向也没有发展，卒不能成为支配劳动用具。中国工业的发达只见诸劳动的精练勤苦等主观的生产力的发达，而工具机械则仍停滞在原始状态。再从中国工业品的流通需要看，有农村的需要，政府惯例的需要和商人的需要。但这三种需要的来源，归根是由于农业生产力的增进。来源停滞着，这些需要亦不能独自向荣，农业生产力的发展停滞着，工业生产的发展跟着停滞了。

加以帝国主义诸国，不但可以拿货物进来换我们的现银出去，还可以拿资本进来直接剥夺我们。在两重夹攻当中，中国资本的新工业至多不过得在外国的手缝下掬取些少余沥。规模稍大的企业固所难能，即勉强撑了起来，也禁不起外国资本的一击。

在经济的内外交迫的这种情势底下，中国旧社会构造的崩溃决不是意味着新社会形态的生成，而是促迫着一般生活水准的降低。穷而无告的老百姓的流离失所。零碎的小农生产体，限于绝地，仅死守着老旧的劳动样式在那里撑持，一般贪污豪劣寄生在这样的社会构造上，就会尽力地刮，刮到了黄泉地狱，也积蓄不到甚么来。这些东西只像飞蛾般向着蜡烛的火焰扑去，扑到蜡炬成灰，尸骸遍地，终是同归于尽而已。

诸君是要到乡村去的，而且是担任乡村行政或自治事务的。乡村的这种现实你们要认识清楚。内外上下在吸取着它的膏血，已经使它只剩了一声残皮枯骨，诸君若不积极地去替它做点事，拯救拯救它，从今后它就没有前途的了。诸君尚且如此是，它还有甚么希望。如果诸君还不觉悟，到了它那里，对于它一味仍是巧取豪夺，而对于自己的上司则只管苟且敷衍，或隐瞒、粉饰、欺骗，以图自便，甚至变本加厉，火上添油，使它所剩下的残皮枯骨消烬灭了，那你们就成了千古的罪人，就连中华民族的前途也从此断送了。你们是中华民族的精英，你们是要夙夜忧勤惕厉，好好地去干的。诸君，或者未读过我们从前所读的三本启蒙红皮书，第一本是《人之初》，三字一句的，第二本是《天地玄黄》，四字一句的，第三本是《天子重贤豪》，五字一句的。在这本《天子重贤豪》里面第一页写着"天子重贤豪，文章教尔曹，万般皆下品，惟有读书高"。第二页就是"朝为田舍郎，暮登天子堂，将相本无种，男儿当自强"。这是从前天子设学的目的。但我们现在所期望于诸君的并不如是。我们这个训练所决不是训练你们出去做官，反复以前读书人以官为业的历史，使百姓遭殃，继续增进衰落、纷扰、苦难。我们是要诸君参与乡村生活，协助乡村老百姓解决乡村问题，完成乡村建设，以实现三民主义的新中国。这是要诸君牢记着的。

　　"革命尚未成功，同志仍须努力"。我们"要立志做事，勿存心做官"。这是我常奉以自勉的几句"格言"，今日讲了这些说话，归根结底，要和诸君共勉的也不过是如此而已。

　　　　　　　　　　（原载于《地方行政》创刊号，1940 年）

论第五届教育联合会
改革师范教育诸案

一、改革案的重要事项

此次改革师范教育案共有三件：一是浙江省教育会的建议案。二是陈宝泉氏的修正案。三是审查委员会的审查案。

第一案所拟办法共计八项：

1. 从来的高等师范学校改称第三期师范学校，从来的师范学校改称第二期师范学校，从来的讲习所改称第一期师范学校。

2. 以国民学校独立于学校系统之外，删去高等小学之高等二字，单称之曰小学，以便其与中学大学联为一干。

3. 除去师范学校从来以一样课程而混同国民学校和高等小学两种教师的教育，以致毕业生资格不明的弊病，以第二期师范学校养成小学教师，以第一期师范学校专任教练国民学校教师。

4. 增高现行高等师范学校和师范学校教科的程度。

5. 修改现行高等师范学校分科的办法，凡现在所有本科与专修科之别均一律改称专修科。

6. 第三期师范学校加设农工商等职业科。

7. 第三期师范学校不设教育专修科。

8. 教育科设在大学，令与三期师范学校相联属，自为一师范学制系统。

第二案想修正的似乎是第一案第三期师范学校不设教育专修科及所拟分科的办法。然其文理最难了解，为三案冠，不易得其要领，究竟他要怎样修正，怎样改革，都无从判定。他说："若将教育研究的任务划出高师以外，是与废止高师无异。鄙见高师设置教育研究科为当然的责任。专修科为一时的办法。研究科为永久的办法。非大学设置教育科徒为抽象的研究者所可同日而语。"但他所说高师应设的教育研究科是指第一案所谓研究科呢？抑他自己意中另有一个研究科呢？——第一案虽说高师不应设教育专修科，但仍许第二、三期师范学校毕业生在研究科研究教育。——究竟他要反对第一案呢，还是赞成第一案呢？抑或他虽赞成第一案所拟的研究科，而独反对第一案不设教育专修科的办法呢？还是虽也赞成第一案不设教育专修科，但须附以暂时存置的条件呢？在以上几句话的论理里面，我们确实无从寻究。究竟他想修正的是哪一点，他想改革的又是哪一项。他又说：第一案所拟分科办法"较旧制尤为繁重，（如图手音操农工商之类）不如改行单位制，除教育为公共必修科外，各学科酌量分组，明定单位数目，任学生选择"。他这里所谓"较旧制尤为繁重，（如图手音操农工商之类）不如改行单位制"，及"各学科酌量分组，明定单位数目"。两句话也是很模糊的。他的意思究竟是反对第一案所拟分科的办法，要将第一案所拟图手音操农工商等科自综合制改作单科制呢？抑虽赞成第一案所拟分科办法，而独主张任学生有选择科目的自由，不必学生统修所定课程全部，只需修了其中若干单位，便算毕业呢？由前之说，所谓"单位制"者，指学科的组织言，"单位"当与上述"单科"同义。由后之说，所谓"单位制"者，指修业的方法言。"单位"谓科目的一定数量。自"较旧制尤为繁重，不如改作单位制"一语观之，"单位"之义应从前说。自"各学科酌量分组，明定单位数目，任学生选择"一语看来，当从后者之义。究竟哪是他的真意，非我们所能臆断者也。

第三案主张：

1. 设立师范大学，分研究科、本科及预科三部，以研究科为"专攻教育学术"之所。（本科仍设教育专修科与否此案未有明文）

2. 大学本科"按学科分组"行"单位制"。

3. 推广本科所授学科，加设农工商等职业科。

4. 第一案所拟第二期、第一期师范学校改称甲种、乙种师范学校。

综合以上三案，择其要项举出来，可得如下数事。

1. 关于养成初等教师者，似欲取法法兰西，分设小学师范校和高等小学师范学校，而定名曰乙种师范学校、甲种师范学校。

2. 关于养成中等教师者：a. 似欲仿美国的 Teacher's College 设立师范大学，而以大学本科养成甲乙两种师范学校及其他中等学校各专科教师。大学研究科养成甲乙两种师范学校教育科教师。b. 大学本科按学科分组，行单位制。c. 大学本科加设农工商等职业科。

3. 另立师范学制系统。

以上第一项与第二项的 b、c 两款都很容易处置，没有甚么大难处。但第二项的 a 款若只求能妥协浙江省教育会和陈宝泉君两案于事已足，就的确圆满得很，浙江省教育会第三期师范校不设教育专修科之说既可兼蓄。——审查委员会虽未明言大学本科不设教育专修科但以鄙意度之似乎不设。——陈宝泉君高师设置教育研究科之说也可并收。而且高等师范的现制又不至有所变更，八面玲珑，圆通滑润，真是妙极。然而从革新改良的见地，参照欧美诸国现行的制度，既往的事例，着实考究起来，这一款却是八花九裂的，尚须仔细斟酌的余地还很多咧。至若另立师范学制系统一项，若从欧美现行师范教育制度及学校发达的历史看来，也是疑义滋多，不敢遽表同意的。我且将我就这两个问题考查所得的结果述记于下，以供大家讨论的资料。

二、德美英法的中等师范教育制

德意志联邦没有特设高等师范学校的。其采用中等教师俱用检定试验之法，受试者要在中等学校毕业，曾进大学至少肄业六学期（六个月为一期）。试验分普通、特殊两科。普通科试哲学、论理、心理、教育学、德文学以及宗教等项。特殊学科分作六组：拉丁语和希腊语为一组，法语英语和拉丁语为一组，宗教希伯来语和希腊语为一组，纯数学和物理学为一组，化学矿物和物理或和植物动物为一组，任应试者自择其一。其中除了希伯来语以外，各科命题均分两种，第一种合格者可得教授中学上级的资格，第二种合格者只许教中学下级。普通特殊两科均先试论文，限十六周间完卷，到期不能缴卷者再展限十六周间。有博士学位者可以其博士论文代特殊论文。论文及第后再受笔述及口头试，笔述试限三小时缴卷，口头试问时间长者至一小时，短者三十分，其不合格者可再受试，但不得过两次。

应试及第者得试用教谕资格，由州学务局派往各中学校，于该校校长或特选教谕指导之下，专研究教育理论及其所选特殊学科的教授法。期限一年，叫作研究期，即 Seminarjahr，期限既满，即须提出长篇的研究论文。在研究期内得了教授上的知识，更须往别间中等学校实习一年，叫作实习期，即 Probjahr。这年受各指导教师的指导，专事练习授业，研究实际问题。满期后始得任为助教谕，更阅历若干年，才得正教谕之职。

养成职业学校教师之法目下有两种：一是在普通学校挑选有阅历的教师，送往高等专门学校讲习职业学科。二是简用干练的技艺家，授以教育原理及教授方法。这两样办法试行不久，成绩如何，尚难断定。但现在补习学校及下级工商学校虽多用此二法，而中等实业学校则仍聘用大学或高等工业学校出身者。

美国向来只要是在四年程度的 College 毕业，都可当中等学校教师，并不限定资格。到了近年，California 首破此例，规定中等教师须有与 Master's degree 相当的学历，并须精通教授的方法。诸州附和之者相继兴起，于是各处大学争设教育专科以应之。其尤甚者至将此教育科列为分科大学之一，称之曰 School of Pedagogy 或 College of Education。但当初大学诸教授多不很踊跃，故该科事业没有甚么发展，后来有些州立师范学校既拥丰厚的财源，且在议会内占很大的势力，居然大加扩充，设起与 College 程度相当的学部和附属实习中学，改称 Teacher's College，将养成中等教师的职责很像要一肩独任的样子。那些大学受了这个刺激，就不得不加倍振作，便也试起实验和实习的中学校来，以为竞存之计。从此大学的教育科便日趋隆盛了。

美国大学始置教育科的是纽约大学（1832）。后来 Brown（1850），Iowa（1878），Michigan（1879）诸大学接踵而起，不出十年，从之者百七十四校。至 1915 年，其数达至三百六十有三。这些教育科所设讲座因大学而异，各有特色。兹将 Columbia 大学师范部所设讲座列举于下，以为一例。1. 教育史，教育哲学，教育社会学。2. 教育心理学，统计，鉴定及实验。3. 教育管理，比较教育学，督学及视学法，教育及学校卫生。4. 教育原理及实施。5. 职业教育：（1）宗教教育；（2）村落教育；（3）职业教育。6. 工艺教育：（1）美术；（2）家政；（3）手工；（4）音乐；（5）看护及卫生；（6）体操。这些大学的教育科，除了养成教师及督学视学外，兼以研究为任务。

诸州所规定中等教师资格，参差不一，标准最高者，允推California。该州规定：（1）要有 Bachelor 的学位。（2）要大学毕业后曾在研究科研究其所请免许的学科至少一年。（3）要在大学或大学研究科或两下合扰来共修教育学科至少十五单位（Semester hours）。这十五个单位要包括：（a）学校或学级管理法至少一单位。（b）授业演习和参考学科至少四单位。（c）欲得免许的学科的师范科至少一科，但至多通共不得过三单位。（d）中等教育理论至少两单位。（e）其余关涉教育的学科与前者相合共十五单位。

从前在师范学校教心理学、教育学及教育史的都是些未尝深造，甚至平日担任教学理化和其他与教育学理无甚直接关系的专科教师，现在都已改用大学毕业的心理学或教育学的专攻者了。

英国向来也不特设学校以养成中学教师，也没有限定资格。到了1902年颁布教师登录法，并通过中等学校统归中央管辖的教育条例后，Training College 之设备日形切要，政府又从而多所奖励，这个制度才为世所注目，便逐渐昌盛起来。其已得政府认可者，现下共有三种：第一种就是 Training College，为大学之一部。这里的功课亦分听讲与实习两门。听讲则在 College，实习则在邻近中学。第二种以中学为中心，注重实习。讲义则由首席教谕或特定讲师担任。第三种可说是前二者的综合式，就是 Training College 和中学合作的办法，前者负教授理论之责，后者则指导实习。现在 Cambridge University 和 Rugby 就有这种联络。

Training College 学生皆须二十一岁以上，曾在英国大学或与此程度相当的大学毕业者，或有相当的资格者。英国师范教育还有两个特色，其一就是师范生只许指定一门学科，修了之后，记明在证书上面。其二就是 College 和练习学校收容学生皆有定数，大学部至多十人，练习中学至多不得过三人。

法国养成中学教师从来是在高等师范学校。高等师范本有男女之别，数年前巴黎大学改制，男高师合并于大学，成为大学分科之一，修业年限三年，学科分文理两部，入学者作为巴黎大学学生。专门学科则往 Sorbonne 各分科大学上课，独教育学和教授法则仍在原校学习。入学者须十八岁以上二十四岁以下 Lycée 或 College 的毕业生应竞争试合格的成绩优等者。女高师的规程亦与此无甚大差。

从以上所举各国中等师范教育制看来，我们就可以晓得各国的中等师范教育都是大学各分科与大学的教育科或师范部或其他机关协同办理的。高等师范学校不过是个过渡的制度，大学教育发达后当然归并于大学，即小学师范学校亦是中学教育未普及以前的遗物。从前美国的师范学校俱是四年程度，兼授中学课程。现在改作两年，只收男女中学校的毕业生。校内功课也只重教育学和教授法等关于教师本行的职业学科，则小学师范将来也许合并于大学的师范部或教育科。这些师范学校既然都是旁支，都是一时的方便，终须复归于其正系，则另立师范学制系统实属无谓。若强而行之，徒深固其树蒂，反足以为教育进步的障碍耳。

三、审查委员会的师范大学案

从外面的构造看来，所拟师范大学分研究科、本科及预科，的确是很堂皇。从内面的组织看来，所拟师范大学与从来的高等师范学校，实则无甚差异，所拟师范大学与从来的高等师范不同的地方，似乎在研究科之有无。但仔细看来，所拟师范大学的研究科，与一般大学的研究科，又绝不相类。美其名曰研究科，实则仍是教育专修科。不过入学者要在本科毕业罢了。大凡大学或专门学校的研究科，本是为本科毕业生之有志向学，于其专修学科范围之内，欲就一特殊部门更求有所深造者而设。则研究科所备学科部门该与本科对称，且要互有联络。然而所拟师范大学的研究科，只得教育一门。这一门的教育学科与本科所设各专科有那么直接的关系吗？纵使那些学生在大学本科也曾听过些教育学和教授法的讲义。但这都不过是些补助学科，与他们专修的学科轻重不同。强要他们舍本而治标，名为研究（Graduate study），其实仍是讲习。

若研究科的目的只在养成甲乙两种师范学校教育科的教师，直设教育专修科可矣，何必要冒研究科的虚名呢！若研究科的课程非本科毕业后学力不足以履修，则规定研究科入学者须在本科毕业诚当。无奈这个研究科名不副实，并非为本科毕业生之欲就其专修学科择一特殊部门更求深造者而设。依然不过是教授一般教育学说。即不在本科毕业，亦无学力不足之忧。又何必多此一条规定，以钳制学子向学的雄心，虚耗学子至宝的光阴呢！况且本科毕业生服务两年以上亦可兼充教育科教师，与研究科毕业生资格为同等，这个规定也是很不合理的。毕业生服役两年，在学校所教者各专科耳。其所习熟者该专科之教授法耳。于此两年之间他还讲求教育学理，而其修学所至能够与研究科毕业生相等与否？我们无从保证。或者他绝无余裕兼顾专门以外的教育理论也未可知。若凡服役两年即一律视为与研究科毕业生有同等的资格，徒长其蔑视研究科之心，是一面设置研究科，一面培养破坏研究科的毒素了。若果如审查委员所言："不设教育研究科无以促进教育学术的进步。" 这个研究科就是为要达这个目的而设。而其年限只得两年，并且那些入学者又都是些高等师范学校各专科或其他专门大学的毕业生或在学生，他们在学的时候为着各专科的课程忙得不得了，即使学校规定教育学为必修的科目，也是勉强敷衍的，何况其他专门大学所设学科与教育若无直接的关系，自然不设教育学科。那些学生也就未必去留意教育。纵有二三笃学有志之士能够随时留意，但未必能做有系统的功夫，以这样的人物，如许的年限，而谓能达如上的目的，能尽教育学研究的任务，简直是侮辱教育学，不然便是不明教育学的性质。若说从来师范学校的教育科都是些别的专科教师兼任的，往往有不能胜任的弊病。现在设了这个研究科，使他们在专科毕业之后再专攻教育两年，则将来即使兼任教授，亦不至如从前那样勉强，那就这番改革纯是为敷衍了事计，并非真诚的改革，彻底的办法了。总言之，这个师范大学案之所谓本科，依然是从来的高等师范学校本科如故。而其所谓研究科之组织，又是百孔千疮，万无能自久持之理，更不必问其能否适合现时的趋势，与利便来日的应化了。如是办法，谓之改革，固属牵强。若必固执大学的名称，则更无理。假空名以行欺诈者犹易控制，惑于虚名而纵恣自用者难以救药。此我国今日办学者所宜留意者也。

四、晚近师范教育宗旨的变更

另立师范学制系统之说既不可用，所拟师范大学案又诸多背理，然而改革还是不容易的，那么怎样才行呢？怎样改革才能适合现时的趋势，利便将来的应化呢？要解决这个问题，还须明白晚近师范教育宗旨变更，只从外面的制度随意窜改，断不能得良好的结果。

中世的时候，神学和拉丁语是当时的基本学问，通了这两科，学问便算具备教育家的资格。其时并无养成教师的机关，教师又无一定的专业，都是那些讲究神学者去兼任的。入了近世，这个情形依然未改，不过当时注重古典，教育家的资格由通晓神学变为熟识古典，稍与中世不同。因之当时养成教师的宗旨，只在授以古典的知识。若能以其既得的知识转以授人，没有错漏，便算尽了教师的职分，并不注重教育自身研究。直至十九世纪，德国首先在大学里面设置 Seminar 以培养中等教师的学力，更以实地演习、实际经验为受检定试的条件。然仍偏重专门知识，其余欧美诸国更不用说了。到了晚近，欧美诸国研究教育学术日益盛，从来的积弊亦多所厘正，教师的职分由传达知识变为指导应化，由注入专门学科的若干分量，变为涵养研究的批判的实力。养成教师的宗旨因亦大异于畴昔。从来的师范教育制度也就不能适用，是以巴黎大学合并高等师范学校之举，其余欧美诸大学亦争设教育讲座，以大学各分科与教育学科合为养成教师的机关。一边培养科学研究的实力，一边努力于教育活动的研究，因以扶植教育的科学的研究的精神。

这个宗旨的变更，与制度的改革，简直相依为命。无论甚么改革，背后必有一个宗旨。犹之无论甚么实际，背后必有一番理论。离却宗旨则无改革之可言，亦犹违背理论断不能措诸实际。这个关系确是我国考查欧美教育制度与视察欧美教育实际者所当留意的。若想拿欧美的制度与实际来应用于我国，这个宗旨与制度，理论与实际的关系，尤其不可忽略。

五、结论（附改革私议）

现在中等教师的职分，不惟传达专门学科的知识，更须了解现代的文化，以指导改造。则徒具专门知识的若干分量，必不能尽其责，还须要具研究的精神，而所谓研究者，又非独科学的研究，并且要是教育的研究。质言之，就是立于教育者的见地，以从事的科学的研究。因之现在养成中等教师的方针，不在注入专门知识的若干分量，而在培养教育的科学的研究的批判的实力。若从这个方针去改革高等师范学校，则高等师范学校非合并于大学，或自为一综合大学，断不能得彻底办法。但就我国的现状看来，北京大学有无兼并高师的实力，还是疑问。其余诸省也就没有大学可以来行兼并。如是，则欲彻底地改良中等教师的品质，只有高等师范学校自家发奋，大加扩充起来，自为综合大学的一条狭路。但这也是现在各省高等师范学校所断做不到的事。然而各省高等师范虽不能一跃而为综合大学，但若将其内部组织稍加修改，以期便于将来综合大学的实现，确是做得到的。照现在高师的规程，修业年限定作四年，一年预科，三年本科。这一年的预科是绝无意思的，不如废去，更加上一年，改为五年毕业。这五年之中，始初三年专授 Academic work，末后两年专授 professional works。各科均采单科制，另设教育科，也是定限五年毕业，前三年注重一般修养，后两年注重特殊研究。凡师范学校教育学科的教师，以及视学、督学皆在这里养成。若别的专门大学毕业生，或在学学生有愿当中等教师者，亦须在高师讲习教育学、教授法及学级管理法若干科目，及实地演习若干学期。这样办去，将来教育渐次发达，师范的内容也可以渐渐充实，不难推广而为大学。但既改作大学之后，就无须袭用师范的名称。因为既为大学，则不必限于养成教师，各分科可以各自造就各方面的人才，有愿当教师或从事教育事业者，只去同教育科联络联络，便可得相当的准备。若说处中国今日的境遇，高师定期五年毕业，未免太长。则仿英国的 Manchester 或 London 大学的师范部改作四年，三年间专授 Academic work，最后一年则授以 professional training，亦未尝不可。办法不论如何，总要自由自在，不至阻碍将来的改造，便是良策。

至于分设甲乙两种师范之说，若从现代师范教育宗旨看来，固不适当。再从将来延长义务教育年限及废止高等小学的必要看来，则更无谓。要说现在的师范学校毕业生资格不明，几无愿去当国民学校教师的，那便属教师待遇良否的问题了。病原不在学校系统，姑俟异日论之。

一九二〇年七月二十三日，草于房州北条八幡海岸

（原载于《学艺》第 2 卷第 5 号，1920 年 8 月 30 日）

农村学校改造的五个要则

一、农村学校要做农村的社会中心

农村学校改造的第一招，是向农村开放学校的门户，使学校成为农村社会生活的中心。

学校固然是教育儿童的场所，应由教育儿童以间接贡献于社会，但在今日学校的机能已不能仅止于此，同时必须负起直接教育社会的任务。学校不独要为儿童而经营并应更进而使社会也得利用它。

所以学校的改造，要是学校本身的机能的改造。学校是断不能任它孤立而静止在那里的，必定要是社会的流动的，向着"社会中心"的目标前进。

学校要是地方团体的公有物，并且要为地方谋公共的利益。若果学校只知教授儿童，无论地方怎样疲弊都置之不理，确是极大的一个错误。所以向来每日授课五六小时，其余的时间便将学校空着，而且每星期还要放假一天，大概每一学年至少总有三个月将学校放置不用的那种积习，必定是要痛改的。在这些空闲时间，若果不做些社会的事业，以为地方社会谋利益，学校丢荒的结果必至退化。若果学校只照从来的老法子一日仅做少少的工夫，地方人民对于它绝不感觉甚么兴趣也是当然的事。地方人民对于学校的冷淡放任是不能免的，学校的破烂倒塌甚至停闭是必然的结果。

所以学校若要完成它的使命，必定还要直接去养成地方社会的公共心，尤其是农村学校要养成村民的团结心和公共心，以期新农村的创造。

然而这桩事是断不能立刻就成功的，必定要村民对于一村的公共问题觉醒了才好下手。学校成为村民的真正的社会中心必定要是村民对于全体的公共问题自觉了的结果。指导者怀抱着一个理想必定要使村民全体都意识到这个理想亦即是他们的共同理想，协同去求这个理想的实现。强迫固然不行，就是发言者或最后的决定者也不好做，只好做一个事务执行者。换句话讲，就是只指导而不指挥。能秉持这样的态度才是一个真正的民主的指导者。

要学校成为一村的"社会中心"，首先要使村民能够利用学校。增益他们的社交机会，对于以下各种集会，我们希望学校可以开放给他们，供他们利用。

（一）纪念日的集会

在各种纪念日大众庆祝热闹的日子，学校不独要学童们在校里高兴，而且要集合村民也同在校里高兴。只是嬉戏欢哗，当然是没有意思的。在共同欢乐当中，还要兼收教育的效果，使村民得以长进他们的社会的理想和道德的标准。在国耻纪念和追悼革命先烈的纪念日子，当然也要同样的集会纪念，务使村民大众能够得到深刻的印象。

（二）农事讲习或讲演会

对于乡间的农事改良，学校可以举行短期的农事讲习会，诱导村民采用新式农业法，或请农业专家在学校开讲演会；并可以乘这些机会鼓励生徒们组织音乐演奏团，不独可以助兴，并可借以涵养村民的趣味。

（三）农村妇女俱乐部

要使村民永住在村间以谋一村的发展，不独要开拓村间的社会生活，并且要改善村间的家庭生活，使村民出入均感生活的愉乐。农村妇女俱乐部的活动，应该就是团结全村的妇女给以修养，以期达到这个目的的一个机会。

而且这样的俱乐部设在学校里面，村间的母亲们与学校的联络更密，母亲们对儿女的教育有甚么意见，或对学校有甚么要求，都可以在这里听取。学校经营或改良的计划都可在这里和他们协定。和衷共济的精神就可以从此培植起来。

（四）农村男子俱乐部

妇女俱乐部成立了，男子俱乐部是很容易成立的。俱乐部的目的，当然是在和衷合作。村的学务委员和校长教员们固然可以在这里和村民们时常会面，交换意见，联络情谊，关于学校的经营改善得到他们的帮助。而且村民相互间的社交机会增进了，关于村的公共问题也就容易唤起他们共同去谋解决。

（五）家庭生活改良讲习会

这种讲习会最好是由妇女俱乐部发起，学校只协助他们，不一定要学校自己举办。起初的课程，要概括地把家庭生活改良的大要提示出来，然后逐次讲习特殊的科目。村中妇女们对于这种讲习会热心起来，讲习会的举行愈频，学校与他们的联络愈密，他们对于学校的事情关心愈切。这种集会的效果，便不只仅及于家庭生活的改良，而且帮助学校的发展，必定也很大。

（六）大学扩张运动

对于村的农业改良和村民的修养，还有一件意义更大的事，就是大学扩张运动。由大学派专门家到学校去开讲习会，如关于农村经济、农村自治、农业、林业、蚕桑业等的讲习会，都是很有益的。每次可以一周间为期。年长的学生可以停止普通的课业，令他们也出席讲习，讲习完毕后，更可以将讲习的资料来供他们的学校课业，年少的可以暂借附近的农家继续他们的课业。若果男子俱乐部和妇女俱乐部合拢来帮助料理，这种讲习会的举行就更便利。

总之，这样的各种集会的组织和学校的开放，其主要目的都要在于振发村民的公共心和合作的精神，以指导村民自发的活动，必定要达到了这个目的，农村学校才能成为真正的农村生活的社会中心，学校所应具有的社会的机能才能发挥尽善，确是我们改造农村学校时所当注意的。至于暑期休假的时候，更可以为农忙期间休了学的儿童们设立夜学，以资补习；或随时斟酌地方情形，利用各种机会去做其他各种活动，这里可不必赘说。

二、农村学校要做农村经济的策源地

农村的开发和都市的开发一样，是要从两方面入手。一是文化的开发，一是经济的开发。文化的开发就是对社会生活的觉醒和社会联带的意识的助长。经济的开发，就是民生乐利的促进。我们的实际生活，本是由两方面提携并进的，然而从来的教育却看不到这个事实，结果便弄成非文化非经济的，而尤以农村的学校教育为最甚。

农村从来的学校教育，概与农村的经济生活无交涉，甚至与它相背驰。不但不能培植农村子女爱护农村和开发农村的真精神，反而令他们受了教育，便厌恶起农村来，纷纷抛弃农村，跑到都市去。田野因而丢荒，农村的经济生活也就从此衰落。本来文化是以经济做内容的，农村的经济既已衰落，农村的文化自然也不能振兴。

是以今后农村教育的改造，必定要着力在农村经济的开发，和振作社会的公共精神，同时并谋农事的改善。

（一）农业改良的指导

无论哪一国的农村，对于新式农业法或农事改良都有一种偏见，要打破从来的旧习是不容易的。这种改良指导，最好是先从学校的学童入手。在学校日常课业里面，酌加些关于农业的资料。如今学童们记述在家里或校中见闻所得的关于农业事件以为作文的练习，或令他们互相谈论以为说明的练习，或率领学童们去参观模范的农场，使他们得到实地观察的机会或在学校里面课以各种农业的实际作业，使他们实地去试验种种农业的新方法。这样，一方面既可以借此激发学童们对于农业的兴趣，一方面又可以借此使学童们亲眼看见新式农业法的结果，一方面更可以使学童们在实际作业当中体验出试验的意义，到了学童们渐渐对于科学的农业经营有了理解，知道他们的父兄们向来所蔑视的农业新方法，确是非采用不可了，他们自然就会劝诱他们的父兄们，或自己去试验给他们的父兄们看。他们的父兄们得了感动，所持的态度必定或者容易改变。

但学校所介绍的农业改良法，必定要无须特别的劳力资本和农具技术而轻便易行，在聘请农业专家或农村问题专家到学校讲话的时候，也要预先关照他们，使他们所讲的说话能够适于本村的情形。这种指导若果得宜，村民对于农业经营的改良逐渐觉悟起来，新时代的农村生活有了日新的科学做基础，不独资本和收获可以相偿，而且收益必定增多。农村经济开发的曙光就可出现。

（二）农村家庭生活的改良

然而农村的改良止于农场作业的改良是不够的，必定要有农村妇女的协助方可以完成，所以同时还要改善农村的生活。在农场固然要用科学的方法，在家庭也要应用科学。例如饮食的烹调，什物的修治，家族的健康卫生清洁，以及家庭的娱乐等。举凡一家的主妇所以处理家事的方法，都要脱离从来的旧习，以谋经济的科学的改良，然后家庭生活的能率可以增进，家庭才可以成为一个便利愉快而且安乐的住所。做主妇的因此在处理家事上得着许多空闲的日子，不独在社交和修养上可以增加许多机会，并且在一家的经济上也有很大的意义。

若果主妇有了卫生的思想，精通了烹调的方法，一家的健康可以保持，一家的幸福繁荣可以期待。更从积极的经济方面讲，主妇有了余力可以养鸡种菜以为副业，一家的生活可以得到不少的帮补。

这种生活的改善，最好是由学校教职员做榜样给村民去效法。教职员们在日常生活务须应用科学的知识和经济的方法。学校的设备经营固然要照这个原则去做，其余校舍内外的装饰以及什物的使用，都要同时可以适用于农家。教职员们的住宅，也要做成农村家庭生活改良的模范试验所，使村间的主妇有所观感。一旦得了他们的共鸣，村间的家庭生活，可以从此改善。

（三）移动农学校和移动家政学校

以上两种改良指导有了相当的效果，农村的男子觉悟了农事改良的必要，农村的妇女也知道了家庭生活改善的利益，农村改良事业便可以着着进展，以谋农村生活的科学化了。

欲谋农村生活的科学化，最重要的在与农科大学的联络。在美国有所谓移动农学校的，即是大学扩张的讲习会。这种学校的费用，是由联邦政府补助的，补助额与各州的负担额相等。讲习期间一星期。如有申请的，随时随处都可以开设。只是关于校舍使用的杂费，是由所在设校的那个农村负担。这种讲习会的用意，就是要和村民联络，就村民的需要解决各种问题和施行实地指导。但在农村的学校若果从中做一中间人或大学的后援者，这种事业的效果必定更大。

例如酌定向大学请求开会，及对大学所派讲师们说明本村的情形和村民的需要以资讲师们的参考等，都应该由学校负责。或开讲习会的时候，学校同时可以在校内举行家畜品评会或农具展览会等，令村民听讲后顺便听听专门家对家畜的品评和农具的说明。一来可以增加村民到会的兴趣，一来又可以助长村民的见识。

村中设了农事试验场的时候，可以由村民推选学校的高年级生徒充当管理者，受农科大学扩张事业部的指导，用科学的方法去栽培各种种苗并编制关于栽培方法实验方案及各种结果的纪录，在村民集会席上报告，试验场更可以对于教室内的课业供给各种材料，将土地的作法、谷米的种类大小形状，以及关于各种种子的实验结果，教给学童们。

对于家庭生活方面，也可以由学校协同村间的妇女俱乐部，请熟悉农村情形的大学教授或家政专门家，到村间讲话和指导实习会。学校的年长女生和村间的妇女一同讲习。举凡日常用器的整顿、烹调、育儿家庭看护，以及菜蔬果类的贮藏等等，都可以教他们应用新式的科学的方法去做，对日常琐碎的家事化为科学的管理。

这样，一方面有了学校和村民的合作，一方面有了大学的指导，村童教育和村民教育可以同时并行，大家鼓动起那种进步的精神去干，新农村的创造，是不难成功的。

三、农村学校要以农事作业做课业的中心

农村学校不但要用农事做教科，并且要以这种作业做学校事业的中心。但这决不是一种职业的训练。因为农村学校不是职业学校。农村学校所以要用农事作业做课业的中心，并不是要施行职业的准备教育，是要以农村社会的生活做学校教育的"教科书"，将课业的基础放在生徒的生活环境里面，采用农村的产业即农业的种种状态或条件来做学校教育的材料。这种教育不是以教授农业的知识技能为主旨，是要养成爱农村的精神。必定要有了这点精神，农业的科学经营才能推广，农户的家庭生活才能改善，农村的社会生活才能繁荣，国家生活的基础才能健全。

（一）园艺作业

这种以农事做科业中心的教育，应该怎样入手。最好是在学校里面

设置菜圃果园花园等使生徒们自己去栽培。一方面可以实验农事的根本原理，一方面可以涵养对农村生活的兴趣。

若在谷类栽培地带，这种园艺作业价值更大。因为在菜蔬或果树的栽培地儿童们往往只将学校的这种作业看作一种玩意，不大看得起。而且儿童时常要出去帮忙父兄们做实际工作，也没有这些空闲留在学校里面做这种园艺。若果在不以菜蔬果树的栽培做正业的地方，除了农忙期间年长生徒外，年少的生徒大概都不必参加农事，像园艺这样简易的作业是最适合于他们的。而且学校里面有了这种作业使生徒们流连在校内，母亲们少了许多麻烦，也可以安心去做自己的工作，这种效果便更出乎教育以上。

自然，生徒的园艺作业不是想得了收成拿去卖的。赚钱并不是我们的目的。不过这也可以使生徒们对于农业的原理，更多一层理解，间接可以影响到一家的生活。这样学校园艺便不只可以使生徒们理解科学的农业法，还可以成为使生徒们做好农人去营经济生活的一个原动力。

这种学校园设在学校里面，第一要预备宽阔的校地，切不可因此削减了生徒们游戏和运动的处所。第二要教员们常常在场监督指导，将观察所得讲给生徒们听，和生徒们协同工作。

就是在暑假期间，这种作业也可以做。只要和生徒的家长或保护者商量妥了，或在上午或在下午都可以叫他们到学校来做。这时节，教员和生徒一同作业，从实地观察教给生徒种种知识，或使他们做作业日记，或时时将校园出产的蔬果分给他们带回家里去孝敬父母兄弟们，大家高兴起来，自然就不会中途辍业，或者他们各自在家里也作起栽培园来效果便更大了。

日中在学校园内作业完毕的时候，教员们还可以用显微镜去指导生徒们做种种观察。一面唤起他们对显微镜作业的兴趣，一面引诱他们放眼到自然界的奇巧。生徒们的知识逐渐长进了，这种作业更可大组织起来，成为实地的植物科课业。

这种学校园既可以示村人以园艺的模范，又可以在生徒们协同作业当中授以实地的课业。不独关于种子的品质、栽培的方法、气候的适否，和瓜菜果类的贮藏法等都可以学，而且土壤的预备、施肥、温床、移植、土地递减、同花受粉、异花受粉，以及其他植物形态植物生活等的一般原理也可以学。不独在学校里自己可以学，而且在家里也作起栽培园来的时候，还可以传授给家里的人，对于改良农业的贡献是很大的。

（二）学校农事试验场

学校农事试验场作业和园艺作业一样，对于学校生徒也有很大价值。他们在试验场里作业可以实地学习许多东西，回到教室里还可以将关于农场管理的报告作为一种课业大家去研究。学校的农场可以受大学农科推广部的指导，时时可以和大学所派的专门家商量种种事情，或提出报告请大学批评。这样，在学校内不但关于农业的学科可就实地教授，即使村间有甚么关于农事的困难问题发生，也可以拿到校里来作为一种课业，用科学的方法替村民们去解决。生徒们得到了这样的解决，大家回去告诉父亲们的时候，收益是很广的。

而且政府或大学有甚么关于农事的通告，来到村间，也可以作为一种课业教授生徒们。生徒们借这种机会可以学许多东西，种种新发明，种种省事的机械或农具，以及栽培方法、贮藏方法都可以学。政府有甚么关于农村的新法令、法规颁布的时候，也可以拿来讨论，凡与农民有关系的事，都可以在学校拿来做课业。地方农村对于县政府、省府或全国的种种关系，都可以在学校教给生徒们。这样农村学校便不只是村生活的中心，而且也可以做农村对县省以及全国的联络的一个桥梁了。

学校的农场工作，切不可止于机械的模仿，必定要先使生徒们彻底明白各种工作所包含的原理，才有真实的价值。作物是依据一定的物理的乃至化学的法则而生长的，遵照这样法则去栽培作物，产出额必定增高，农事法确实有把握。这个道理要生徒们实地经验体察出来，对于农事自然发生兴趣。长大的时候才不至抛离自己的乡土，冒险跑到城市去谋别的职业，都想在乡间经营农业，以求一生的成功。而且这种实地经验还可以促他们自觉到种种知识技能的必要，至少对于工学、物理、化学、植物学、自然研究、卫生、簿记、经济学、科学的经营法，以及现代农案法等的初步，也要精通。

（三）养鸡俱乐部

这种作业当然不过是家禽饲育奖励的第一步。先从养鸡入手，然后逐渐扩充到其他禽类饲育。若果在俱乐部内生徒们大家合作起来，一面可以领会农业这种职业的内容性质，一面还可以获得村间经济的效果，也是教育的价值和经济的效果两者兼收的。而且这种作业设备不大，也不费事，年长年幼的生徒都可以做，成功很容易。

着手饲育的时候，就要令生徒们各自做日记作为学科之一。他们的作业进度以及成功失败，都要在全校生徒们面前报告，好引动大家的兴趣。这种饲育当然要用科学的方法。最好是县政府也设立一所养鸡实验所，聘请精通实际养鸡法的人时时下乡指导。饲养费及设备费，也可以要生徒们各自负担。

关于这种事业的一切收支数目簿记都要生徒们自己掌管。自然鸡和鸡卵都可以照市价出卖，得了盈利几多，都要在全校生徒们面前报告，使他们在实际事务当中，养成公正的品性。

养鸡实验所还可以时时派人下乡去，召集鸡的品评会，使生徒们在选种上也可以得到有力的指导。

若果县立养鸡实验所能够免费供给些好鸡卵给这个俱乐部，令生徒每个做养鸡的报告，提出实验所去请求批评。这种报告书就不独以可得到关于养鸡的指导，而且教员还可以借这种机会将这种报告书供给读书写字作文的及其他事业经营法等课业做材料。学校生徒的这种养鸡事业，对于村间的养鸡事业的影响自然是很大的。村民都精通了科学养鸡法，养鸡事业很容易就会成为一村的生产事业。

（四）养蚕俱乐部

在以养蚕做主要职业的地方，学校里面养蚕俱乐部的作业，也是兼有经济的效果的。尤其是在中国现在的乡村，养蚕的全是因袭旧惯，绝想不到有所谓改良的这种状况底下，学校内的这种作业，确是一个很有力的帮助。

政府现在不是设了蚕种改良局么？有些学校不是在研究蚕种改良么？然而从乡间出来参观的，都说他们是在那里玩古董。这样的人是不会明白试验的意义的，任凭你费尽几许心血去宣传，他们的偏见总不容易改变。

若果学校能够应用新式养蚕法去指导生徒们从事养蚕的实际作业，使生徒们在这种实际作业当中体验出新式养蚕法的效果，这种影响必定更为深远。

这种养蚕作业当然不可徒事机械的模仿，必定要很精密地指导生徒们从这些作业当中修得种种事实的知识，更由这些事实的知识修得种种科学的原理，使生徒们的注意力观察力推理力都得到很细致的训练。

并且桑树的栽培也要注意。最好是和大学的农科或其他蚕业研究所蚕业学校等做成确实的联络，得到他们的指导，更进而协同当地的养蚕专业者对蚕病的预防、消毒、桑树的品种改良，和产品的处理等都逐渐去实地研究。从这种实地研究唤起生徒们和养蚕的农家们对科学家养蚕法的兴趣，对于蚕业的将来效果便更大了。

其余养蜂、养鱼、养猪、养牛等俱乐部也可以因应地方情形酌量组织，用科学的方法去指导生徒们实地作业。从这种实地作业唤起生徒们的爱农心，使生徒们从小便体验得农村生活的妙味，大家奋发起来，农村生活的繁荣自然就有希望。

四、农村学校要有适合农村生活的经营方法

在农村里面年少学童往往会因风雨的阻碍或赴校途程的关系缺席很多。农忙的时候年长学童因为要往田间帮忙又不得不暂时休学。这两个问题在经营农村学校是很重要的。前一个问题还容易解决。若果公路开通了，村间居民能够协力为这些学童特备迎送车辆，经由主要道路朝夕往返两次，学童赴校的时间可以节省，风雨亦不必顾虑，父母们大家都安心了，缺席自然就会减少。但在农忙的时候无论哪处的农家都是要人帮忙的，除非是农事上得了一种根本的改良，在农忙期间使用在学儿童是不得已的事。这个问题确是一个事实问题，但一向却无人留意。

农村学校向来都蔑视这个事实。学童们要帮忙耕种或收获不上学的时候，学校还是照常开课，到学童们得了空闲可以回来了，已不能继续他们的学业，从此或竟将他们的学业抛弃，以后也没有兴致再去求学。终局还是去过他们的单调的生活。这是何等悲惨的一桩事体。

这些能够出力的儿童，大概都是十一二岁乃至十三四岁，是最富于陶冶性的。若果学校能够为他们谋些便利，使他们一面从事农作，一面可以继续学业，不独这些儿童们将来的生活可以得到很大的帮助，农村发展的基础也可以由此健全。这些儿童在事实上是不能够年中继续上学的，不是农闲的时候他们就不能上学。对于这种时常休学的儿童的课业，做教师的当然是很费事，不独教室内的课业更加复杂，学童们的年岁较大，对于农事又已感觉得兴趣了，教室外的实习作业也必定要增多，农场经营方面也必定要有更周到的计划。

但这些儿童得了这种便利，即使中途休学，也可以随时回校，回到校里的时候见到对于他们的休学既表同情又有理解的先生们，都肯为他们尽力接续着他们休学当时所学的去教他们，他们必定很感激的。从感激而奋发起来，对于学业必定能得更大的利益。教师的劳力决不会枉费。

（一）自己学习

对于这种学童以学年分组不如以学科分组。不论甚么学科，大约能力同等的可以合拢一起教。他们既是上级生，可以酌量他们各人的个性和学力，教他们各自自由地去自学自习。他们各人各自能够安排自己的课业，教师的监督干涉可以减少。农闲的时候年长的男生和女生可以合为一组，到了农忙的时候男生出去了，剩下的女生一向既是自学自习的，也可以不必顾虑男生课业进度如何，尽管去做各自的工夫。即使在农忙期遇着下雨的时候，男生回到校里也可以各自用功，有了甚么疑难才到教师面前去请教。若果女生是每日上学的，教师们指定问题教女生们大家讨论，明白了问题的要点，也可以将这些要点转教给休了课的男生们。这种自己学习的方法，得着教师的恳切指导，收效是很大的。

例如一个女生她要料理家事，不能照常上学和其他生徒一样去学算术的全课程，教师可以在教科里摘出重要的教了她，令她自己将各要点记起来，然后和她议定她自己的学习法，学习法定了，她自己就可以回去自己用功，不必要在校里面将教科书全部一一做完。只要将旷了课未曾学过的几个节目当中最重要的几点理解了，课业就可以进行无碍，其余都可以自己补习。这个方法对于那些长期休学的学童实在是一种很好的补救方法。

（二）夜学

因为农忙或其他理由以致上学时日减少的学童，要求各学科都能得到与其他学童同等的学力是很难的事。若要他们的学力能与那些不必帮忙家事或农事的学童同等，则开设夜学及暑期学校是必需的。在农忙的时候可以每周指定一两日的晚上，集合这些学童们教他们补习。在暑期休假的时候，也可以设暑期学校教他们。这样学童得了充分的学力的补充，要升学的固然可以升学，即使不升学的就在家中从事农业也足以应付实用。自然这不过是对于在农忙的时候不得不长期休学的年长学童们的一种特别设施，对于年少学童这样补充是不必要的。

（三）时间节约

这个方法本来是在一般小学校都要采用的，因为这个方法在时间上看来是节约时间，但从它的本质看，确是对学童们授予真正的教育的唯一途径。教师教学童读书写字算术的时候，可以不将这些内容分作个别的学科去教，迳将这些内容混含在各种课业里面，使学童们在这些课业里面同样可以得到读书写字算术等的练习。如历史地理园艺动物饲养同是要求着读书写字算术的许多知识的，便可以从这课业得到练习读书写字算术的许多机会。比之将读书写字算术分作个别的学科去教时间可以节约许多。这些历史地理园艺动物饲养等应该作为甚么学科去教也可以不必理会，最重要的是要教师们在这些课业当中能够将各种学科沟通起来，使学童们在这些课业当中得到各种学科的实地练习。在实地练习当中学童们可以直接见得到这些课业的目的，学习的效果是很大的，不独时间可以节约。而在农村学校里面为着时间的节约，这种方法尤应赶紧提倡。

例如教学童们在课室里谈话便可以做成说话的课业，更将这说话用笔记起来便可做成写字和作文的课业。若果教师从中指导他们这些谈话，还可以做成历史和农业的课业的基础。这种本于学童们的日常需要和从学童们的经验和生活逐渐启导得来的结果，比之只照规定的学科目呆板的甚至跑马似的一项一项赶忙挤进学童们的脑里去的旧式教学法所收的结果，优劣的差别是很容易判定的。

（四）时间活用

学校每日的课业安排要活动自在。即使时间表已经编定也可以随时变通。一碰着甚么特别的机会就要立刻定出权宜的方法把它拿来作课业。教师要常常留意学童们的进度，而且要用最好的方法一步一步地增益他们的进境。无论甚么时候都要把学童们的关于学习的工具如读写算等的学力程度放在心里，同时并将想要教给学童们的事件放在眼前。一看见了学童们已到了学习那些事件的时候，就要立刻编配教学那些事件的时间，而这种时间的编配仍须可以随着季节而变更。如在冬季则着力于为农忙而致不得不长期休学的年长学童，或在春季则缩短教室课业时间延长教园课业的时间等。

这样的时间活用，对于上学不能像都市学校学童那样正规的农村学校学童，固然是一种很好的救济，而且可以从学童的生活环境随时随处选择材料，使学童们随时随处都可以学习理解和鉴赏他们的生活环境。对于学童生活经验的充实和成长收效必大。

五、农村学校对于学童要有社会的训练

农村学校要是村民的社会中心，同时还要是儿童的社会中心，以养成儿童的真正的社会的习惯和社会的意识。教员们平日在教学的时候，也常要留心培养儿童的习惯和社会的意识。向来学科只作学科教，绝不和儿童日常社会生活的经验发生关系的那旧法固然不成为教育，而且所用的那些教科书又非适应农村的生活的，农村的儿童对于那些与自己的实际生活毫无关涉的教科书既不发生实感，儿童更振作不起甚么兴趣来，只是各自在教师的绝对权威和指挥底下埋头强记，这样的学校不过是教师和个个儿童混成的一盘散沙，哪里成一个社会，更无所谓共同的社会生活。

这样的学校只是一个教死书的场所。儿童在学校里，社会的经验是无从交换无从长养的。他们在学校里面越是好学生他们对于他们所生活的环境越是不理解，生活的原理越是把捉不着。这是何等悲惨的一个大错。

本来学科不过是教育的手段而已。教学科并非就是教育。我们要儿童健康诚实能自立互助而适于共同生活，只是教他们读书写字算术和各

种学科是达不到我们的目的，又何况所教的只是死书。

学校里面只是教死书，儿童的兴趣激发不起，甚至连他们的元气也会消磨净尽。尤其是在农村的儿童社交的机会少，若果学校再用死书去压迫他们，他们很容易流为非社交的，甚至非社会的，若再变成反社会的，就更不堪设想了。

而且他们的父母日日都为农事和家事忙个不了，自然没有空闲和他们讲谈童话传说寓言和史话等等，儿童所特有的想象世界便闭拒着他们。他们日常所做都是帮大人的忙，游戏的机会是少有的，玩具的玩耍更不必说，他们自己简直是没有所谓生活。这些事实都可以做成农村人心颓废的原因。我们若不赶快将农村的学校做成农村儿童的社会中心，为他们多造些娱乐和社交的机会，给他们以适当的社交和娱乐的刺激，使他们得到和都市儿童一样的敏感，一样的聪明，这个颓废的趋势是有进无已的。

总之，学校必定要是儿童长养和交换社会的经验的一个共同社会，然后学校的教育才成真正的教育。学校要成为儿童的社会中心这个要求就是由此发生。而我们在以上各节既已了解现在的农村和农村儿童以及农村学校的内情，则农村学校更当依着教育的这个解释去施行改造，是很明白。然而我们要贯彻这个要求我们对儿童的态度还得研究一下。

（一）对年长儿童的态度

大抵农村的儿童多是害羞，不善于发表，而且怕发表。因此遇事畏缩，不敢自己出头，和大众浃洽一起去做。这种风气如果不打破，是很难养成他们的社交性的。所以在每日的授业时间都应该奖励他们自由发表。他们能够自由自在地读书的时候，就要他们在全校的学友面前朗读，而且要令读的和听的都能理解，使他们向全校的学童示以发音练习的模范。

这种朗读不必限于教科书，凡是有兴味的读物都可以令他们在学友面前读或讲。先要注意句读，然后了解意义，自然学童们不正的发音和害羞的恶习就会消除。

其次是写字的实地练习，教他们将自己所见所闻的有兴味的事情记在笔记簿拿到学友面前发表。如果是单级学校，学童全体都在一教室里面，最好是教年长的学童去指导年少的学童，彼此互相帮助，养成学童间亲睦友爱和协力的习惯。

其他一切课业都可以拿"合作"做标语，安排妥当，教儿童们各自负起责任来参加学校的生活。学校里面不必要甚么烦琐的规则，务使学校成为一个快乐的共同生活的场所。即使要规则，也要很简单而儿童们乐于奉行的。例如休息的时候向来都是任儿童各自随便出去玩耍，这是应该废除的。必定要教员亲自到运动场去领导学童们玩，或讲有趣的说话给他们听，或教他们各种新的游戏或比赛，鼓动起他们的活泼的气象和合作的精神。向来学校多因为没有食堂的设备，到了午食的时候，带了食物来学校的，都是任由他们随便在运动场或其他处所各自去食，教员们向来是不管，这种习惯应该改变。教他们一同在教室里面会食，使他们从从容容地一边谈话一边食东西，不但于卫生上有益，而且在社交上也可以收很好的效果，将那种乱杂没有规矩，和做事随便，不晓得检束的坏习惯改过来。儿童们在教室里面有时会互相私讲或合闹起来，教员们遇着这种事，向来都是高声地责备他们，以为是儿童们的过失，也是不应该的。这时候做教员的要很机警，用适当的问话或有趣味的说话，将儿童们的注意挽转过来。

年长儿童中有功课做得好的，教员可以教他们去指导年少的功课。使年少儿童渐渐和年长儿童亲密起来，年长儿童也喜欢去帮助年少儿童，负起责任将学校做成一个快乐的共同社会。

（二）对年少儿童的态度

社会的训练所以要从年长儿童入手是要他们去做年少儿童的榜样。

因为年长儿童一经指导，自己就会去找机会走他们应走的路。年少儿童则不然，他们还没有充分的能力自己去做，不但要教员们常常指导他们，同时还不绝地去教育他们。这里所谓教育和对年长儿童的当然是一样的意义，不过教员们所持的态度和对年长儿童要有分别。教材当然也是由学校和村里选取，将实地去培植他们对学校和村间的社会生活的共同责任心。学校的课业都要含有社会的意义，使他们日益明了学校与社会的关系。例如在早上上课的时间，教他们将各自在学校或村里或家里所见闻的事情告诉大家听，给他们一个交换经验的机会。教员们也可以将村间的事或县里国内的各种时事讲给他们听，将学校和外界联成一气。

农科学校里面举行短期讲习的时候，年长学童可以教他们加入讲习，年少学童可以借教员的住宅或附近农家照常上课，这是先前已经讲过的。这种讲习完了后，可以教年少学童们各自写一封信，给借用住家的主人或主妇们道谢，既可以长进他们的社交心，还可以得到写字和作文的练习。教育的根本原理是要使学童亲自经验实地的生活，学科不过是材料或手段而已。学校内外的实地生活都要和学校的课业结合起来。由学校的学科得来的知识也要应用到实地生活去。照着这种原则去做，在要举行甚么纪念或过年过节的时候，教学童去自己计划安排那一天的行事或余兴，就可以令他们借此得到几天读法书法的材料和文学的知识。并且在公众的面前应该怎样行动，替公众做事是怎样的可贵，都可以借这种机会令他们从实地体验出来。在学校组织俱乐部去养鸡养蜂也可以养成儿童们合力协作的习惯，并得着算术、簿记、商用文、记录法等的实地练习。

这样不绝地和实地地社会生活联络着去教授各种学科，不但学童学习的进步可以增加，学校也可以真正的社会化。学校成了一个真正的社会，在这里面儿童互相接融，互相尊重，社会的精神自然就会培植起来。

　　本来农村生活的道德的颓废，大半由于社交机会的缺乏，社交的机会缺乏，社会的刺激跟着缺乏，社会的刺激缺乏了，社会的活动更无从发展起来，指导这种活动的舆论更无从成立，社会的精神便树立不起。在这样的乡间，乡民往往会陷于反社会的倾向。在那里思想和意见的交换不行，人生的趣味领略不到，顽冥痼陋的恶风弥漫着，一对一对的，甚至一对一对地各自固执着他们的习惯和意见，各立门户，互相诽议，甚至互相争斗，不特农村的经济因而疲弊，道德生活也会弄到堕落不堪。所以要谋农村的道德的向上，先要增进农村的共同生活。到了村民全体的活动都统一在社会的兴味底下，农村生活的道德化便是成功。在这个意义上，生活的社会化也就是生活的道德化了。所谓学校的社会化当然也是一样的意义。

（原载于《新声》1930 年第 2 期，1 月 16 日）

教育方针草案

　　中国从来的教育，只是关于支配行动的教育；关于生产行动的教育，在中国是从来所无的。自从施行新教育制度后，非独不是只在关于从来所行支配行动的教育外，附加一种关于从来所无生产行动的教育；而且关于支配行动的教育，是全然以现代政治科学为基础。关于生产行动的教育，是全然以现代技术的科学为基础。这种教育的目的，是在于推翻从来关于支配行动的一切原理，及从来关于生产行动的一切方法；而扶植一种为中国从来所无的政治组织的新原理，及中国从来所无的经济组织的新方法。

　　然而这种教育在中国至今未能彻底推行，实由于在中国今日的社会里面，经济的发达不能与它相适应。现行新教育的特征，实不外乎科学知识及科学技术的修习。这纯是出于现代的生产方法必然的要求。中国社会现在还是停滞在前科学的状态，生产方法尚很幼稚，事务的指导，自然力的运用，尚很简单。在这个经济的发达阶程上，对于现代科学的知识及科学技术，尚未有切实的需要。对于这种教育，当然是没有响应。

　　试看看日本当年明治维新，封建制度倒了，资本主义制度恰好发展的时候，日本的产业政策，即注其全力于怎样移植欧美的产业，怎样模仿欧美科学的技术。明治政府当初修筑铁路、设立工厂、开垦荒地、举行牧畜，无非是些移植模仿的事业。到后来供给补助金，设定保护关税，并用种种方法鼓励民间事业，亦不外乎移植模仿。一方面行新教育制度，同时亦注其全力于科学技术的输入，供应国家及资本家产业移植技术模仿的需求；并且这些产业的发达，是不须经过自由竞争的阶段，自始就带着独占的侵略的色彩。明白地讲，就是自始就带着帝国主义的色彩。所以能够一鼓作气，向前蓦进。各种新企业的增加非常迅速。对于科学知识及科学技术的需要，自然亦是增长得很急。新教育制度因为有了这个紧急的需要，自然就发展得更快，效果也就更显著。

至于中国处在如今的境地，已自成了外国工商业资本家仰给原料的库藏、推销货物的大市场，金融资本家绝好的投资地。国内脂膏被人家日剥月削，以趋枯竭。经济的发达，从欲依着社会进化自然的路程前进，在势必非所许。即使有了方向，前路已被堵塞。在这样社会的条件底下，产业技术亦只能辗转于原有手工业的发展阶程上。科学的知识及科学的技术，自然没有实效的需要。即使教育制度能够供给，犹如绝了销路的商品，也是等于无用。这种教育的不能推行，也是必然的事理。

若从革命史的见地来看日本的明治维新，是由于封建制度转为资本主义。经济制度的革命，教育的革命，亦是同时并起的。所以只要资本主义能够走上轨道，向前发展，教育制度能够顺着这个发展路程进行，它的目的自能贯彻，它的价值自可发挥。而在中国则屈处于资本帝国主义底下，经济的发达，前程已被堵塞，无路可行；资本主义革命，无从而得贯彻。现代的科学技术，虽非资本主义制度的专有物，但在从来社会进化的自然历程里面，科学技术的发达，实由资本主义制度的发展所促成。亦只有资本主义制度，能够助长科学技术的发展。中国资本主义革命，既不能行，则这些科学技术，自亦无从发达。因而教育自身的革命，亦不能成就。其所设定的目的，亦自不能贯彻。

然而经济的发达，虽自有它一般的进程，但它的发达形式，却是各因其所处境遇而相异。日本资本主义的发达，未尝经过像欧美那样的自由主义，一步便踏入帝国主义的阶程。在俄罗斯则竟由小布尔乔亚经济组织，经过无产阶级的革命，而趋向于社会主义经济组织的建设。前者的特殊形式，是以政治力夺取资源，贩踞于海外，以帝国主义促进资本主义机能的发达，后者的特殊形式，是以政治力集中全国的经济力于无产阶级政府底下，去助成资本主义到社会主义必然的进化。这两国民所取的形式，虽出于殊途，而其所造就经济进步的成绩，则同为世界所惊异。

中国如今所处的境遇，照以上各方的观察，既亦有它本身的特殊性，则它今后的发达形式，当然亦可不为一般常例所制约。而且中国如今所处的，照以上各方的观察，竟直是一个绝地，则亦只有超脱这种制约向前跃进，为今后发展的惟一的可能。

孙中山先生所定下节制资本、平均地权，以及发展实业的计划，即是我们今后的跃进所当遵由的一条线路。这个计划的目的，是要排除个人的无政府的生产，而采用全国的组织的生产方法；以期打通资本主义今日所不能夺出的绝路，而趋赴于社会进化的必然的历程所归向的共同生产的境域。然而这个计划完成的关键，则系于帝国主义的颠覆，及一般民权的确立。前者是要消除帝国主义的一切障碍压制及侵略，以利革命事业的发展；后者是要以一般民权来节制政府，使它的组织形态，不至发生致命的矛盾，而趋于正轨，以发挥其固有的机能。我们相信这个跃进所向往的，确是中国处在如今的境遇底下，社会发达必然的惟一可能的进路；亦即是我们今后应该致力的革命的一般政策。

中国今后社会发达必然的惟一可能的进路，我们今后应该致力的革命的一般政策，既是如此，则中国今后的教育政策，当然亦应该与这个革命的一般政策相并动，然后所施设的教育，才能成为确有实效的教育。而且今后的教育政策，所指导的方向，亦只有与这个革命的一般政策所进取的方向相一致；然后所设施的教育，才能尽致发挥它固有的价值，教育的发达才能预期。除了跟着社会发达必然历程前进，教育的发达没有别一条路可走。即使它现下不能预先认定这个方向，走上目的的发展路程去，将来在它发生的发展路程上，终亦必与这个方向相合。

以上所考察的是现行教育制度所由失败的原因，今后教育政策所当进取的方向。以下须述明教育本身的性质。

依晚近生物学研究所得结果看来，生物因要维持它的生命，即有连续活动，且有使其适应环境的必要。而此适应的调节，又非全是受动的有机体的形态，不是独因环境而定。在生物当中，全然服从环境的事是决不能有的。生物因要维持它的生命，可以将环境的要素变形，生物受环境的作用；同时又各因其构造形态以作用于环境，其结果生于环境的变化，又反而作用于有机体及其活动。生物自身的行为结果，生物反自受之，这个能动所动的关系，即构成吾人所谓经验，能够制驭环境及利用环境。这样适应作用的有机体与环境的相互作用，即成为生活历程里面的第一义的事实。这个生活的历程，亦即是一个教育的历程。

吾人所谓知识，即是使环境顺应于吾人的要求；又使吾人的欲望或目的顺应于环境，因而构造的吾人的心的倾向。知识不是只限于吾人所能意识的而止，却是当吾人解释当面的事实及现象的时候，吾人有意运用的心的倾向所构成。吾人所谓道德，亦不过是在人我相交处一个社会的关系里面，体察疑问中一切条件，人我间一切要求，及发现于意识内一切价值，而后真正把捉着的一个状态。

从这些根本事实来制定教育的原理，学校教育当与社会生活的活动事务相结合，不独是材料的内容要与社会环境相联络，并其方法的内容亦须与社会生活相一致。

　　我们一面依照这个教育原理，一面因应前述革命的一般政策来拟定今后的教育方针。当前第一个紧急问题，应该就是产业教育问题，这当然不是单独学校的设置、教法上的讲义所能奏效，必定要革命的实际政策，现行经济秩序里面展开了新经济秩序的诸要素，学校教育同时又与这些进步的要素相协动，然后才能成功。即使工场农场不能与学校并合，亦当在学校内设置类似的境遇，使生徒在日常学校生活内，能得充分实际活动的机会。然后各学科所养成心的反应，才能确为实际社会所要求的反应。这样在实际环境里面所施的教育，才能获收彻底的效果。

　　这个学校的社会化，当然要将现行学校组织，及教育的实际大加变更。至少要将现在的小学校和中学校，加以适当的改造。在小学校六年间，至少亦要采用类似实际活动的设备和方法，以教授日常生活所必需的普通学科。在中学校则从第一年起，六学年间依产业教育的见地，逐渐分化其课程。课程分化的程度，一视地方生产事业情形而定；更由授用类似实际活动的设备和方法，渐进而与地方实际事业相联络。以半日从事实际工作，半日研究其所事工作的理论，总求在这样的学校毕业后，人人都成为一个具有实用常识，而且兼备科学知识的生产者。在生产组织底下，都是有机的全体内一个自觉的分子。至于其他学理，则任人以实际活动的余暇，在国家所设极完备的大学或研究所里面自由研究一切事业，均须负供给学者研究资料的义务。

　　这些设备及方法的变更，必定所费甚巨。农业工业等学科，课程所应备机械、装置、说明、材料，及优良教师等所需费用，必定比现在所支出的更多。教育费必定比现在增加数十百倍。但我们的目的既然是在增加教育的效果，发挥其经济的价值，以协助革命的速成，则费用虽多，亦不应畏缩。

　　或者有人会疑惑说，这是偏重生产业而忽略道德文化。但我们对于这些人现在只说一句话，道德文化都是立在经济的基础上面者。我们所以注重生产业，并非忽略了道德文化，正是要建筑道德文化的基础。

其次，就是政治教育问题。这个要求当然不是要将治者的政治意识硬灌注到一般民众去。我们所主张的学校教育，既然是要与社会的实际事业相结合，以实际活动来长养生徒的创造力。则这个政治教育问题，当然亦应在实际活动里面求解决。

本来所谓政治，即是社会生活的统制，不过在阶级对立的社会，政治成了阶级支配的用具。中间生出种种传统种种势力关系，遂成了一种特殊的机构。政治进化淘汰了这些阶级支配的历史的要素，必然仍是一个社会生活的统制。而一般民权的设定，其目的亦不外是，要将从来的政治组织化为一个纯粹的社会统制，使民众得在社会里面自由发挥其统制力，以期获收政治上美满的效果；所以今后的政治教育，必定要是长养这个社会统制力，方足以符革命的要求。然而这个社会统制力的长养，仍是要以社会的经济的实际活动做基础，才能得彻底的成效。我们试看看现在许多治者、政治所不及的社会单位，民众自身在这些单位的统制里面，因应其实际生活条件而发挥的创造力，怎样的伟大，便可以知道社会的经济的实际活动，在政治教育上确有莫大的功能。若必以治者的政治意识，强加灌注，必至窒息民众的创造力。不特于教育为无功，反而有害。

又次，就是军事训练问题。这种训练，在平时所要求的原不外是绝对地服从命令和敏捷地履行职务两事。它的基础立在权威上面，只是一种机械方法，在教育上价值是极少的。但在目下世界上一切殖民地及半殖民地，都已蓄存着许多发火材料，战争革命的爆发，已具有充分的可能性。即在资本主义极发达的列强，本国革命的气势，亦已逐渐紧张。而中国处在如今的形势底下，为谋革命事业的发展，对于帝国主义什么时候要起军事上的斗争，亦是未可预料。战斗的准备，当为我民族目下所不容稍懈的一个重大任务。在这样时势，有了这个民族的动机，军事训练在教育上的价值，当比平时更大。

这些问题，本与一般政治的活动，尤其是经济的建设事业，简言之，即革命的进行，密切相关联在教育者方面。所有理论的势力，及一切实际的经验，固然是都要动员。而在政府方面，则尤须厉行其革命的一般政策，以与之相呼应，然后可望解决。然而革命的一般政策，断非一朝一夕所能彻底；推行教育的理论，及实际的一致动员，更非一朝一夕所能实现。则这些问题的解决，当然亦应有一定步骤，不能一蹴而就。而处于现在这样客观的形势底下，亦只有以这些问题作为我们的主要方针，在可能实现的范围内，力谋下列诸纲领的贯彻。

一、教育行政组织的改良及统一。

二、义务教育的厉行及其教育费的国库补助。

三、中等学校的扩张及其设备教学训练的改善。

四、产业教育组织的建设。

五、乡村教育的改造。

六、民众教育事业的扩张。

七、贫困儿童就学的补助。

八、优良教师的养成。

九、大学教育内容的充实。

十、军事训练的实施。

十一、宗教与教育的分离。

十二、外国人经营学校的取缔。

十三、革除偏重书本的陋习，厉行学校的社会化。

十四、打破学科课程的一元主义。

（原载于《中华基督教教育季刊》第 2 卷第 3 期，1926 年 10 月）

市民大学问题

  欧美列国以民主主义为政治的目标已肇始于近世，而列国之中更有宣言以民主主义为社会的目标者亦自近世始。降及今日，民主思想推行愈广，几乎全世界的国民都觉得于政治的社会的范围以外，更有以民主主义为经济的及产业的目标的必要了。但今日以民主主义为政治的目标及社会的目标的国民虽不少，以民主主义为经济的及产业的目标的国民虽亦有之，而以民主主义为教育的目标的国民，则除美国国民外尚未曾有。但美国虽曾经宣言过说以民主主义为教育的目标，而美国的教育制度至今仍未能使民主的理想得充分的安慰。美国的教育只能证明人类所定的目的系事业发展的决定要素，美国的教育虽能一步一步地与民主的理想相接近，但仍未能全然脱却传统的色彩。自然，民主主义的运命，在美国也就未必从此可以安心。

  至于中国宣言采用民主主义已经多年，而所以维护民主主义的只靠武力。但民主主义在中国至今仍未确立，国内扰攘至今仍未平定，亦系因为维护民主主义只有武力的缘故。用兵虽系一时不得已的事，我们现下亦正在以武力为维护民主主义的利器，正在用兵以维护民主主义，武力亦是不可少的。但民主主义的基础，不在武力，而在智慧与道德，这个断定早晚必成为论理上必然的归结。所以，民主主义最后的问题，当然是教育问题。

但民主主义现在中国尚当出产的时期，换句话讲，就是中国现下还在革命的时代。我们当这个时代处理教育问题，我们所最要留意的，有两件事：其一，就是因革命而解放的精力和因革命而激起的感奋，我们应该怎样保持着，即我们应该怎样保持这些因革命而解放的精力和因革命而激起的感奋；其二，就是我们发展我们理想的社会组织，应该怎样利用这些精力和感奋，即我们应该怎样利用这些精力和感奋去发展我们理想的社会组织。这两个就是我们现下最紧要的问题，我们能够握着这两个要害，我们的事业才可以有望。

至于这个市民大学，我们虽不敢说就是因为要解决这两个问题而发生，我们这个市民大学确是因要试验这两个问题，现下在广东能否成立而发生的。详言之，即是因要试验在广东人中这种感奋已否发作，这种精力已否发动而发生的。而市民大学发起之后，即据报名者之踊跃一事，已足证明这两个问题可以成立。已足证明我们广东人因革命而解放的精力，因革命而激起的感奋，正在彷徨歧路，待人指点，这个善导的问题，更须速决。

何以这个市民大学，不敢说就是因要解决上述两个问题而发生的呢？因为这个市民大学的运动，不过系仿外国大学扩张运动（University Extension Movement）的办法，将大学里头所有哲学的知识和科学的知识，仍用大学的名义做标帜，以普及于大学之外。不过正式的市民大学还未成立，我们虽用大学的名义，我们的目的却不在扩张大学，我们可是要建设大学。这种运动，若果要起个名字，或可叫它作大学建设运动。而其所以叫作市民大学的缘故，实系想我们市民大家，以这个大学做自己的大学，我们市民大家合力去筹谋建设的意思。我们这个大学既未成立，现在的运动既是一种建设运动，自然它的能力有限，它能够解决的问题亦有限。这种运动，若要来保持广东人民因革命而解放的精力，因革命而激起的感奋，容或可以奏些少的效。至于想怎样利用这种精力、这种感奋去怎样发展我们理想的社会组织，这种运动的力，还是太少。所以我不敢说这个市民大学就能够解决上述的两个问题。

我们虽不能解决这两个问题，但我们既已证明这两个问题可以成立，我们便应该提出这两个问题以求解决。所以市民大学当初目的是在试验上述两个问题能否成立，而今两个问题，既经证明能够成立，则市民大学今后的目的，应在提出这两个问题以求解决。

但是市民大学能够解决这两个问题与否，市民大学能够达到它的目的与否，一在我们市民要它解决这两个问题与否，要它达到它的目的与否，至我们市民要市民大学如是与否，则全在我们市民要实行民主主义与否，要发展民主的社会组织与否。

我信得现在我们市民，是没有一个不要求民主主义的，没有一个不希望民主主义能够早日实现的。我们市民既有了这个要求，既有了这个希望，则我们市民对于这个大学建设运动，更应该着力，我们市民更应该协力将这个大学建设成功。我们要建设成功这个大学，我们才能够解决前述的两个问题。我们市民要有了大学来讲求科学，我们才能够用科学的方法去解决前述两个问题。我们市民要能够解决这两个问题，我们市民才能够完成我们市民对于民主主义的责任。

（原载于《广东省教育会杂志》第 1 卷第 3 号，1921 年 9 月，署名志澄）

展览会事业

——在广东省第五次教育大会讲演

　　这回诸君来到广州市，可惜市内没有什么特别的东西来飨应诸君，以表示欢迎的意思。市教育局虽特地为诸君开了一个教育博物展览会，但因为准备的时候太短，并且有种种不便，亦弄到不完不备，卒至失败。实在是抱歉得很。今日选了这个"展览会事业"来做题目，本来败军之将不足与言战，实在是不敢对诸君再来讲这些话的。但是这种失败谈或者也可以供诸君参考。所以今日不揣冒昧，还是厚着面皮在这里讲。总望诸君忍耐一下。

　　本市展览会的种类很多，大抵因其目的不同，办法亦各不相同。有以教育民众为目的的，有以供专门家的参考为目的的，有以供同好者的玩赏为目的的，有以奖励为目的的。例如这次卫生局开设卫生展览会，这是关于卫生的一种宣传运动，想以展览会来启发卫生的知识，宣示卫生的方法的。这是教育民众的展览会。又如医生开大会的时候，一面讨论医学上的学理，一面报告医事上之调查研究，一面陈列各色医科器械以供医学专门家的参考。这种展览会是不以教育民众为目的的。这种纯

238·

是专门的展览会。又有许多是为供同好者的玩赏而开设的展览会。例如陈列各种书画、各种古董以供同好的鉴赏的便是。还有几种，例如美术展览会、商品展览会、工业品展览会，这些都是含有一种奖励的意思，是为奖励美术，奖励商工业的发达而设的，并不以教育民众为目的。这些展览会虽非尽以教育民众为目的，但若能利用之以为社会教育的手段，则于研究玩赏参考之外亦未尝不可兼收教育民众的实效，例如开设美术展览，如果系于研究玩赏参考之外更想启发一般民众对于美术的趣味，涵养民众的鉴赏力，就在展览会里头将些出品以流派分开，或以作者来分类，更附以说明，使观众一见都能豁然了解，都能发生兴趣，便可达到教育民众的目的。如果这样办去，这个展览会既可以供民众的娱乐，亦可以启发民众的鉴赏力，这个专门的展览会便可成为社会教育的一种方法。

此次市教育局的教育博物展览会照章程上所规定它的任务本来是：（甲）陈设最新式的学校用品教授用具及家庭学校内各种教育上的设备，以资教育者的研究及工业者的参考。（乙）陈设国内外学校建筑及学校生活各种影片及学生成绩品，使大众借此得知内外教育的状况。（丙）陈设过去学校建筑学校生活及大教育家的相片画像并教授用具校具教科书，俾大众晓得教育史上既往的事迹。（丁）陈设学校规则学事年报教授细目及图书器械模型标本，使学校教职员可以借此增长些教育的知识。照以上所规定的来看，似乎只系供教育者和商工业家的参考的，并非通俗教育的事业。但教育局也许各学校的学生入场，兼且也许各学生带同家族入场，希望各学生的家族对于教育都可以借此有所感触，得些知识，免得与学校事业太过隔膜。所以此次教育局的教育博物展览会，可以算是一个半社会的展览会。

以上所讲的是展览会的种类，其次就是展览会的会场。现在要在广州市内找地方来办这种事业是一件很难的事。第一在市内亦无这样大的会场。即使有，亦未必适用。此次教育局举办这个展览会的会场问题就是如此，教育会要开会议，自然议事堂是不能借用的。其余各事务室亦不能挪拨，所剩的只有小学成绩陈列所和小学联合会的两三间房舍。即使加入运动场全部，亦不敷用。若要腾出廿四国民学校的校舍来，那国民学校就要停十多天课。因办展览会而至于停止授课，这是不妥的。而操场尚要搭棚则破费更大，况且搭棚往往遇事，则更危险。于是不得已虽汪精卫先生答应肯借教育会余地给我们，后来也退还给他，便赶紧将教育局腾出。但腾出教育局，教育局又在什么地方办公呢？现在教育局同修志局都是同在三忠祠南园里面。教育局在抗风轩，修志局在罗浮精舍。这是教育局开局当初承各位绅士的厚意借拨过教育局的。但现在这个罗浮精舍除了二三旧绅每月到几次外，大概都是放空在那里的。所以教育局当时写了一封信和他们绅士商借这个地方。其中虽有一两个顽固旧绅从中阻挠，不肯借用，后来亦答应了。但只有教育局的地方仍不敷用，于是再同谢英伯先生借图书馆，才借得图书馆两处最适当的地方。如果这个图书馆亦为那些顽固旧绅所占据，或者这个展览会弄到流产也未可料。这是我们这次办展览会所经过种种困难的实在情形，这都是因为广州市内没有常设的展览会场的缘故。

这种关于教育品的展览会，在欧洲已于 19 世纪初期便有，不过当时所开的只供一时的参考，并非常设的。后来到了 1853 年加拿大在 Tront 设了教育博物馆之后，欧美各国都认为这种事业确系于教育上有效，都效这个办法，各处都设立了展览教育博物的常设机关。中国亦于光绪二十七年在天津设了一间。日本则已于明治十年就现在的东京上野美术学校的校址设了一所，现在则用孔圣庙里头一部分地方，仍归文部省直辖。所以我总盼望将来广州市内亦可以设一间常设的教育博物馆。因为，若无这种会场，则陈列出品亦有诸多不便。光线难得充足是一件，通气不良是一件。现在借用旧建筑，例如挂图画挂镜额等亦有种种困难。这是我们此次最感痛苦的。

而且，无常设的会场，开会的时候花了一场心血，花了一笔钱，只开得四五日，多则一个星期，未免太不经济了。其实展览会如果有了常设的会所，会期可以尽量地延长，慢慢地研究才能得到益处。

如果开设规模稍大的展览会，会场计划尚须参照都市计划来开设。若要兴筑临时会场，最好是预定都市发展的方向，开定街道，引电灯，引水道，引煤气，等到闭会的时候，种种电灯水道煤气都可以留下。其余会场可以保存的则保存它以待他日展览之用。这种地方既有种种交通的利便，又有种种生活上的设备，开发之后自然容易扩充。若无这种永远的设计，绝不虑及将来都市的计划，是非常之不经济的。

其次还有一个是经费的问题。经费一项多有多用，少有少用，本无一定的限制的。但用了多少钱，总要预期能收相当的效果才好。这次市教育局所开的展览会预定 150 元的经费，大概发了 3 万入场券，以 150 元而可以教育 3 万人，计算起来，一人不过五仙，这种价廉味高的事业是乐得做的。而且既是事关展览，一定要注重装饰，能够惹起观众的兴味，使一般观众于怡乐之中能够优优悠悠领略各种知识。况且广州市除了一些粗俗噪杂的公司戏场而外，并没有其他娱乐场所，这种装饰更是要紧。

经费既定，其次问题就是选定题目搜集出品。若以社会教育为目的，题目就要与民众的实际生活有关系，或是食物或是衣服或是住宅等关于消费经济一方面的，或是卫生上或是社交上种种的题目材料。关于知识的固然好，即关于趣味，关于体育的题目亦好。总以与实际生活有关系为主。

题目既定，其次便是准备时期。这种准备大约至少总要半年才够。若果时候太少必定生出种种不妥的地方。这半年大约第一个月选定题目，通信各处请求出品。哪处有什么物品，必须先行调查，请教一下专门家，看看有哪种出品是必不可缺的。例如关于建筑的就要去问建筑专门家，关于食物的就要去请教医生，关于灾害预防的就要去问公安局、铁路公司、电车公司、工场管理者等各种专门家，征求各种专门家的意见。定了出品的名目，分开种类，分别系统，然后写信向各处征求。这种工夫大约总要一个月。一个月后大概的轮廓总可得到。等到出品到齐，大约要四个月。出品来了，就要计划陈列。有不足的补足它，有不能而又得不到的就画。统计的数字有难明的修正它。如是种种又要半月。其余有半个月去慢慢陈列，然后优优悠悠才可以设成一个好的展览会。

这次教育局的展览会直可以说是失败。我今日所讲一番话并非想要掩护自己的失败。不过想讲明这次失败的理由给诸君做个参考。若诸君有时间能在教育会的日刊里将这次的展览会批评批评指教指教，实所厚望。

（原载《广东省教育会杂志》第 1 卷第 3 号，1921 年 9 月）

平民教育不是慈善事业

　　我在本月 13 日的报纸上面看见了关于"省政府改组后的施政计划"一段记事。其中有一项是论及教育的。在这一项目下记着几句说话："现在省政府除积极规划平民教育以嘉惠全省失学平民外并令饬教育厅云云。"这几句说话在平日看新闻的人大都以为不过是宣示政府的行政计划，几句很寻常的说话，看过便放了下去。就是那些留心政事好出意见的最多也不过说这是政府的善政，从此全省人民个个都可以识字，确是一件好事，说完也就了事。然而我在这几句话里面却发现了社会一般人在思想上或观念上的一个大错误：对于教育没理解。这个大错误这个没理解在什么地方？就在"嘉惠"两个字。以教育做"嘉惠"的当然不止这个特访员，不然，广东的教育哪里会弄到今天那种要死不死可有可无的状态。

　　现在我们的政府是一个革命的政府，这是人人能讲的。所谓革命是什么？当然不只是把从前的皇位夺了过来，自己坐了上去，就算成功。也不只是把向来的支配者赶走了，自己把政权抢了过来，就是了事。所谓革命，从一方面看来，是政治上经济上的一个彻底的大变化。从一方面看来，是政治上经济上一个彻底的大改革。这种改革里面，当然包含着意识的改革和制度的改革两层。然而制度上的改革者若果没有意识的改革在先，是不可能的。即使万一可能，若果意识的改革不是同时或跟着去施行，结局必不能得所期的效果。不独得不着所期的效果，而且往往贻害社会，弄到不可收拾。这个意识的改革怎样行，助成这个意识的改革的是什么，当然是向民众发动的有意的教育活动。

但这仍不过是只就我们的革命运动中为达到当前的实际的目标所需于教育活动一方面的必要而言，若讲到我们的民族对世界文化所当负的使命，这个教育活动的社会的任务更加重大了。议论或许更加高远，讲起来，大众意见，或许像是更为不切事情，我也可以不讲，然而我总希望大家能够就我们当前的革命运动所依存的各种条件仔细多想一想，对于教育的机能能够更加认识得清楚一点，不至再将它当作一种"嘉惠平民"的设施。不至再将它看作社会上很随便的一种点缀。

当教育设施作慈善事业的我们在教育史上也见过，这个观念自然是支配阶级教育独占时代所生成的产物。在我们的时代这个观念自然是应该破弃的，然而一般人依然还是抱着这个观念。也难怪这些人听见我说举办"平民教育"至少每年要花三百六十万元钱，他们便愕然相视，不发一语，似乎觉得过于破费。他们视三百六十万元钱比一百数十万人民的无知还更贵重。若果我再向他们说，我还有一个计算，要全省实行强迫小学教育，每年须用七千万元钱，他们必定当我发痴，在街上遇见了讨饭的向人家要钱，最多也不过给他们一两毫子，算是大大的恩惠。以这桩心事来办教育，教育焉得不糟。

意识的改革不成，制度的改革是干不了的。革命，革命，谈何容易。我们还要努力啊。

（原载于《广东平教月刊》1927 年第 1 期，8 月 20 日）

省教育会改组后之任务

广东省教育会从新改组，今日开第一次代表大会，兄弟到来参加，不觉联想到民国十二年国民党改组的事情。国民党的改组是鉴于前的散漫，欿然不敢自足。它的改组是要使内部从此益加严密，同时又益加扩充。于是民国十三年的第一次全国代表大会便决定了党的总章，并发布了党的第一次全国代表大会宣言，都是十分重要的。这一次的宣言对于中国的现状既昭示精详的分析，对于党的主义复加以鲜明的解说，而于党的政纲也勒为切要的规定。自是国民革命的意义乃大白于天下，而中国革命运动遂入于激进，至有今日的统一。

现在教育会的改组也是因为从前的组织太散漫的原故。以前虽亦有省与县的教育会，但不过是很随便的一种集合，而且彼此没有联属的关系。省教育会是省会所在教育界中人所集合而成的，县教育会大概也是县城中的教育界人士所组织，不但内部松懈，而且又是省自省、县自县绝无联属的关系。这样的集合实在没有多大的意义。

本来教育会是一种自由的组织，不是强制的组织。自由组织的团体结合既出于各成分的自由意思，照理，就应该是很坚固的。但在我们都适得其反。惟其目的是自由的结合，反而散漫。

在平日则仅存形式，没有一定的常日的工作。即如这次召集会议，这几天是很热闹的，但闭了会便又沉寂起来。这大概是因为目的意识不大坚定的缘故。

所以经这次改组后兄弟总希望大家将本会的目的认识清楚，加以坚决的意志，持久的努力，向着所认定的目的前进。在今日的中国教育确是一种非常重大的事业。因为我们今后所要建设的是一个三民主义的国家，当然要有一种三民主义的教育来培植他的根本。这个事业自然是一种革命的事业。是无例可援，而且亦不容沿袭旧例，必定要从新创造的。不特我们自己的事业要创造，而且这个事业所培植出来的次代国民也要能够创造。这是何等重大的一个任务。

试看现在欧美各国教育的新趋势，都是向着创造一途前进的。以前的教育是以既成的知识技能传授于生徒。学校不过是既成的知识技能的传习所。现在的新趋势是要从作学的形式而学习，直接地创造地去体验生活的知识和技能。学校便要是生活一个体验所。从前的学校是既成文化的交易所，现在的趋势要是新文化的创造场。从前的学校是以言语文字做主体，现在则趋向以作业和生活活动做主体了。这自然是一个革命的趋势。这个趋势是我们应该迎头赶上去的。若还跟着人家的旧路走，纵使当事者没有反革命的意思，而对于反革命的结果的形成，也是不能逃其责任的。

所以我希望今回改组后大家都能够负起责任努力向前来达到这个革化的目的。我今日在这里能够得到这个机会向各位代表讲这几句话，实在是很欣幸的一桩事。

（原载于《教育生活》1930 年第 2 期，1 月 10 日）

看过了《全国专家对于学制改造的态度》以后的小小感想

支持现制的说:"现行学制中小学本不是单轨升学制,实是升学,职业……多轨制;国民教育也不限于四年,职业补习学校,初级职业学校,高级职业学校,不但应有尽有,而且确也随各级可告段落。"这是对的,因为法规上的定制本来如是。主张改制的说:"现行中小学过分侧重升学。"也是对的,因为事实上的变制确已造成了这么一个现象。这个矛盾所由来在于原想那样干的,干来干去,结局却干成了这样。费了十年工夫,到头来,问题仍是悬而待决。何以会弄到这么一步田地的呢?法规上的定制何以在事实上竟造成了这么一个变制?这是值得我们深加反省的。

我记得现行学制的原草案是在广州决定的。那时是民国十年,全国教育联合会在广州召集会议。当广东省教育会接到了通知后,会的干部就决定了起草学制案。因为大家都认定了当时改制的舆论已经成熟,新案是必会提供出来的,广东的教育者也乐得做一个发起人。于是省教育会就先在广州召集了一个会员大会来讨论这个问题。会议的时候,讨论开始,就有人提议分组研究。当时我好像是这样说,我说:"学制是整个的有机的东西，我以为先要决定了教育的方针，各级各种学校的目的，教育的内容，材料的内容和方法的内容，教学大纲，然后才定得出教学时数，修业期限，毕业年限，然后整个学制才可以制定。这些问题都还未提起，开首就分组，是没有意义的。"但当时却有一位大学教授站起来驳我，他说："有机的东西也可以分开研究，例如一条虫，我们也可以先将它分开几部分去研究，然后合拢来再研究它的全体。"我说："分解的研究和构成的研究是两样的，我们应该辨别清楚。"奇怪得很，我们当时这样的讨论大家却都像是认为无关紧要似的；其实当时大家的心目中早已有了一个"六三三"制的成竹，大家都想对于这个新东西的产生有所贡献，借此机会有所表现。于是再经一位会员的申述，说是某某的见解本不错，但可惜我们目前确没有时间这样地去研究了！今天距开会日期只有三星期，不赶快是来不及的，我们现在所要做成的只是一个学校系统，是可以分开去研究，然后再合拢来构成一个全体的。就请主席付了表决。分作小学教育合上幼稚园为一组，职业教育一组，师范教育，中学教育，大学教育各一组。研究告成，提出大会报告的时候，竟然就是一个"六三三"制。到了全国教育会联合会开会的时候，堂堂一个学制案便提了出去。恰巧当时联合会聘了孟禄博士来演讲，会议的干部乘便就将这个案给博士看，征求他的意见。当天晚上，我也在场，我记得他是这样说的，他说："这是我们美国的理想的方案，在我们美国还未见实行得，如果中国能够实行，那是好的。"这分明就是客人对主人说的一番客气话。但当时一般与会的会员，尤其是那些发起人，却高兴得了不得；于是第二天这个案就在会场通过了。（民国）十一年的改制所根据的就是这个议决案。其间虽经过了两次的修订，骨子却依然是那么一套东西。

从此以后，各种学校的在学年期改变了。但关于学校教育的内容，直至十七年，政府确实未有干涉过。到了十八年，政府虽颁布了一部分的学校课程标准，但仍听各地方、各学校自己去实验研究，绝未有强制的意思。经过了十年间的长期而自由的试行、试察、适应、淘汰，竟形成了这么一个变制。从自由主义的立场看这是全国教育者，脱离了政府的干涉，自己去辟成的一条通路。从适者生存的原则看，这才是适者。从社会主义的立场看，这是社会的条件所决定的，独立于全国教育者乃至一般社会人的意志以外的中国教育本身的发展的自然必然的进程。不但十一年改制后是如此。自清末奏定学堂章程以来，民国元年的改制，四年的改制，目的都在同一问题的解决，而问题依然解决不了。法令所指示的途径与事实所向往的途径迥然相异。而学校教育本身大抵的趋向则自有学堂以来，以至于今，始终一样，未尝少安。历次的更张只不过在兜圈子，总不能把这个趋向掉转。

有人说，这是教育者的观念错误所致。但我们也得追寻下究竟这个错误从何而来。错误在什么地方。如果只说这个错误在于未曾明了定制的本旨，没有依照定制硬干下去，问题可说简单，只有听由事实作证。然而我们始终不能释然于心的，就是现制所指示的途径，从前何尝未曾走过？那时候的中国社会所处的是怎样一个境地，世界是怎样一个境地？难道现在就比从前适于这个定制了吗？固然，中国现在是统一了；但我们要晓得中国的社会却和从前一样的是在崩溃，甚至崩溃得比从前还厉害。从前不能奏效的现在也不能奏效，更不能奏效。我们试翻开世界各国制度改革的历史看看，费尽了几多志士的精力，流尽了几多仁人的热血，不能成功的依然是不成功，而社会却仍自踏实它的脚步，引领着它所支配的一切，向着它的必然的大道，不息地上前进展；就是那些成功了的伟人也不过是看准了它的趋向，抓住了它所已具的条件，去解决了它所能解决的问题而已。我们从这些史实看，就可以明白制度政革的问题只在制度本身是不能解决的。硬干也会陷于绝境。无论你宗旨是如何的堂皇，设计是如何的周到，如果看不准所在社会的趋向，抓不住它所能备的条件，所定下的什么方案一定都行不通。但当这时候，既行不通了，而乘势冲出的一条期望外的通路反而会是所在地盘上到达福地的必然的正途。我们会不会弄到一错再错，却就系于我们能不能把捉着这个时机！

先的已经讲过，现行学制的事实上的变制既然是中国的教育发展本身所辟成的一条蹊径，这个变制的现境岂不也就是中国教育发展本身所从出的一个路头？不过因为它确也是目前走投无路的中国社会在学校教育上的一个反映，却就引不起人家的兴致。于是被人家忽略了，甚至把它当作罪人，要将它置诸死地。其实它才是我们的向导者咧！

现在中国，"升学"的人固少，"求学"的人也少。这是无须数字对证，人所共晓的一桩事实。然而这桩事实是否就现示着多数人确在需要着特定的教育机关呢？如果那些人非走这条路就没有别路可走的，这个需要是必然的。如果那些人本来是有一条路在走着的，而一般自命为向导者的却看不清楚，就以为那些人是需要这条路，那条路，这个需要是悬揣的。从那些本自有路走着的人看来，简直就无此需要。

中国从来的特定机关的教育只是从政者的教育，非生产的教育。生产的教育则行施于家族的职业的世袭。一般农工业的教育都是在农人工人各自的家族内，在从少年而青年而壮年的长养期间，由游戏的模仿以至实务的协助而体验得来的。这种教育是从实物、实行中修得，是道德的陶冶和职业的训练融合为一的教育。及至家族经济演进到市镇经济，在工业方面，学徒制度虽代行了家族的一部分的教育的机能，而在农业方面，则依然是家业的传袭。学制更新以后，特定教育机关虽一并负起了教育生产者的任务，然而生产业的变化尚未至于摧毁了家庭、作坊以及工场的教育的设备，家庭、作坊以及工场的教育的机能依然在行施着，担当同一任务的特定教育机关就没有存立的余地。除了那些在经济上、社会上占着殊异的地位，而自以为须有些新设备，供给些新学术，才足以资其生活的上进的人们以外，特定教育机关，学校，简直就无人需要。实则这些因地位而唤起的需要毕竟仍不过是消极的：只因为这些人的家庭早已失掉于它原日所本具的教育的机能，更无以供应他们现时所想望的设备，不进学校，他们就没有别的机会可以得到他们所谓"与他们的身份相当"的所谓"教育"，他们就会支持不住他们的现地位，甚而至于堕落；真正有向上的觉悟和决心的还是绝无仅有。但在那些生产的农人工人却就不然：他们不需要学校，因为他们的教育本来就无须乎学校。他们的家庭，他们的作坊，他们的工场乃至整个社会的生产机构都是他们的教育场所。他们一刻不离开他们的现地盘，他们始终是社会的生产者。如果他们当中有哪个起了侥幸的念头，想得着优越的地位，脱高了他们的现地盘，走进学校去另找敲门砖，那就简直和赌番摊一样的没有把握，安分的人就不会去干。不升学校仅不失为"知难"，而不进学校才真的是"不惑"。"升学"者少，"求学"者亦少，这桩事实所隐藏着的却有这么一个秘奥，这个秘奥才显示着我们的同胞现在不需要学校而学校亦无从而得臻完善的真道理。

如果不相信这个，不从实生活的改善、社会上和经济上的地位的提高去扶助这些生产的农人工人的知能的自己长进，以驯至于把公共教育的施设适应到社会的生产样式和条件的改造进程中的各种事业，于社会的彻底改造中完成公共教育的整个系统的改造，还在那里社会自社会，学校自学校的，各走各的瞎路；还固执着除了学校无教育的老念头，硬要扩张那本无实效的需要的"职业学校"，以广招徕；这些生产的农人工人决也不会想从它得到什么好处；结局，只是那些因地位而不得不进学校去，而又无力更加上进的所谓"中流"人物被逼进了一条更窄的路上去，加以经费不敷、设备不完、师资不足等无可避免的种种原因，再被陷入了"既无力以治产，复无术以立身"的绝境，而成了教育的牺牲品。那些"预备升学"的学校亦只有变成了少爷小姐专用的俱乐部。整个社会将亦不知崩溃到什么田地，所谓"顺天应人"的大业说的岂就是这个?!

（原载于《教育杂志》第 25 卷第 3 号，1935 年 3 月 10 日）

军事教育者应有之修养

——在广东省中等以上学校军事教官寒假训练班讲话

在本学年各校军事训练开始前，也曾有过一次聚集。当时本席因病不能出席和诸位相见，确是憾事。但本席后来曾将本席要对诸位讲的说话写成一篇短文（即本报第三期代卷首语——编者），送了给林主任。那篇短文还可以供诸位务职上的一点参考，或许诸位已经看过了。那篇短文也就可以作为本席亲自对诸位讲的一番话。

那篇短文的题目是《军事训练与学校教育》，要旨是在说明学校里的军事训练和军队里的士兵训练的区别，以及军事训练在学校教育上的意义。希望军事训练在学校教育上能够成为整个教育进程的有机的一部分。我们的学校教育的全作用所要造就的是强壮、康健、快活、进取，通晓现代的科学和技术而绝对的忠于自己的民族的、建设的人物。军事训练也就要尊重这个全体的作用，要融和在学校的整个教育进程里面去完成教育的全任务。只要诸位能够本着这个要旨去协助学校当局，将来的成就是必有可观的。

我们的希望是如此，那么我们究竟凭借什么去协助学校当局呢？我们要在学校里协助学校当局去完成教育的任务，当然我们自己就要有教育者的修养。我们在军队里是士兵的统率者，我们在学校里，就是青年的教育者了。教育者固然亦有统率上的任务。如在学校教育有统率一学级所属青年的任务。在特定科目的教育。关于特定科目的各种活动亦有统率上的任务。一校的教育者对于学校全般的教育活动都负着共同的责任，遇必要时，即非自己所任学级，也有统率上的任务的。不过这种统率不但在外面的客观的方式与军队的统率有别，而且这些方式的运用亦自有它的内向的主观的基础，具有教育上的特殊的意义。此中差别或许和将将与将兵的差别同一微妙。这些微妙处诸位尽可以自己体验出来，非有充分的修养是很难应付得当的。所以本席今日特把"教育者的修养"这个问题提出来和诸位讨究一下，当然这也只可以就其中的几个主要事项说说而已。

这些主要事项是什么？教育者是教育人的主体，他的修养的第一条应该就是德性的发挥。发挥自己的德性来感化人，同时自己的德性亦在这感化人的历程中受着鼓励而益加长进。如果我们只是空口说白话去教人，而于自己的德性无所发挥，不但是教人没有效果，自己也得不到益处。我们在操场上喊一个立正的口令，我们往往自己也来一个立正。这时候我们是教人家立正，同时也教了自己立正。我们教人家立正，是要人家取得一个心地平正神气肃穆的姿态，同时自己立了正，自己也取得同一姿态，心身上起了同一的顺应。如果我们出操时，只随随便便或东张西望地在那喊口令，我相信这些口令不但不会生效，而且教练者自身也会陷于德性的颓废，并拖累了人家的德性。所以德性的发挥是教育者教育人而同时亦是教育自己的一个主要项目。

那么应该发挥什么德性呢？

一是诚，没有诚是不能成事的。尤其在我们现在的时代是要燃烧着复兴民族的热诚，才能成功教育的事业。

二是爱，爱是教育的生命。然而"教育爱"是要意志的，不可是感情的。感情的爱最易损害公平不倚的德性。

三是严正，能严正然后能保持公平而不流于偏颇。这和意志的爱是教育的两翼。

四是热心而有效力。这是克服艰苦达到成功唯一途径。

上述四种德性，诸位如果在学校里在日常生活中能够发挥修养，不但教育人，同时教育自己都可以得到极大的效果。

关于教育者的第二要项是学识的长进。要热心学问，了解所处时代，才能完成教育的任务。不但要留意过去的史实，亦要洞悉社会的进境，才能确立教育的方针。

关于教育者的修养的第三要项是教育技术的磨炼。教育是要技术的。这技术是由经验和研究磨炼得来的。

以上是关于教育者个人的修养而供给诸位参考的一番陈述。诸位要在学校里协助学校教育的成功，诸位要加入教育群者去完成教育者的全任务，这些修养要项是必须不息的下功夫的。

（原载于《军训日报》1937 年第 3—4 期合刊，4 月 1 日）

体育之目的固在增进民族之体力①

——对于广东全省第十四次运动大会的希望

诸君，大概都记得去年8月在德京柏林举行过的全世界运动大会。在那次大会，德国的青年不但竞技得了优胜，他们的标准的体格，纪律的精神，尤为世界人士所称许，甚至有些批评者竟把这种青年训练的效果认为希特勒的最大成功的。而我们中国的选手因为体力不充实，精神涣散，卒至一无所获。那20年前在远东始终敌不过我们的日本反而夺得了世界第一流的地位。这是值得我们深加反省的。

我记得前次在日本东京举行远东运动大会的时候，日本的批评者称我们的选手做"天才"。这所谓"天才"，讲起来，很好听。我相信有许多人听见了，必定还很欢喜；但我们试推敲下他们的用意，其实就是说我们的选手没有体育的素养和科学的根底，只靠自己身体上的一点特长和个人生得的一点聪明，在竞技中获得优势。这样的优势在那些遇事讲究方法和理论的日本人，本来是瞧不起的。不过事实上也有点是出乎

---

① 标题为编者加。原题为"对于广东全省第十四次运动大会的希望"。

他们意料以外的，于是在轻蔑的预期中平添上几分惊异的实感，就弄出了"天才"这个幽默来，这里面至少包含着有些嘲谑的意味。

本来体育是要从儿童养护做起的。养护得宜，身体的各部才能均等发育，到了儿童后期和青年时代，既已发育的身体再加锻炼，就可以做成一生强健的基础。而始终不容须臾忽略的就是疾病的防止和健康的增进，这是属于卫生的事情。我们谈体育已经谈了30多年，试问我们对于这些体育的施设可曾认真努力过？首先家庭的主妇懂得养护儿童的已是难得，而关于体力增进、健康保护的科学，如运动生理学、营养学等亦绝少专门研究的人。至于儿童养护施设、卫生设备、体育设备等等更为缺乏。在这样的情势底下，如果中国人能够在世界体育场里获得优势，不真是天才的奇迹么？如果在这样的情势下，所造的中国选手而能够称霸于世界，一切关于体育的科学的研究，岂不是无用？一切关于养护、卫生、体育的各种设备不都是浪费么？天下宁有此理！所以我们今后要振兴体育，这些人的和物的条件是要有充分的预备的。

至于体育运动原分两类。一类是以体育为目的而根据解剖学、运动生理学计划出来的。如各种徒手体操、器械体操等。一类是游戏运动式竞技运动，这本是属于体育运动以外的，后来因为它也可以补助体育，于是才将它也插入体育运动范围以内的。我们从体育运动的这个分类，或体育运动的这个发展过程看，可见竞技运动不过是体育的一端。而现在我们的学校不但偏重竞技运动，而且又只留意竞技选手的运动，这和体育的目的实际是不适合的，体育的目的在于养护身体、锻炼身体、防止疾病、增进健康，它的范围在学校当然是概括全校学生；以一国论，当然是综合国民全体的，断不是造成了几个选手就可以算是尽了体育的能事的。何况造就几个选手，三五年也成了心脏病者，就更是反体育的行为了。竞技运动是应该生根在体育的土壤里的，不生根在土壤里的树木是不能成长的。所以我们今后要振兴体育，从来偏重竞技和偏重竞技选手的错误是要矫正的。

现在世界各国的体育大概是沿着两条线走。一条是与国防结合的路线，一条是以体育运动为个人娱乐的路线。与国防结合的体育运动是带着政治军事的意义的；作为个人娱乐的体育运动不含有政治军事的意义的。如德、意、苏联是属于前者，美国是属于后者。德国的体育训练与军事组织，军事训练与体育组织是最近已经融合一气了。他们一面在体育训练上尽量采纳军事的各种活动，一面在军事训练上尽量采纳体育中适于实用的各种活动，而且视体育为民族复兴的要道。意国训练青年也是体育、军事、政治并重的。他们是要从青年训练着手去改造意国民族。苏联呢？他们的体育是与劳动和国防密切关系着的。他们要用体育增进国民的健康，使一般国民在平时可以发挥优秀的劳动力，在战时可以发挥强大的战斗力。至于美国就全然与德、意、苏联不同。体育在美国是与军事和政治无关联的。体育运动乃至竞技运动在美国只是个人的娱乐。运动的目的只在增进运动者本身的健康。所以奖励体育的亦只是人民自由结合的体育团体，和德、意、苏联由中央机关统制的完全两样。但无论体育和国防是否结合在一起，大家对于从来偏重竞技和选手的错误都已察觉，都在努力矫正，是显著的事实，是我们所当注意的。

我们看中国国民党第三次全国代表大会所决定的"教育宗旨及其实施方针"，在第七项有这样的规定："学校教育及社会教育应一体注重发展国民体育，中等学校及大学专门学校须受相当之军事训练。发展体育之目的固在增进民族之体力，尤须以锻炼强健之精神，养成规律之习惯为主要任务"。这个规定所要求的是社会体育须与学校体育并重，体育训练须与军事训练联合。体育的任务在于民族体力的增进，尤须注重民族精神的锻炼。这里面已明白指示出我国体育所应走的路线。世界上新兴的国家，新兴的民族，现在都是沿着这条路线走的，我们依照这条路线不但可以矫正从来体育上的一般错误，而且可以由此奠定民族复兴的基础。

我们现在已决定完成本市旧东较场的体育运动场了。这次全省运动大会完毕后就可以着手兴筑。这个运动场规模虽小，但在振兴体育上，它的意义是很远大的。我们希望这次的全省运动大会是广东体育改进的开始。如果这个规模狭小的运动场不足以顺应广东体育的发展的时候，更大的运动场接续是可以兴筑起来的。这种准备实际我们亦已有了，第二个更大的体育运动场的建筑地址，我们亦已定下了。需要是事业的根源，努力是成功的要道。只要我们能够认定目标，努力前进，我们的成功就是无可限量的。我对于这个第十四次的全省运动大会所希望是如此。谨祝诸君的健康。

（1937 年 4 月 14 日下午七时半至八时在广州市播音台播讲，原载于《广东教育厅旬刊》第 3 卷第 12 期，1937 年 4 月 11 日）

第三次全国教育会议重要决议
及其精神

——广东省政府纪念周报告词

国民政府召集全国教育会议，这一次已经第三次了。第一次是在中华民国十七年五月，在我们新都南京举行的，当时国民革命军正在向北进展，三民主义已风动了全国，三民主义教育实施的原则，就是在这次会议决定的。事隔三年，第二次的全国教育会议，又在中华民国十九年四月召集，在首都举行了。当时各种建设事业已经开始，中华民国的教育宗旨在中华民国十八年中因国民党第三次全国代表大会决定后，亦已在同年四月由国民政府公布了。原文是：中华民国之教育，根据三民主义以充实人民生活，扶植社会生存，发展国民生计，延续民族生命为目的，务期民族独立，民权普遍，民生发展，以促进世界大同。以这样伟大宏远的一个指标，把教育实施的路向和中华民族革命建国的路向汇合起来，使其同趋一致，把教育政策和革命建国的一般政策联合起来，使它向着一个共同的最高的理想迈进，确是中国教育史上所未曾有的一个创举。第二次会议的任务就是依据这个教育宗旨去检讨，修正和建立各种规制。及至中华民国二十年，九一八事件勃发后，因应着时势的需要，在教育设施上的许多有关革命事宜，主由中央主管机关审慎讨究，订定纲要，指令施行了。几年来虽未曾举行过全国规模的大会议，但大家守着"忍辱负重"的古训，沉着镇静地在干，各种设施确已收获了不少的效果。

这次是第三次全国教育会议，距前次会议已有八年多了，是在我们的国民政府所在地重庆举行的，这次会议正举行在我们对敌人抗战已至二十个月的时候，敌人深入几千里的我们的内地，交通梗阻，诸多不便，而参加的会员来自各省，非自我军的前方，和敌人的后方各处，人数反较前两次的众多了。在九月间的会期中，我们是昼夜无间地在审查、讨论，不但议决了许多重要的案件，还听取了许多可宝贵的报告，在这些报告里，我们知道了大家在各处艰苦奋斗的实情，得到了很大的鼓舞。

决议案所关系的范围是很大的，几乎所有关于教育行政、教育制度、教育内容和教育方法的各种问题，大家平日都在各自寻求着解决的无不讨论到，确可以说是整个教育设施的现状都检讨过了。历届会议，不但是全国的，就是一省的，虽然也往往有同一情形的；但注视着国家民族的前程而把握着中心问题，以热烈的心情、诚恳的态度而悉心研讨的精神，则以此次为最盛！可见强敌当前，我们的奋斗精神，也和前方的士气一样，是愈加兴旺了！中华民族在历史上抵御外力的侵略，艰苦卓绝每每是愈久而愈奋的，这种事例我们在会场中也见着了。

说到决议案的内容，当然是以中华民国二十七年四月中国国民党全国代表临时大会所决定的抗战建国纲领和战时各级教育实施方案纲要为准则，各种提案当然也是根据这个纲领和实施方案纲要而拟定的。现在先从初等教育讲起：初等教育以义务教育为主干，在中华民国十八年中国国民党第三次全国代表大会就有了"厉行义务教育"的决议，同年第三届中央执行委员会第二次全体大会并议决了"厉行强迫教育"，责由训练部会同教育部拟订计划，限于中华民国二十三年开始实施的。教育部在那时节就已经制定了一个实施初步的计划，在中华民国十九年第二次全国教育会议并拟定了一个实施方案，到了中华民国二十一年，教育部为要迅速普及义务教育起见，又制定了一个短期义务教育实施大纲，颁令各省试行。

后又重订实施义务教育暂行大纲，于中华民国二十四年五月经行政院会议通过，颁布施行，由教育部另订施行细则，令饬各省市筹措经费，拟具计划，切实推进，这才把义务教育由提倡而推进到了实施的途径上去。这个实施大纲规定了一个分期推进的办法：先办一年制短期小学，依次推进为二年制，以至四年制的初级小学，希望在中华民国三十三年全国学龄儿童都得受四学年的义务教育。几年来，各省市在推行的就是这个办法，这个办法里有一项最重要的规定就是义务教育经费以地方自筹为原则，但对于边远贫瘠省份及其他有特殊情形的省市，得由中央酌予补助，而中央又补助省，结果就是中央和省合同补助各县市；这笔经费历年都有增加，但抗战军兴以后，就仅能维持二十五年度的原状了，如此情形我们认为不但有碍于建国的前程，而且会影响到抗战的实力，义务教育的推行确是抗战建国的基本事业，断不能因抗战而停顿，反而要推行得更为积极才是的，不但量要增加，质也要改进，所以我们就决定了提前设置二年制短期小学，照常增加义教经费。增加经费一项，我们闭会后，进谒孔院长的时候，也曾向孔院长报告过，孔院长即席就答应了，并且提出了行政院会议已经通过了，对于本省的补助当然也有增加，而本省对各县市的补助依照推行办法大纲的规定，当然是要增加的。

其余对于在幼年未曾得到教育机会的劳苦大众，我们又决定了要充实社会教育的设施，推行成年补习教育和电影、播音教育，供给劳苦大众广泛的教育机会。

关于中等教育部门，中学、师范学校和职业学校的分别设置，是在中华民国二十一年国民政府公布了中学法、师范学校法和职业学校法的时候已经明定了的。翌年教育部订定中学规程，二十四年续加修正，三三制的高初两级中学也得分设了。于是初中课程虽曾力求与高中课程能得一贯，而高中课程总难免不与初中有所重复，我们为要补救这一点，就决定了另行试办一种六年制的中学，以便那些不急于谋职业准备的，可以循着六年一贯的课程，直进大学；若修了前三学年的课程，中途要转入高级职业学校或师范学校或接续初中的五年制专科学校亦可。这个五年制专科学校，也是这次新定的，这样，将来初中毕业的就有两条路可走了，一条是进高级职业学校或师范学校的，一条是直接进五年制专科学校的。现在进专科学校还要经过高中，将来就无须经过这一级了，这是这次议案中变革最大的一个案，但这个变革还有许多关系问题尚待解决，实施尚需时日。

又以前各省公私立中学的设置，大体集中于少数城市，内地乡村子弟很难得到受中等教育的机会，少数城市和内地乡村的文化水准，悬隔日甚，整个乡村生活都受着不良的影响，为了要调整这个不合理的现状，我们决定了中学要分地区设置，要各省斟酌内地的交通、人口、经济、文化和现有学校情形，就省内由主管教育行政机关划分若干中学区，每一区内的公私立中学校数都要统筹，均匀配置。这个调整，将来是很费工夫的，裁并当然不能免，成绩低发的更要淘汰；职业学校和师范学校早已分了区，而且这两种学校设置尚少，在本省几乎全是公立的；校址的决定，也曾详加考虑过，还没有拥挤在一处的情形，在实行分区的当时，尚无多大困难。

还有属于中学范围内的，如中学生的精神训练、体格训练、生产劳动训练、特殊教学和战时后方服务训练的现行方式和科目，我们都检讨过、修订过了。训育人员亦已加以组织，使其系统完密，责任分明；军事训练，我们也拟请求改进，军事教官要再行训练，各种设备要充实，训练情形要主管机关随时派员查考，军事管理要更认真施行。

说到高等教育，在中国当然是有许多问题要解决的。然而问题的解决，也应该有一定的层次，一下子要把所有问题都解决，是做不到的。所以我们就先把几点重要的要求，提出来作为我们今后努力的指标，去求解决。我们以为当前的急务，是要整理大学的课程，使其精粹合理，要充实设备，增进学术研究的兴致；还要酌设有关国防或抗战的各种讲座，以配合战时环境；造就人才要能应付革命建国的需要。划分大学区，使大学均匀分布于国内各地，以促成文化的均匀发展，并使大学负起研究所在区内关于社会文化和生产建设各项问题的责任，使学术研究可以借此运用到实际问题去，还可以借此引起实际事业的开发兴趣。对于中等学校的师资的储备，我们亦有分区设立师范学院的具体计划。

其他民众体育、卫生教育和艺术教育，我们亦拟力图推进；边疆教育和侨民教育，我们也拟把它提高，并使它能健全发展。

各级教育行政机关的组织，我们更要它健全，效率要增高，经费使它稳定。

以上就是这次会议的决议案的内容概略，原提案一共三百几十件，在短时间内是不能一一详述的：要做起来，就更费工夫了。人的条件、物的条件都要具备，才能行而有效的。教育事业是精神的建树，所关系的条件极复杂，条件不备，事业就无法开展，更谈不上建树；而各种条件的具备，则又有待于社会的诸般事业，彼此间形成了相策相成的局势，教育事业才可以和社会的诸般事业合着步武前进，整个的社会才可以蓬勃地发展起来。

教育事业和社会事业既有这样的关系，是以中国国民党为要完成革命建国的大业，就把教育政策和革命建国的一般政策合同一致，并行推进，以求贯彻。

这次的全国教育会议当然也是为要使教育设施与其他诸般设施调和无间、同趋于一个目的而举行的。是以我们的总裁在大会训示我们：自今以后，不要再把教育者的生活视为闭门讲学，优游自在的清闲生活，不要把教育事业视为个人的生活或私人的职业；应该自认为冲锋折锐的前线战士，应该自认为筚路蓝缕的开国先驱，应该自认为继绝存亡的圣贤豪杰；再不要附和过去误解了许久的教育独立的口号，而自居于国家社会和国家所赋予的责任以外，而成为孤立的一群；应该使教育和军事、政治、社会、经济一切事业相贯通；教育能与一切事业相贯通，然后教育才能成为现代国家生命力所由造成的一个因素。

这一段话是就教育一方面讲的，而且是对教育者一方面讲的，再将这个意旨扩充到军事、政治、社会、经济，一切事业去。当然一切事业不只要与教育事业，而且彼此间也要互相贯通，齐一趋向，相辅并进，然后革命建国的大业才可以计日程功。民族的复兴，国家的隆盛，社会的发展，不是由于一个单独的因素，而是由于互相协同的诸因素的复合体；即如教育设施上今后的各种兴革，有了教育行政者，还要有教育者。而教育行政者，又要得到各方面的行政上的协同，其余诸般人的条件，乃至社会的条件亦须各方面相与呼应着去调和、整备，才能竟其全功。所以本席今日对于诸位同志报告了这次会议的决议案的内容，并把中央所建立的教育政策和一般政策的发动和运用的原则，也一并提供给诸位同志参考。省政府各厅其职务权限纵有不同，而在机构上原为一体，且同是向着三民主义的统一的目标，为革命而努力的，关于诸般政策发动运用的原则，是务须信守奉行的。不然。只各顾各的，彼此绝无联络，痛痒不相关，就简直是把全体肢解。若在事业上彼此不共信互助，就无以发挥全体的效用，更谈不上政策的发动和运用了。

（原载于《广东教育战时通讯》1939 年第 7—8 号合刊，4 月 30 日）

向前迈进

大学是一个教育机关，同时也是一个学术研究机关。它负责教育的任务，同时负有学术研究的任务。所以大学有三重的组织，或一个组织的三面。

它既然是一个机关，那里面就应该有行政管理、人事管理的组织，才能成为一个有机能的结构，才能形成互相统属、互相关联着的一个团体的关系。那里的各个部分，各个分子，它担任着什么职务，它在这个机构里面，就发挥着什么机能。这些机能，综合起来就成为这个机能的总机能。如果里面的一个机能失掉它的作用，或是效率低下，全体的机能作用就受着它的影响，而致整个的效率也跟着降落，如果里面许多机能失掉了它们的作用或是效率低下，全体的机能作用就会弛懈，甚至整个机构从此崩溃。所以在这里面的无论哪一部分的无论哪一个细胞分子，都应该各任其责，各尽所能，而且还要互相勉励，互相协助，去完成全体的责任，全体的功能。一个不行，就牵动全体。个个站得稳，全体才能站得稳。全体站稳了，分工合作的精神才能发挥尽致的。这是无论什么机关都应该如此的。所以我在这个新年头也希望我们的大学能够做到这样。我们的大学既然叫作一个机关，就应该有这种机构。

大学既然是一个教育机关，而且是一个学术研究机关，它里面所有的一切都应具有教育的意义、学术的价值的。既然应该具有教育的意义，大学里面的所作所为，就应该成为人家的好榜样。如果不能成为人家的好榜样，就只有做人家的坏榜样。因为它既然是一个大学，人家自然就会拿它来做榜样。即使所作所为并不是以教育为目的的，它的教育的影响依然是被波及到它的周围。有眼识的人看出这些所作所为，不像样子了，还可以用自己批评它，耻笑它，而不至为它所影响。但在一般无知无识的人，就只有跟着去做。即使不跟着去做，到了自己做坏了的时候，他才会拿大学来做口实，文饰他的过错，那就坏了。大学里面所作所为，既然不能发挥它的教育的意义，当然也失掉了它的学术的价值。呵呵，大学里面也是这样，我们就更无所谓了——这还是晓得有所谓学术的人的话，如果连这点见识也没有的，就简直把这些非学术的甚至反学术的所作所为，都看作学术的，那也就更糟了。如果大学真正能够始终保持着它的身份，随时随地都发挥它的教育的学术的精神，大学的教育作用和学术研究的风气，不但可以充满着大学内部，而且可以普及到全乡全镇全县全国乃在全世界去，而它自己也可以日益光辉笃实。这是我在新年头对大学的又一点希望。如果这一点可以做得到，大学的所以为大学，大学的所以和其他机关不同，才得表示清楚。本来这是极平常的事，凡是大学都应该如此。不过我们的大学还没有达到这个水准。现在也只有把它作为一个希望、一个目标，和大家共同努力向前迈进而已。

（原载于《国立中山大学日报特刊》1941 年 3 月 2 日）

抗战与现实的教材

　　学校教育，是可用作社会改造的最好手法，然而这样的教育决不是随便什么学校都在施行着的，必定要它的材料和方法都能应合社会改造的目的，然后它才可以成为社会改造的一个因素。如果我们因为它是可以贯彻社会改造的目的，把这个目的课给了它，而它所作所为却与这个目的相背驰，所谓教育还有什么意义？材料和方法当然是不可分的互相联系着，而统一于所悬目的底下，跟着情境的变易而肆应，跟着活动的过程而开展的。如果固执一端，不但流为呆板，武断而失却自由和弹性，整个活动的性质会被转变。又如学校组织本是整个的一体，是师生共同进修的一个团体，学校的团体生活整个的是一个社会生活的历程，是教育的历程，是教育永远不息无所不在的一个作用，这些事实，如果我们是认真的生活着，都可以在日常生活中体认得到。在这么一个广博悠久的环境中，它的材料和方法是取不竭用不尽的。但大家都不理会，于是把讲堂和课本以外的作用都忽略了，甚至学生们在讲堂内、在课堂上所得到的一点儿实益，就在同一学校内已被毁灭，而亦毫不知觉绝不介意，更顾不到外面社会的影响。教育的意义因而丧尽的。还有连上堂授课也随便激衍了事，一心只在束脩，而不知其他的，就径直是反教育行径。所谓教育，到了这般田地，还有什么意义？

所以无论什么活动，我们要探究它在教育上的意义，就必定要在那活动的材料和方法的运用上去把握。材料和方法的运用是可以令参与者就在那一活动的历程中得着他所应得的那一种类那一程度的德业上的长进，那个运用就有教育的意义。不然，纵使它是望着教育的目的前行，它走错了路，终亦达不到所定的目的，而嗒然丧其所指。抗战军兴以来，我们曾再三告诉过大家：在抗战进展中，务须尽量利用所有关于抗战的现实材料，去振发磨砺我们的后继者；所有抗战材料都得成为民族复兴的有效刺戟。这点意思，我在这里要再唤起大家注意。中华民族一向爱和平，惟与异族竞争愈烈则其精深雄大的天性并加扬厉，而成就亦愈大，这是它的自然倾向，尚且如此，若再加以培植辅导，则其成就必将凌迈往古。可以预断，这次抗战，实我们教育者千载难逢的一个际会，无量跳跃奔腾着的活材料展开在我们眼前，任由我们驱使，每一学科目都配合得着，以增它的积极作用。过去哪一代会有这样一个大好时机，给与过我们的前人这么些现实的材料？

我所说的现实材料的运用，当然不是先生们临渴掘井，走到什么地方去抓些东西来，替学生们做枪手。如果先生们日常生活始终与战事结合着，而且是善于指导学生们接近现实、内迫现实、理解现实的，学生们对于此次抗战的情绪当然是极热烈，对于最后胜利的信念当是极坚定。他们此次应征当然就不会闭门造车、向壁虚构，不论写作绘画，都在发挥着自己的创作力。创作的见解、作品的题材、表现方法、风格和用语等都可以表示出各自的真性来，代表着民族解放的热望，民族自尊自信的雄心。不然，他们就只是冷淡、空泛的潦草塞责，作伪、冒替以图得虚名。这在教育上还有什么意义？

（原载于《国立中山大学日报特刊》1941 年 3 月 23 日）

迎接新中国教育工作者的新方向

中国人民已临到历史的大转变、社会的大飞跃的关头了。港九华侨教育工作者，决不能自外于中国人民，大家所教育的依然是中国人民，当然自己本来就都是中国人民，是以都要和中国人民一齐转、一起跳的。因为这一转、这一跳正就是中国的历史规定给我们中国人民的大翻身的唯一做法，凡是中国人民若要大翻身，就只有这样转、这样跳，何况中国人民已开始在这样转这样跳了！而中国共产党所领导的人民解放军已以雷霆万钧的巨力，把大家的垫脚石铺好，人民政协会议并已制定共同纲领，发出震撼全世界的声响，在号召提示和保证着我们这一转这一跳的利益所在。我们得到了这个号召，这个提示，这个保证，我们还不起来响应，把我们的力量贡献给人民大众，把我们的力量和人民大众的力量结合起来，投入到建设新中国的伟大事业去，来达成我们的这个大转变、大飞跃，我们还等待什么？难道我们要等待到那些封建主义的、帝国主义的、官僚资本主义的统治者来领导我们么？这些统治者的道路和人民大众的道路是相背驰的。我们要粉碎他们所加于我们的枷锁，我们才能自由地踏着大步向我们自己的道路走，我们才是我们自己的主人，我们才是我们所有的一切的主人。我们要推翻封建主义的、帝国主义的、官僚资本主义的统治，建立起人民民主专政，我们才能把我们的力量尽致发挥，来建设我们自己的一个独立、自由、和平、统一、富强的新中国的。而领导者们不但只是号召、提示、保证，并且又在发动组织着人民大众的力量为着人民大众自己的利益，来开始这个建国大业了。而这正就是人民大众所以得而节节胜利的现实的支柱。有了这个现实的支柱，人民大众的力量可以无坚不摧，没有什么事情是做不到的。这个人民的力量首先就要相信它，我们的教育工作才有可为，不然就会畏首畏尾，把绝好的施行教育的机会，弄成非教育的甚而反教育的收场。即教育工作者自己会弄到头崩额裂的。

我们大家都是教育工作者，我们就我们的教育工作来想想。我们从事教育工作的人往往认教育是超然于现实以外的，这完全是知识分子逃避现实的、"内面"的个人主义的幻想。而那些狡猾的统治者们，就利用着大家的这个幻想来欺骗大家，实则为他们效力，以撑持着那有利于他们的乌烟瘴气的现实。我们只就眼前最显近的事实看，试把我们在手上拿着的那些教科书来检查下，那里面充满着种种封建主义的、帝国主义的、官僚资本主义的统治者们的种种"意狄奥罗基"，而大家就天天在教室里把这些东西灌注给我们所最爱护的、号称为自己的弟子的少青年学生。这岂不就是我们大家天天在替那些封建主义的、帝国主义的、官僚资本主义的统治者利用他们所指定给我们的统治手段来统治着那些可畏的后一辈么？我们还可以自命为超然么？若果这还说是超然，那不是受了人家欺骗，就是自己虚伪，作为一个堂堂的教育工作者是不应该这样糊里糊涂地干着这样莫名其妙的勾当的。

我们要立刻从幻想回到现实，把现实认识清楚，尤其我们要从辩证法的唯物论，去理解清楚社会发展的原动力的所在，社会发展的法则，并把握人民的本质，我们才能教育人，才能展开教育活动，以从事教育工作，发展教育工作的。不然，死抱着从来的那些凭空虚构的形而上学的教育观念，而至教育原理，来从事教育工作活动，那简直是等于盲干。

教育事业是不能单独发展的，教育事业要适应着社会的发展以谋自己的发展，因而并推进社会的发展。这些命题我相信大家都已挂在口头上，随时可以拿来做话题谈得津津有味。但这些命题的内容却非从辩证法的唯物论去讨究，是不会理解得透彻的，应用到实际去，就不能自由自在地作为预定计划的实现而收效。

现在划时代的中国人民政协会议已经胜利地完成了它的第一届会议的任务了，中华人民共和国业已成立了，毛泽东主席所领导的中央人民政府亦已产生了，这个全世界人口最多物产最富的国家，已开始建立了以工人阶级为领导，以工农联盟为基础的，团结各民主阶级和国内各民族的人民民主专政的革命政权。全国已解放地区都已热烈地按照人民政协会议的《共同纲领》开始了人民新中国的建设，这正是我们教育工作者和人民大众结合起来，发挥我们的力量，把我们的力量投入到新中国的建设，投入到新教育的建设的无上时机了。

领导者们所指示给我们，并且已在行进着的道路，正就是历史的社会的发展所遵由的道路，我们转上这条道路，跳上这条道路向前迈进是不会错的，新中国的建设只有这条路可走，只有这条路是我们教育工作者的生路。

这是我从事教育行政、教育工作，和研究教育学几十年来所体验得来的一点信念，我是极喜欢把这些信念供诸教育工作者同仁的。

我又极希望我的这个信念的略述能鼓动起现住港九的教育工作者同仁来把握住这个时机，共同努力去做一番教育的新事业。

中国人民的光荣的胜利，我们固然应该热烈庆祝，同时我又认为我们自己的为建立和发展人民民主事业而奋斗的力量，更应该及时准备起来的。

（原载于香港《文汇报》1949 年 10 月 20 日）

勉 1951 毕业同学

毕业同学们！你们都年轻，你们的前程是远大的，你们生活在今日这个时代是你们的幸福；这个时代是伟大的转变的时代，是生机蓬勃，充满着希望，饶有乐趣的时代。

在今日这个时代，凡是想为人民民主事业而生活的人，都无不创造着，奋斗着，破坏着旧事物，建造着新事物。今日的实际生活是成立在改造的基础上，成立在斗争的基础上的。在我们的历史上显然从未有过这样富有意义的时代，无论哪个时代都未有过这样多的英勇壮烈的事迹。在这个时代，每一个年轻人都将得到机会，最有效地去发挥自己所有的能力和才干、特性和美质。

无疑的，我们现下的最进步的任务，是建设新民主主义的社会。因此，我们的青年毕业同学，每一个人，都应当察觉到这个任务的伟大，把这个任务作为自己生活的目的。只有这样，我们在生活中才能充满着丰富的思想内容，才能获得实际的刺激，发展为人民服务的真诚而成就伟大的事业，建立伟大的功绩。

我们不但要在日常的实际活动中兴高采烈地去工作，我们还要善于克服时常遭遇到的种种阻碍，要使我们的高涨的情绪不致为那些阻碍所挫折而消沉下去，要使那些阻碍不但不足以挫折我们，反而振发、鼓舞和坚定我们，要使我们在寻常工作中、在艰难困苦中也始终抱着我们所为而奋斗的崇高的理想和宏大的愿望。

我们必定要学习毛泽东思想，掌握马列主义的理论。只有这个理论才能给运动以确信力，给运动以判定方位的力量，和对于周围事变的内部联系的了解，进而了解在最近的将来要怎样行动，应向哪里行动。

有了这种预见的基础，我们就掌握着了解因果的相互关系的准确性。这样，就无论怎样的崇山峻岭横亘在我们面前，满途荆棘壅塞在我们面前，我们也能在这种险阻艰难的进程中把自己锻炼成为强壮、灵敏、刻苦耐劳，能经得起任何考验和能克服一切困难的人，我们就能确有把握去达成我们的崇高的任务。

我这番说话当然不只是关于政治活动方面的，无论经济活动，社会活动，以至科学研究活动都是一样。我们要学习毛泽东思想，马列主义理论，这就是说，要掌握他们的方法，善于运用这个方法去处理有关我们的工作的一切问题。这是我们的一切实际活动的坚锐的武器。我们掌握着这个武器，把全部力量都贡献在为人民服务，为完成革命大业的斗争中，我们就可以创造我们的真正伟大的生活。

年轻人的特质是诚挚、爽直、力求真理、抱着做大事的宏愿。这种特质在今日这个时代，马列主义毛泽东思想的时代，才得到解决，才得到充分发展的可能。

马列主义理论是最生动的科学。它已在领导着苏联科学地解决了极复杂的科学技术的问题，创造出进一步加强苏联的经济力量和国防力量的条件。因而苏联的科学高举着进步的旗帜，变成了苏联人民争取共产主义实现的伟大的力量。斯大林曾说过："青年是我们的未来，是我们的希望。青年将来应当替换我们这些老头子。青年将来应当把我们的旗帜撑持到最后的胜利。"这几句话我在这里要借来与我们的毕业同学，大家共勉。

（选自《许崇清文集》，广东教育出版社 1994 年 7 月第 1 版）

为争取光明美好的未来而奋斗

中华人民共和国的成立，在中国历史上揭开了一个新的纪元。在新民主主义革命胜利的条件下，中国人民已掌握了自己的命运在自己手里，正依据着社会的发展规律，并掌握着这些规律而自觉地建设着自己的生活。

现在，中国人民正准备着展开大规模的、有计划的经济建设和文化建设。新中国一定要走向工业化。随着经济建设高潮的到来，无疑将出现一个当前的文化高潮。"关于改革学制的决定"已为教育建设指出了一幅清晰的远景。

在资本主义社会的条件下，学校制度是延缓和妨碍社会发展的工具。资产阶级革命是不彻底的，它替封建地主保存了封建制的不少的残余。那些残余留传在学校里的极多。那些残余在学校里就只为着保卫旧基础的立场，拒绝替新基础服务。一意企图保卫旧基础，而延缓和妨碍社会的发展。在资本主义社会，学校制度的发展比社会经济的发展落后很远。它和经济基础是脱离了的。这绝不是偶然的事。这正是反动势力利用着教育机构，积极地为了延缓和妨碍社会的发展，而对前进势力所展开的激烈的斗争的尖锐的表现。在目前，资本主义已达到了垂死的阶段，资本主义已腐朽透顶了，资产阶级就更猖狂地利用着他们的教育机构，播弄出各种各样的意识形态，推动着一切政治和思想的杠杆，企图毒化人民大众、麻痹劳动人民的阶级意识，借以苟延其垂死的命运。在资本主义国家，学校不只由国家设立，而且也由教会和个别团体、政党乃至私人设立，并指导它们的活动。这样的教育制度由于资本主义社会内部的各阶层间的矛盾，就弄到了它的各个环节的思想形态各不相侔。作用于资本主义国家的这样的教育事业中的规律就成了盲目的。资本主义国家的教育事业的发展没有统一性，没有计划性，正反映着在资本主义社会中流行着的它所特有的无政府状态。资本主义国家的学校制度与经济基础的联系，于是就往往令人无从捉摸。所谓教育简直丧失了它的本质，而不成其为教育。

新民主主义革命形成了教育发展的新规律，形成了教育和经济间密切的联系和相互作用。在新民主主义革命胜利的条件下，统一的人民教育事业，从而统一的学校制度将有计划地有步骤地发展起来，盲目的无政府状态将被消灭，学校制度中各不相侔的思想形态亦将归于统一。

有系统地反映国家的政治经济的任务，而同时又复影响着国家的政治、经济的发展。这是新中国在新民主主义革命胜利的条件下才始形成的教育制度的新规律。只有掌握住这个规律来建立和发展我们的新学制才能使它在今后的国家工业化的每一阶段上都能更正确地更有效地实现它的教育任务。只有掌握住这个规律来指导我们的教育工作，才能使我们的教育工作与社会发展中的进步的趋势相适应，而促使新学制向前发展。

今年的国庆节是我们的伟大的祖国即将转入大规模的经济的计划建设前的一个国庆节。今年我们庆祝我们的国庆节，我们感到无限的欢欣和鼓舞。我们深信我们的计划建设将保证我们人民的物质幸福和文化水平的不断提高，并将向全世界显出新中国的生气蓬勃的伟大力量。但同时我们又必须坚决继续切实地加紧学习马克思列宁主义和毛泽东思想，彻底改造自己，争取在伟大光荣的国家建设的任务中贡献自己的力量，为光明美好的未来而奋斗。

教育发展的规律是在教育工作者的能动的实践的活动中实现的。在这种实践的一切方向上，只有马克思列宁主义、毛泽东思想才能给与我们正确的领导。只有马克思列宁主义、毛泽东思想的方法——唯物辨证法——才能指引我们在一切联系和关联中、在发展和运动中观察和研究教育现象，正确地反映出教育现象的规律性，照亮我们的合理的创造的活动的道路。

（原载于《人民中大》第 38 期，1952 年 10 月 1 日）

高校领导制度要加强贯彻党的领导①

在这次会议中，我听取了政府的各项工作报告，更系统地、更清楚地看到了几万万劳动人民几年来在共产党的领导下为建设社会主义积极劳动、艰苦奋斗而取得的各项伟大的成就，看到了共产党领导的正确，我深感满意。在政府的各项工作报告中，总结经验、纠正错误、批判右派都十分严肃而认真，所提出的各方面的工作计划，连同今后改进工作的方针和意见，以及所拟议采取的各种措施，都十分恰当，我完全同意。

我现在要谈一下我们现行的高等学校的领导制度的问题。

我们现行的学校领导制度，是完全符合于民主集中的组织原则的很好的一套社会主义民主的制度。

学校领导的制度和性质是由学校工作的特点决定的。学校的教育和教学工作，方法、方式多而复杂，各种工作人员的专长和熟练程度不一样。这一切都需要熟练更大、区别更细的领导。还要看学校的规模怎样，领导范围也有所不同。学校领导工作，是十分复杂的。

---

① 原题为"高校领导制度要贯彻党的领导要加强"，本书为理顺语句改为现标题。

我们现行的学校领导制度是校长个人负责的单一领导。在民主集中的原则下，个人负责的单一领导，是紧密地依靠全部工作人员的集体和全部工作人员的积极性和首创性的单一领导。

这种领导在组织上有三项原则：一、领导者对整个学校，对整个学校的全部工作，对整个学校的每一部分工作负全责，同时要求每一个工作人员对他自己所担任的工作负全责。二、领导要具体，要切合实际，要有事实根据，要掌握工作的全局。三、要检查工作任务的执行情况，为领导正确创立条件。

这些原则是组织真正有效的领导所必须遵守的基本原则。这些原则要求贯彻执行群众路线。如果不能保证群众路线的贯彻执行，甚至制度都不会减少工作中的脱离实际情况的主观主义和片面性，我们的领导即使形式上是集体的，实质上还是少数，甚至弄成个人突出的领导、反民主的领导。

为了贯彻上述原则，在我们现行的制度里，校长在自己的工作上首先就是配置好他最接近的辅助者，教务长和总务长，进一步就是配置好各个学系的系主任。在实行二级制的学校兼任教务长或总务长职务的副校长是辅助校长实行单一领导的最接近的辅助者。兼任教务或总务的副校长与教务长或总务长不同，在于副校长是直接由上级领导机关任命的，在职务上与校长一体对上级负责，而教务长和总务长乃至系主任，则由校长荐请上级委任，或经上级批准校长聘任，在职务上个人对校长负责这一点上，在有副职的场合，他们当然也是共同对校长负责的。他们在自己所管范围内，也要遵行上述三项原则，紧密地依靠全部工作人员的集体和全部工作人员的积极性和首创性来进行领导工作。

校长为了做好领导工作，再进一步就是正确地配置各个部分的工作人员，合理地安排他们的工作，使他们都能在各个岗位上发挥他们的积极性，并领导他们在对工作中的缺点展开批评和自我批评的基础上，和整个集体共同工作。这是校长组织全部工作人员集体发挥合作互助的精神，协同工作的一面。

但校长在工作上还要依靠集体的帮助。在单一领导原则的贯彻执行上，这又是极其重要的另一面。因此，我们在学校里，还设置了校务委员会，作为校长的咨询机关，具体地帮助校长贯彻执行单一领导的原则。

校务委员会的委员包括校长、教务长、总务长、人事处主任、系主任、教研室（组）主任、教授代表和校内公共组织的代表参加在内。这个委员会以校长为主席，定期召集，讨论学校行政上和教育、教学上以及科学研究上的重要问题。校务委员会又名学术委员会。有些学校，因提出讨论的问题性质不同，把这个委员会的委员成分也区别开来，组成校务委员会和学术委员会两个委员会也是可以的。

校务委员会就所讨论的问题作出决议。这些决议，在我们现行的制度下，是要经过校长批准，才能实行的。但我认为，这些决议，既然是集体的意见，学校领导者是应该更慎重地加以处理的。如果校长不同意委员会的决议，不便执行，就应该把自己对问题的意见报告委员会。委员会的委员们如果不同意校长对决议的修改或变更，可以向上级领导机关提出意见，上级领导机关就可以纠正校长的错误处置。校长是应该极力把这个委员会的工作组织得好，使学校的行政工作人员和教学工作人员紧密地联系起来，成为在业务的基础上团结一致的集体。这个委员会虽然是校长的咨询机关，但它既可以作出决议，并且校长如果要修改或变更它的决议，而委员们不同意校长的所为，委员们还可以向上级领导机关提出意见，请求纠正，校长的错误就可以得到处理。而如果校长与委员们有什么争执，也可以从上级领导机关得到公正的解决。咨询机关也可以起决议机关的作用，而且是更好的作用。这样做，就更适合我们目前学校工作的特点，对校长个人负责单一领导，帮助就会更大。

此外，还有各种政治组织和社会组织建立在学校里的基层，学校领导依靠他们的帮助，也可以调动各种力量和人们的工作积极性，来为提高学校工作的质量而努力，并对学校工作中的缺点展开批评和自我批评，来与学校工作中一切缺点作斗争。

至于学校外的各种社会组织和社会人士，学校领导依靠他们，还可以唤起各界人民注意学校的工作，关心学校的发展，支援学校的事业，为了办好人民的学校，这更是莫大的帮助。

总之，学校领导依靠集体的原则，应用得越广，群众路线贯彻执行得越好，领导的单一制原则就越能真正地实现和巩固，学校的工作任务就解决得越加成功。这是我们现行的学校领导制度的无比的优越性，民主集中制度的优越性。这个优越性我们必须力予发挥。这个制度我们必须力加维护。

而最重要的还是这个制度对社会主义的一般原则和国家政策的服从性。学校教育是要遵照社会和国家政策的任务所指导的目标来指导年青一代的发展的。学校教育不能离开社会和国家政策的任务所指导的目标而独自发展。学校教育也只有遵照社会和国家政策所指导的目标来指导年青一代的发展，才能成全自己的发展，这是教育本身的发展规律，也是人们的发展和教育所必须遵循的道路。

党对学校教育的领导还要加强。学校的党组织在学校里还要更加大力发挥党的领导作用。如果要我们的学校教育脱离党的领导，是要使已踏上了走向社会主义的光明大道的我们的学校教育，又复陷入各自为政、自由竞争的资本主义社会的无政府的僵局，摸不到出路。几年来，全国教育工作者，在共产党的领导下，经历了多少艰辛，所得到的一切成果，将由此而被从根摧毁。

在我们的学校教育工作中，当前的主要矛盾是：国家建设任务对学校教育的质量要求的增长同它现在的发展水平之间的矛盾，先进的教育思想和教育经验的产生同保守心理和旧时代的旧传统之间的矛盾。这些矛盾是我们教育工作者必须正视的。这些矛盾，是极其复杂的，决不是改变一下各级学校的毕业年限就能克服，而是要坚定地通过根据正确的教育政策来进行的经常的革新和改进的工作实践，经常地提高教育工作干部的思想政治水平和教育科学水平以及其他各部门的科学技术水平，经常地检查他们学习先进经验的成效，经常地研究他们的先进经验，推广他们的先进经验，并在他们当中展开实事求是的批评和自我批评，一步一步来克服的。这些矛盾的克服，应该就是我们全国教育工作者当前团结奋斗的共同目标。这些矛盾的克服，在各个学校就应该成为各该学校的全部工作人员团结奋斗的共同目标。这就需要民主，需要集中的领导。领导整个学校集体，调动一切工作人员的积极性和首创性，朝着一个共同的方向，来进行有计划有组织的共同斗争。这当然不是一件轻易的事。几年来，我们还未把我们的领导工作做好，还未把这种本领学好。但我相信，这种本领是可以在我们的自觉的思想改造、理论学习和经验积累的进程中，更快地培养起来的。

1957 年 7 月 6 日

（在第一届全国人民代表大会第四次会议上的发言，原载于《新华半月刊》1957 年第 15 期）

关于贯彻高等学校《六十条》①的意见

我们根据《六十条》规定，对学校工作进行调整。调整的目的性必须明确，是为提高教学水平。现在在贯彻《六十条》的过程中，有些"各取所需"的倾向，而"各尽所能"做得不够。

以教学为主是高等学校的基本任务，它包含有多方面，除教学质量的提高外，还包括有理论联系实际、共产主义道德品质教育等问题。而我们过去半年工作中，对这点认识不充分，只注意提高教学质量的一个方面。质量应包括两个方面，即业务与思想。教师的主导作用也应该体现在业务与思想两个方面。教务处的工作要从全面的角度去进行。

学校是个教育团体，因此，它的一切活动都是教学内容。

关于调整学校规模问题，我认为应强调全局观念，中央要加强集中统一领导，我们不能各自为政。现在搞调整，就是要把学校的发展调整到与国家经济发展相适应的地步。我们要以调整为中心，订个规划。三、五年规划，就像跳高一样，先退下几步，准备好然后再跳过去，退是为了进，应采取这种姿态。

---

① 《六十条》即《教育部直属高等学校暂行工作条例（草案）》(1961 年)。

关于调整专业问题，我认为历史系设三个专门组好，古代史、近现代史和东南亚史，搞世界史专门组范围太大；外语系可干脆搞语言，文学方面的师资要储备起来。

（摘自中山大学行政档案，1962 年）

谈职工的社会主义教育

——在广东省总工会四届二次执委会议上发言

加强职工的社会主义教育具有重大的意义，这是围绕工会的中心任务所必须做好的关键性工作。

社会主义教育是怎样的一种教育呢？它决不是一成不变的，一次规定下来永远就是这样的。它适应着社会主义革命和社会主义建设事业发展的需要，不断地调整、巩固、充实、提高，一直到社会主义建成而向共产主义过渡，它也跟着向共产主义前进而成为共产主义教育。

它不只是思想教育，也不只是思想政治教育，它是思想、政治、科学技术、文学艺术、体育、卫生等各种教育的综合。

根据社会主义教育的目的而规定的职工教育的基本内容，它的总目的，就是要把我们培养成为在智育、德育、体育各方面都得到发展的有社会主义觉悟、有文化的劳动者，或者说是有觉悟的积极的社会主义的建设者和保卫者。这是我们中华人民共和国的每一个公民都要把它作为自己的培养目标来实现的。不但是我们的下一代要这样做，就是我们这一辈也要做到这样。

（摘自中山大学行政档案，1962 年）

谈教学改革问题

　　最近教育部下发了改善高年级教学工作的通知，这是从实际工作总结出来的经验，对"少而精""因材施教"作了明确的解释。它不仅对改善目前高年级教学有帮助，并且对今后提高教学质量有指导意义。

　　我们要从实际出发，掌握教学工作的客观规律。能否这样做，其中存在着唯物主义与唯心主义的斗争。教学工作中旧的习惯势力很大，过去这样做了，现在仍然照着做，这样不行。哪些可以照着做？哪些要加以改变？这要通过具体分析来得出结论。

　　事物本身的逻辑发展，会肯定哪些是对的，哪些是错的。我们要尊重这种逻辑发展。主要是要从实际出发，具体分析，发现规律。社会生活现象如此，教学工作也是如此。

　　关于"因材施教"和"少而精"的问题，教育部文件先谈"因材施教"，后谈"少而精"，这是说，在"因材施教"的基础上贯彻"少而精"。我认为，要在学生全面发展的基础上贯彻"少而精"。

　　我的理解是，科学体系和讲学体系不同，科学体系很庞大，讲学要少而精，即从庞大体系摘要成小体系，这小体系却包含一切方面。体系是不能破坏的，摘要出来成为少而且精的内容，并在讲授方法上也贯彻少而精的原则。是不是可以这样理解？

　　教学改革是件长期艰巨的工作，它需要不断进行，不是一两次就可以解决问题的。

　　　　　　　　　　　　　　　（摘自中山大学行政档案，1963 年）

许崇清著述年表

1.《批判蔡孑民在信仰自由会之演说并发表吾对于孔教问题之意见》,《学艺》第 1 卷第 1 号,4 月。

2.《国民教育析义》,《学艺》第 1 卷第 1 号,4 月。

3.《再批判蔡孑民先生信教自由会演说之订正文并质问蔡先生》,《学艺》第 1 卷第 2 号,9 月。

4.《哲学新义》,《学艺》第 1 卷第 2 号,9 月。

1918 年

5.《美之普遍性与静观性——主张以美育代宗教说者之二大误谬》,《学艺》第 1 卷第 3 号。

1920 年

6.《实际主义哲学的社会观》,《建设》第 2 卷第 1 号,2 月 1 日。

7.《我之唯物史观》,《学艺》第 1 卷第 4 号,3 月。

8.《今后思想家当取的针路》,《学艺》第 2 卷第 1 号,4 月。

9.《欧美大学之今昔与中国大学之将来》,《学艺》第 2 卷第 3 号,

5月。

10.《论第五届教育联合会改革师范教育诸案》,《学艺》第2卷第5号,8月。

11.《学校之社会化与社会之道德化》, 《学艺》第2卷第7号,10月。

1921年

12.《产业革命与新教育》,《学艺》第3卷第3号,7月。

13.《教师与社会》,《学艺》第3卷第4号,8月。

14.《市民大学问题》,《广东省教育会杂志》第1卷第3号,9月,署名志澄。

15.《展览会事业——在广东省第五次教育大会讲演》,《广东省教育会杂志》第1卷第3号,9月,署名志澄。

1925年

16.《新教育思潮批判》(孔昭栋整理),《广东省教育会杂志》第2卷第6号,4月。

1926年

17.《教育方针草案》, 《中华基督教教育季刊》第2卷第3期,10月。

1927年

18.《苏俄之教育序言》,《学艺》第8卷第8号,署Scott Nearing著,许崇清译。

19.《苏俄之教育(续)》,《学艺》第8卷第9号,署Scott Nearing著,许崇清译。

20.《苏俄之教育(二续)》,《学艺》第8卷第10号,署Scott Nearing著,许崇清译。

21.《〈广东教育公报〉卷头言》,《广东教育公报》第 1 卷第 1 期,
5 月 20 日。

22.《私立学校等三个规程文件》,《广东教育公报》第 1 卷第 1 期,
5 月 20 日。

23.《关于岭南大学事件——答复朱家骅、何思源、傅斯年诸同
志》,《广州民国日报》6 月 9 日。

24.《〈广东教育公报〉刊首言之一》,《广东教育公报》第 1 卷第 2
期,6 月 20 日。

25.《平民教育不是慈善事业》,《广东平教月刊》第 1 期,8 月
20 日。

1928 年

26. Scott Nearing 著,许崇清译:《苏俄之教育》,上海:商务印
书馆。

27.《苏俄之教育(四续)》,《学艺》第 9 卷第 1 号,署 Scott
Nearing 著,许崇清译。

28.《苏俄之教育(五续)》,《学艺》第 9 卷第 2 号,署 Scott
Nearing 著,许崇清译。

29.《苏俄之教育(六续)》,《学艺》第 9 卷第 3 号,署 Scott
Nearing 著,许崇清译。

30.《苏俄之教育(七续)》,《学艺》第 9 卷第 4—5 号合刊,署
Scott Nearing 著,许崇清译。

31.《答韦悫委员》,《教育研究》第 1 期。

32.《〈广东教育公报〉刊首言之二》,《广东教育公报》第 1 卷第 3
期,3 月 24 日。

33.《Winnetka System 与 Complex System》,《教育研究》第 7 期。

1929 年

34.《整理广东全省省立学校计划》,《广州民国日报》7 月 24 日。

35.《在广东全省教育大会的演说》,《广州民国日报》9 月 25 日。

36.《为取缔私校函复广州市党部》,《广州民国日报》10 月 1 日。

1930 年

37.《省教育会改组后之任务》,《教育生活》第 2 期,1 月 10 日。

38.《农村学校改造的五个要则》,《新声》第 2 期,1 月 16 日。

39.《于哲学改造的几个历史的要素》,《新声》第 3、4 期合刊。

40.《教育哲学是甚么》,《新声》第 15 期,8 月 1 日。

1931 年

41.《关于挽留各教授之谈话》,《国立中山大学》第 968 号,6 月 27 日。

42.《〈中山大学第五届毕业特刊〉发刊词》,《国立中山大学》第 968 号,6 月 27 日。

43.《欢送第五届毕业同学训词》,《国立中山大学》第 972 号,7 月 1 日。

44.《关于民国十八年南京所公布县组织法的几个问题》,《中央导报》第 7 期,8 月 12 日。

1932 年

45.《我与杜威〈哲学之改造〉——致胡汉民》(12 月),收录于黄悦主编:《崇正树德　清风亮节——纪念教育家许崇清》,广东人民出版社 2013 年第 1 版。

46.《〈社会科学论丛〉卷首语》,《社会科学论丛》第 4 卷第 1 期,1 月 1 日。

1933 年

47.（美）杜威著，许崇清译：《哲学之改造》，上海：商务印书馆。

48.《序中兴学会译〈革命之印度〉》，《三民主义月刊》第 1 卷第 6 期，6 月 15 日。

1934 年

49.《姜琦著〈教育哲学〉正谬》，《教育研究》第 7 卷第 49 期。

50.《姜琦著〈教育哲学〉正谬（续)》，《教育研究》第 7 卷第 52 期。

51.《〈孝经新诂〉教本审查意见书》，《三民主义月刊》第 1 期。

1935 年

52.《看过了〈全国专家对于学制改造的态度〉以后的小小感想》，《教育杂志》第 25 卷第 3 号，3 月 10 日。

53.《中国本位的文化建设宣言批判》，《文化建设》第 1 卷第 7 期，4 月 10 日。

54.《〈姜琦著《教育哲学》正谬〉答辩底再正谬》，《教育研究》第 8 卷第 58 期。

1937 年

55.《〈第二次全国美展广东预展会专刊〉发刊词》，收录于许锡挥编：《许崇清文集》，广东教育出版社 1994 年 7 月第 1 版。

56.《第二次全国美术展览会广东预展会开幕词》，收录于许锡挥编：《许崇清文集》，广东教育出版社 1994 年 7 月第 1 版。

57.《要立大志——8 月 8 日在东较场对受检阅之军训学生训话》，《军训月报》第 3—4 期合刊，4 月 1 日。

58.《军事训练与学校教育》，《军训月报》第 3—4 期合刊，4 月

1 日。

59.《军事教育者应有之修养——在广东省中等以上学校军事教官寒假训练班讲话》,《军训月报》第 3—4 期合刊,4 月 1 日。

60.《对于广东全省第十四次运动大会的希望》,《广东教育厅旬刊》第 3 卷第 12 期,4 月 11 日。

61.《〈广东义务教育〉发刊词》,《广东义务教育》第 1 期,6 月 15 日。

62.《美国的教育基金和教育税》,《广东义务教育》第 2 期,8 月 5 日。

63.《教育学与教育哲学的一个新倾向》,《教育杂志》第 27 卷第 9—10 号合刊,10 月 10 日。

64.《广东省二十五年度义务教育实施经过》,《广东义务教育》第 4 期。

1938 年

65.《本省教育现况》,《新战线》第 5 期,1 月 15 日。

66.《现行政的内容特征和行政人员在性能上所应备的条件》,《新政周刊》第 1 卷第 3 期,1 月 24 日。

67.《向各县教育科长暨中学校长训话》,《广东教育厅月报》第 1 卷第 5 期,5 月 31 日。

1939 年

68.《军事训练的新体认——广东省中上学生集训出队典礼训词》,《广东教育战时通讯》创刊号,1 月 16 日。

69.《第三次全国教育会议重要决议及其精神——广东省政府纪念周报告词》,《广东教育战时通讯》第 7—8 号合刊,4 月 30 日。

70.《"学术中国化"与唯物辩证法》,《新建设》第 1 卷第 2 期,12

月 15 日。

1940 年

71.《民族自由与文化建设》,《新建设》第 1 卷第 5 期。

72.《省立民众教育馆六周年纪念》,《广东省民众教育馆六周年纪念特刊》,3 月 4 日。

73.《〈教育新时代〉创刊词》,《教育新时代》第 1 卷第 1 期,5 月 1 日。

74.《告别澄江民众书》,《骊歌》,国立中山大学离澄话别会出版,8 月 13 日。

75.《教育发展的道路》,《教育新时代》第 2 卷第 1 期,11 月 1 日。

76.《要立志做事　勿存心做官》,《地方行政》创刊号。

1941 年

77.《新年头的一个新贡献——中山文献馆的设置》,《新建设》第 2 卷第 1 期,1 月 1 日。

78.《一九四一年元旦训词》,《国立中山大学日报》1 月 3 日。

79.《中国当前的科学思想》,《新建设》第 2 卷第 9 期。

80.《在校本部纪念周的讲话》,《国立中山大学日报》2 月 18 日。

81.《向前迈进》,《国立中山大学日报特刊》3 月 2 日。

82.《抗战与现实的教材》,《国立中山大学日报特刊》3 月 23 日。

83.《文法理工学院新生入学训词》,《国立中山大学日报特刊》4 月 20 日。

84.《不懂得唯物辩证法就真的无法开展科学运动么?》,《新建设》第 2 卷第 10 期,10 月 30 日。

85.《所谓"社会的教育作用"其实是人类的社会的实践活动的自己发展自己学习》,《教育新时代》第 3 卷第 7 期。

1942 年

86.《教育即生长说批判》，《教育新时代》第 3 卷第 10 期，1 月 15 日。

87.《学园新辟告年青朋友们》，《学园》创刊号。

88.《杜威社会改造思想批判》，《新建设》第 3 卷第 4 期，4 月 5 日。

1946 年

89.《自由的涵义与文化的自由》，《新建设》第 6 卷第 1 期，1 月 31 日。

90.《现代各派教育哲学或哲学的教育学》，《教育研究》第 109 期，2 月。

91.《人的本质与教育》，《南方杂志》第 2 期，9 月 1 日。

1947 年

92.《战后教育建设问题》，《教育杂志》第 32 卷第 1 号，7 月 1 日。

1948 年

93.《人类的实践与教育的由来》，《教育研究》第 110 期，9 月 1 日。

1949 年

94.《科学与道德在教育上的纠葛》，《新教育》创刊号，10 月 1 日。

95.《迎接新中国教育工作者的新方向》，香港《文汇报》10 月 20 日。

1950 年

96.《实践与教育》，广州市公私立大专院校教师暑期研究会编：《高等教育参考资料》，8 月。

1951 年

97.《在中山大学员生欢迎会上的讲话》，《人民中大》第 7 期，3

月 1 日。

98.《勉 1951 毕业同学》，收录于许锡挥编：《许崇清文集》，广东教育出版 1994 年 7 月第 1 版。

1952 年

99.《关于我的学术思想》，许崇清草于 1952 年，许锡挥 1979 年整理。

100.《为争取光明美好的未来而奋斗》，《人民中大》第 38 期，10 月 1 日。

1954 年

101.《提高对新事物的感觉，学习宪法草案，为实现社会主义而奋斗》，《中山大学周报》第 71 期，7 月 8 日。

1955 年

102.《校长给五位同学的复信》，《中山大学周报》第 108 期，5 月 28 日。

1956 年

103.《在鲁迅先生逝世 20 周年纪念会上的讲话》，《中山大学周报》第 168 期，10 月 20 日。

104.《我所认识的孙中山先生》，《广州日报》11 月 8 日。

1957 年

105.《人的全面发展的教育任务》，《中山大学学报》1957 年第 1 期，4 月。

106.《学习"如何正确处理人民内部矛盾问题"》，《中山大学周报》第 194 期，5 月 18 日。

107.《高校领导制度要贯彻党的领导要加强》，《新华半月刊》第 15 期。

1958 年

108.《文字改革可加速组成新的知识界》,《新华半月刊》第 7 期。

1959 年

109.《怎样解决人民教育发展过程中的内部矛盾》,《理论与实践》第 8 期,8 月 15 日。

110.《在中山大学校务委员会上的开幕词》,摘自中山大学行政档案。

1960 年

111.《苏联面临的问题》,摘自读报笔记。

1962 年

112.《谈职工的社会主义教育——在广东省总工会四届二次执委会议上发言》,摘自中山大学行政档案。

113.《庆祝中山大学成立三十八周年》,摘自中山大学行政档案。

114.《关于贯彻高等学校〈六十条〉的意见》,摘自中山大学行政档案。

1963 年

115.《陈济棠提倡读经和我审查〈孝经新诂〉经过》,收录于中国人民政治协商会议广东省委员会文史资料研究会编:《广东文史资料第十辑》,10 月。

116.《谈教学改革问题》,摘自中山大学行政档案。

1968 年

117.《我为什么写〈人的全面发展的教育任务〉》,许崇清草于1968 年,许锡挥 1991 年整理。

118.《我的经历》,由许崇清在 1951 年和 1968 年写的两篇自述稿合成,许锡挥于 1991 年整理。

编者说明

　　许崇清先生的著述较多，时间跨度也较大。现存成集的文献主要有《许崇清教育论文集》（中山大学学报编辑部出版，1981年）、《许崇清文集》（许锡挥编，广东教育出版社，1994年）和《许崇清文集》（许锡挥编，中山大学出版社，2004年）。其中以1994年版的《许崇清文集》收录最为全面、系统，全国人大常委会原副委员长、民进中央原主席雷洁琼先生为该书作序，民进中央原副主席赵朴初先生题写了书名。

　　本书精选出有关教育的文稿均按当时版本排印，明显错漏的地方作了适当修正。作者惯用"底"代替"的"字，为照顾当今阅读习惯一律将"底"改为"的"；原版的个别繁体字也改为简体；为求突出主题，编者将一些文章根据中心思想另加了标题。

　　由于编者水平有限，如有错误和疏漏的地方，敬请读者批评指正。

周济光

二〇二三年十月十四日

开明教育书系(第一辑)

不安故常
　　——俞子夷教育文选
　　　俞子夷著　丁道勇选编
　　　　定价：85.00 元

新人的产生
　　——周建人教育文选
　周建人著　朱永新 周慧梅选编
　　　　定价：75.00 元

造就女界领袖
　　——吴贻芳教育文选
　　　吴贻芳著　吴贤友选编
　　　　定价：50.00 元

教是为了不需要教
　　——叶圣陶教育文选
　　　叶圣陶著　朱永新选编
　　定价：130.00 元(全二册)

教育要配合实践
　　——车向忱教育文选
　　　　车向忱著　车红选编
　　　　定价：70.00 元

谋求适合中国国情的教育
　　——杨东莼教育文选
　　　杨东莼著　周洪宇选编
　　　　定价：65.00 元

改造我们的教育
　　——董纯才教育文选
　　董纯才著　姚宏杰 王玲选编
　　　　定价：85.00 元

教学是最渊博最复杂的艺术
　　——傅任敢教育文选
　　　傅任敢著　李燕选编
　　　　定价：65.00 元

教育必须是科学的
　　——陈一百教育文选
　　　陈一百著　裴云选编
　　　　定价：60.00 元

生命·生活·生态
　　——顾黄初教育文选
　　　顾黄初著　梁好选编
　　　　定价：75.00 元

图书在版编目（CIP）数据

教育的任务是人的全面发展：许崇清教育文选/许崇清著；
周济光选编. --北京：开明出版社，2024.1
（开明教育书系/蔡达峰主编）
ISBN 978-7-5131-8580-6

Ⅰ.①教… Ⅱ.①许… ②周… Ⅲ.①教育学–文集
Ⅳ.①G40-53

中国国家版本馆 CIP 数据核字（2023）第 222826 号

出　版　人：陈滨滨
责任编辑：程　刚　张慧明

教育的任务是人的全面发展：许崇清教育文选
JIAOYUDERENWUSHIRENDEQUANMIANFAZHAN：XUCHONGQINGJIAOYUWENXUAN

出　　版：开明出版社
　　　　　（北京海淀区西三环北路 25 号　邮编 100089）
印　　刷：保定市中画美凯印刷有限公司
开　　本：710×1000　1/16
印　　张：20
字　　数：258 千字
版　　次：2024 年 1 月第 1 版
印　　次：2024 年 1 月第 1 次印刷
定　　价：65.00 元

印刷、装订质量问题，出版社负责调换。联系电话：（010）88817647